28个技术指标

速查速用 炒股不求人

护城河工 ◎ 著

立信会计 出版社
LIXIN ACCOUNTING PUBLISHING HOUSE

图书在版编目（CIP）数据

28个技术指标速查速用炒股不求人/护城河工著.
-- 上海: 立信会计出版社, 2015.8（2021.3重印）
（擒住大牛/荣千主编）
ISBN 978-7-5429-4718-5

Ⅰ.①2… Ⅱ.①护… Ⅲ.①股票投资—基本知识
Ⅳ.①F830.91

中国版本图书馆CIP数据核字(2015)第136317号

策划编辑　　蔡伟莉
责任编辑　　何颖颖
封面设计　　久品轩

28个技术指标速查速用炒股不求人

出版发行	立信会计出版社		
地　　址	上海市中山西路2230号	邮政编码	200235
电　　话	（021）64411389	传　　真	（021）64411325
网　　址	www.lixinaph.com	电子邮箱	lxaph@sh163.net
网上书店	www.shlx.net	电　　话	（021）64411071
经　　销	各地新华书店		

印　　刷	北京柯蓝博泰印务有限公司		
开　　本	787毫米×1092毫米	1/16	
印　　张	16.5	插　　页	1
字　　数	260千字		
版　　次	2015年8月第1版		
印　　次	2021年3月第4次		
书　　号	ISBN 978-7-5429-4718-5/F		
定　　价	42.00元		

如有印订差错，请与本社联系调换

随着新一轮的上涨行情，大批新股民涌入股市，对于新股民来说，入市之初一定要掌握一套方法来分析股票的价格活动，而技术指标就是新股民最好的投资工具，成熟的投资者都喜欢用技术指标来指导自己的股票买卖活动。目前，已知的技术指标有一千多种，在股市分析理论中甚至已经形成了专门的技术指标分析派。

技术指标是怎样形成的呢？它是依据一定的数理统计方法，运用一些复杂的计算公式，来对股市及个股走势进行分析量化的方法。说得再简单一点，技术指标包含所有股票的实际供需量及其背后起引导作用的种种因素，例如多空买卖，买卖量能，力度，压力，支撑，换手，建仓，出货以及市场上每个人对未来的希望、担心、恐惧等，而技术指标就是这一切操作结果的综合体现。

近些年来，随着电脑技术的迅猛发展，高速数字统计和高速计算数学变得更加简单和容易，使得各种技术指标的计算变得愈来愈快速和精确，投资者对技术指标的依赖度越来越高了。因此，如何科学地看待、合理地运用技术指标为我们在市场中获利就成为一个不可忽视的重要问题。

电脑普及后，股票专业软件不断创新，为投资者提供了大量的技术指标工具。其中比较常见的有 MA（移动平均线）、MACD、RSI、BOLL、KDJ 等。这些技术指标可以帮助投资者发现金融市场运动的规律，例如 MA 可以帮助投资者发现市场的平均成本，一组 MA 的交叉则可以提供基本的买卖信号，多条MA 则可以揭示市场的运行状态等。

因此，技术指标在帮助投资者发现金融市场的运动规律方面，可以发挥非常重要的作用，极大地降低了投资者研究市场规律时所花费的成本，是非常有用的工具和帮手。

技术指标几乎人人都在使用，但每个人的用法并不相同，因此最重要的是在实际中不断摸索和总结，找到最能发挥指标作用的方法。当技术指标帮助我们发现了市场运动的部分规律，并提示出了具体的买卖时机和价格，技术指标也就完成了帮助投资者赚钱的使命。

前面说过，技术指标是新股民操作股票的有力工具，但再好的工具也只是工具，运用之妙，存乎一心，过于迷信技术指标只会让自己陷于被动。

　　新股民在使用技术指标之前，必须明确一点：任何指标都不是完美的，都会不可避免地出现指标本身的缺陷和不足！比如 RSI、KDJ 指标在使用中会钝化；MA、MACD 指标会滞后等。技术指标是一把双刃剑，如果不能认清指标本身的优缺点，那么在具体运用中就可能反受其害。

　　为了解决这个问题，新股民在技术指标的选择和运用上，要坚持实用性和简单性并重的原则，同时通过不同指标的组合来扬长避短。切记，只有把指标组合起来应用，才能够有效化解和分散具体操作中因为指标本身的缺点而可能出现的各种"不良症状"。此外，投资者还应该将指标与市场结合起来，在重视技术指标的同时也不能忽略了基本面分析。

　　任何一个技术指标都不可能完全解读这个市场且完全认知这个市场，所以投资者们需要的是指标组合和立体式运用。成功的股票投资不应局限于一种技巧，若能触类旁通、举一反三，方能推陈出新、不断进步！

　　一些技术指标爱好者对改编创新技术指标十分热衷，大多数股票软件也带有自编函数，在网上我们可以找到上千种技术指标。这些五花八门的改编使得本来单纯的技术指标越来越复杂，不仅让新股民无所适从，也让一些老股民懵懂惶惑。其实技术指标无非是价量均线不同组合表达方式的变异，真正有价值和新创意的可谓凤毛麟角，反不如传统的常用指标实用。只要投资者能够掌握这些常用指标的精髓并在投资中灵活运用，那么就能够更多地从股市中获利。

　　因此，我们精心编撰了这本《28 个技术指标速查速用炒股不求人》，过滤掉了那些华丽繁复的改编指标，只保留了"移动平均线（MA）""指数平滑异同移动平均线（MACD）""随机指标（KDJ）""相对强弱指标（RSI）""布林线（BOLL）"等几十种经典而又经受住了市场考验的技术指标，并对每一技术指标的应用法则进行了精细的分析与图解，并配以案例，让新股民在阅读后能有所得，在实际操作中能灵活运用。

　　杰克·伯恩斯坦曾经说过："交易商的成功或失败主要取决于他个人的心理素质，也就是，他是否有节制、始终如一、坚持不懈地遵守某一交易计划或体系。无论那些见解多么有价值，如果你不加以利用，它们就毫无用处。"恪守技术指标的应用法则，你就能在存有不确定性的市场中，找到一丝必然性来实现最终的盈利！

目 录

上篇　基础类指标

第一章　平滑异同移动平均线指标——MACD　/2

MACD 指标的原理解析　/2

MACD 指标形态图解　/6

MACD 指标的实战技巧　/13

第二章　动向指标——DMI　/21

DMI 指标的原理解析　/21

DMI 指标的研判标准　/27

DMI 指标的实战技巧　/30

第三章　振动升降指标——ASI　/37

ASI 指标的原理解析　/37

ASI 指标的特殊分析方法　/40

ASI 指标的实战技巧　/41

ASI 指标配合 OBV 指标判断买卖信号　/43

第四章　三重指数平滑移动平均指标——TRIX　/44

TRIX 指标的原理解析　/44

TRIX 指标曲线的形态图解　/48

TRIX 指标的实战技巧　/51

第五章　移动平均线指标——MA　/56

MA 指标的原理解析　/56

MA 指标的形态图解　/58

MA 指标的实战技巧　/61

第六章　平均线差指标——DMA　/71

DMA 指标的原理解析　/71

DMA 指标的形态图解　/73

DMA 指标的实战技巧　/78

中篇　实战类指标

第七章　随机指标——KDJ　/84

KDJ 指标的原理解析　/84

KDJ 指标的形态图解　/91

KDJ 指标的实战技巧　/94

第八章　布林线指标——BOLL　/98

BOLL 指标的原理解析　/98

BOLL 指标的研判标准　/102

BOLL 指标的实战技巧　/107

第九章　相对强弱指标——RSI　/111

RSI 指标的原理解析　/111

RSI 指标的形态图解　/115

RSI 指标的实战技巧　/118

第十章　威廉指标——W％R　/123

W％R 指标的原理解析　/123

W％R 指标的形态图解　/126

W％R 指标的实战技巧　/129

第十一章　变动速率指标——ROC　/134

ROC 指标的原理解析　/134

ROC 指标的特殊分析　/137

ROC 指标实战技巧　/139

第十二章　乖离率指标——BIAS　/145

BIAS 指标的原理解析　/145

BIAS 指标的形态图解　/148

BIAS 指标的实战技巧　/150

第十三章　动量指标——MTM　/i53

MTM 指标的原理解析　/153

MTM 指标的形态图解　/158

MTM 指标的实战技巧　/159

第十四章　宝塔线指标——TOWER　/162

TOWER 指标的原理解析　/162

TOWER 指标的形态图解　/166

TOWER 指标的实战技巧　/168

下篇　参考类指标

第十五章　人气和买卖意愿指标——ARBR　/174

ARBR 指标的原理解析　/174

ARBR 指标的形态图解　/177

ARBR 指标的实战技巧　/181

第十六章　中间意愿指标——CR　/184

CR 指标的原理解析　/184

CR 指标曲线的形态　/187

CR 指标的实战技巧　/190

第十七章　心理线指标——PSY　/193

PSY 指标的原理解析　/193

PSY 指标的趋势研判　/196

PSY 指标的实战技巧　/197

第十八章　成交量比率指标——VR　/201

VR 指标的原理解析　/201

VR 指标的形态图解　/204

VR 指标的实战技巧　/207

第十九章　停损指标——SAR　/210

SAR 指标的原理解析　/210

SAR 指标的作用详解　/215

SAR 指标的实战技巧　/217

第二十章　能量潮指标——OBV　/221

OBV 指标的原理解析　/221

OBV 指标的形态图解　/226

OBV 指标的实战技巧　/228

附录　/232

OBOS 超买超卖指标实用详解　/232

XS 薛斯通道指标实用详解　/237

CCI 顺势指标实用详解　/238

MIKE 麦克指标实用详解　/241

WVAD 威廉变异离散量实用详解　/245

PVI 正量指标实用详解　/246

TAPI 指数点成交值指标实用详解　/247

EXPMA 指数平均数指标实用详解　/250

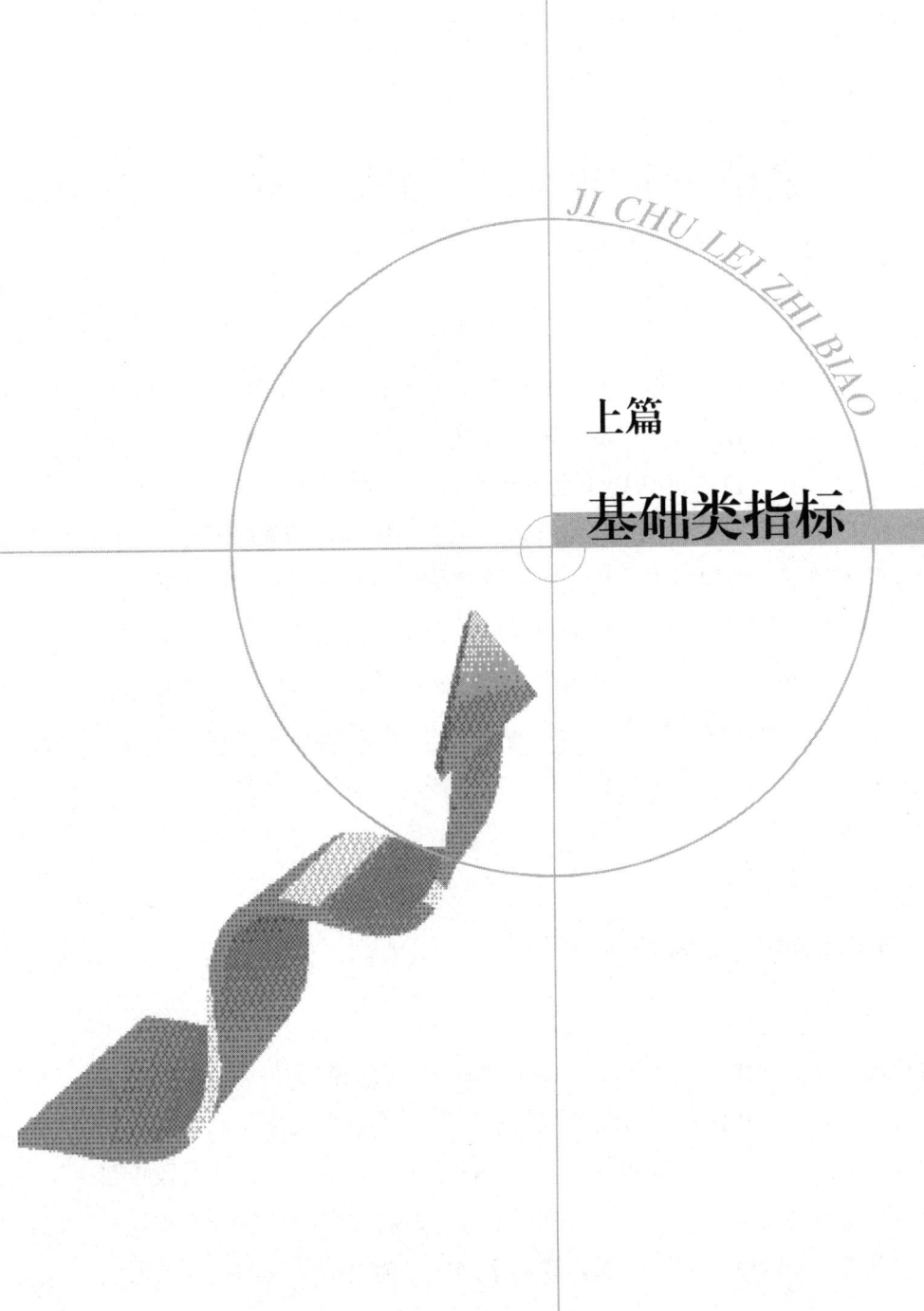

JI CHU LEI ZHI BIAO

上篇

基础类指标

第一章　平滑异同移动平均线指标
——MACD

股市行情虽然变化多端，但在一定的程度上还是有规律可循的，这也是技术分析存在的基础。一般说来，技术分析主要基于以下两个原理：①一种趋势一旦形成，就会持续一段时间，而不会立即反转，甚至突破压力位或支撑位（重大利空利好消息除外）。②当股价走势进入顶部或底部反转区域时，其走势特征总会在技术图形上表现出来。MACD平滑异同移动平均线指标就是第一原理的典型代表，MACD不仅适合中长期趋势分析，而且也是最有效、最常用的逃顶方法。在实际投资中，MACD指标不但具备抄底（股价与绿柱背离是底）、捕捉极强势上涨点（MACD连续二次翻红买入）、捕捉"洗盘结束点"（上下背离买入）的功能，而且还能帮助你捕捉到最佳卖点，帮你成功逃顶，使你尽享丰收后的振奋感觉。

MACD 指标的原理解析

平滑异同移动平均线（MACD），是投资者做技术分析时，最为简单同时又最为可靠的指标之一。MACD利用快慢两条移动平均线的变化作为盘势的分析指标：快线DIF，慢线DEA（也叫MACD或DEM），具有确认中长期波段走势并找寻短线买卖点的功能。MACD的原理在于以长天期（慢的）移动平均线来作为大趋势基准，而以短天期（快的）移动平均线作为趋势变化的判定，所以当快的移动平均线与慢的移动平均线二者交会时，代表趋势已发生反转，当用长均线减去短均线后，这些滞后指标就成为了一个动力振荡指标。其结果是它构造了一根在零点线上下摆动的振荡线，并且没有上下幅度限制。根据移动平均线原理发展出来的 MACD 指标具有极大优点，一来克服了移动平均线假信号频繁的缺点，二来确保了移动平均线最大的战果。

在现有的软件中，MACD 常用参数是快速平滑移动平均线为 12，慢速平滑移动平均线参数为 26。此外，MACD 还有一个辅助指标——柱状线（BAR）。

DIFF（白线）：收盘价的短期和长期两条指数平滑移动平均线间的差值。

DEA（黄线）：DIFF 线的 m 日指数平滑移动平均线，m = 天数。

MACD（彩色柱状线）：MACD 数值大小等于 DIFF 和 DEA 差的 2 倍，当正数时，出现红色柱状线，是比较明显的买入信号．当负数时，出现绿色柱状线，则是卖出信号。

参数：SHORT（短期）、LONG（长期）、M 天数，一般为 12、26、9。

一、MACD 指标的计算方法

MACD 为 26 天平方系数加权移动平均线与 12 天平方系数加权移动平均线间的差异。9 天移动平均线常被用作一"临界线"，意为当 MACD 相交于这一"临界线"之下时，此为空方市场；当它交于这一"临界线"之上时，此为多方市场。

在一般的情况下，快速 EMA 一般选 6 日，慢速 EMA 一般选 12 日，此时差离值（DIF）的计算为：DIF = EMA6 − EMA12

至于差离值（DIF）缩小到何种程度才真正是行情反转的信号，一般情况下，MACD 的反转信号为差离值的 9 日移动平均值，"差离平均值"用 DEA 来表示。

计算得出的 DIF 与 DEA 为正值或负值，因而形成在零轴线上下移动的两条快速与慢速线，为了方便判断，常用 DIF 减去 DEA，并绘出柱状图。如果柱状图上正值不断扩大说明上涨持续，负值不断扩大说明下跌持续，只有柱状在零轴线附近时才表明形势有可能反转。

为了让初学者更好地掌握 MACD 指标的计算方法，我们在这里特别给出 MACD 具体的计算公式：

加权平均指数（DI）＝（当日最高指数＋当日最低指数＋2 倍当日收盘指数）÷4

12 日平滑系数（L12）＝2÷（12＋1）＝0.153 8

22 日平滑系数（L26）＝2÷（26＋1）＝0.074 1

12 日指数平均值（10 日 EMA）＝L12×（当日 DI 值－昨日的 12 日 EMA）＋昨日的 12 日 EMA

26 日指数平均值（22 日 EMA）＝L26×（当日 DI 值－昨日的 26 日 EMA）＋昨日的 26 日 EMA

差离率（DIF）＝12 日 EMA－26 日 EMA

9 日 DIF 的平均值（DEA）＝最近 9 日的 DIF 之和/9

柱状值（BAR）＝DIF－DEA

MACD＝（当日的 DIF－昨日的 DIF）×0.2＋昨日的 MACD

注：第一日的 EMA 值取第一日的 DI 值

计算 MACD 时，首先要分别计算出加权平均指数（DI）、计算差离值（DIF）、九日来的计算差离平均值（DEA）、柱状值（BAR）、十二日指数平均值、二十六日指数平均值 A）、十二日平滑系数、二十六日平滑系数等基础数据备用然后才能计算出 MACD 值。

二、MACD 指标的应用原则

MACD 是通过计算两条不同速度的平滑移动平均线（EMA）之间的差离值，来作为研判股市行情的一种技术分析方法。它除了由 DIF 线（核心）、DEA（辅助）构成外，还包括围绕零轴波动的 MACD 柱状图。要想在实战中灵活运用 MACD 指标，就必须熟练掌握它的应用原则，在这里，我们将应用原则精解如下：

DIF 和 DEA 的值及线的位置

（1）当 DIF 和 DEA 均大于 0（即在图形上表示为它们处于零轴以上）并向上移动时，一般表示为股市处于多头行情中，可以买入或持股；

（2）当 DIF 和 DEA 均小于 0（即在图形上表示为它们处于零轴以下）并向

下移动时，一般表示为股市处于空头行情中，可以卖出股票或观望。

（3）当 DIF 和 DEA 均大于 0（即在图形上表示为它们处于零轴以上）但都向下移动时，一般表示为股票行情处于退潮阶段，股票将下跌，可以卖出股票和观望；

（4）当 DIF 和 DEA 均小于 0 时（即在图形上表示为它们处于零轴以下）但向上移动时，一般表示为行情即将启动，股票将上涨，可以买进股票或持股待涨。

DIF 和 DEA 的交叉情况

（1）当 DIF 与 DEA 都在零轴以上，而 DIF 向上突破 DEA 时，表明股市处于强势，股价将再次上涨，可以加码买进股票或持股待涨，这就是 DEA 指标"黄金交叉"的一种形式。

（2）当 DIF 和 DEA 都在零轴以下，而 DIF 向上突破 DEA 时，表明股市即将转强，股价跌势已尽，将止跌朝上，可以开始买进股票或持股，这是 DEA 指标"黄金交叉"的另一种形式。

（3）当 DIF 与 DEA 都在零轴以上，而 DIF 却向下突破 DEA 时，表明股市即将由强势转为弱势，股价将大跌，这时应卖出大部分股票而不能买股票，这就是 DEA 指标的"死亡交叉"的一种形式。

（4）当 DIF 和 DEA 都在零轴以上，而 DIF 向下突破 DEA 时，表明股市将再次进入极度弱市中，股价还将下跌，可以再卖出股票或观望，这是 DEA 指标"死亡交叉"的另一种形式。

DEA 指标中的柱状图分析

一般来说，股市电脑分析软件中通常采用 DIF 值减 DEA 值而绘制成柱状图，用红柱状和绿柱状表示，红柱表示正值，绿柱表示负值。用红绿柱状来分析行情，既直观明了又实用可靠。

（1）当红柱状持续放大时，表明股市处于牛市行情中，股价将继续上涨，这时应持股待涨或短线买入股票，直到红柱无法再放大时才考虑卖出。

（2）当绿柱状持续放大时，表明股市处于熊市行情之中，股价将继续下跌，这时应持币观望或卖出股票，直到绿柱开始缩小时才可以考虑少量买入股票。

（3）当红柱状开始缩小时，表明股市牛市即将结束（或要进入调整期），股价将大幅下跌，这时应卖出大部分股票而不能买入股票。

（4）当绿柱状开始收缩时，表明股市的大跌行情即将结束，股价将止跌向上（或进入盘整），这时可以少量进行长期战略建仓而不要轻易卖出股票。

（5）当红柱开始消失、绿柱开始放出时，这是股市转市信号之一，表明股市的上涨行情（或高位盘整行情）即将结束，股价将开始加速下跌，这时应开始卖出大部分股票而不能买入股票。

（6）当绿柱开始消失、红柱开始放出时，这也是股市转市信号之一，表明股市的下跌行情（或低位盘整）已经结束，股价将开始加速上升，这时应开始加码买入股票或持股待涨。

对于技术指标不能孤立地去分析，如果仅根据以上原则来指导实际操作，准确性并不能令人满意。投资者应综合运用 5 日、10 日均价线，5 日、10 日均量线和 MACD 指标，其准确性才能大为提高。

MACD 指标形态图解

一、顶背离

当股价的高点比前一次的高点高，而 MACD 指标的高点比指标的前一次高点低，这就叫顶背离现象。

DIF 或 DEA 在高位或低位，往往出现与股价走势背离（见图 1）。当股价的高点比前一次的高点要高，DIF 或 DEA 处在高位并开始向下走势，此时股价还在继续上涨，为顶背离。顶背离现象一般是股价在高位即将反转转势的信号，表明股价短期内即将下跌，是卖出股票的信号。

不过凡事没有绝对，有时候某些强势股在出现 MACD 红柱背离之后，表现为先出现短时间的下跌，随后股价还会再度被拉起来。但这种情况出现通常要有几个必要条件：第一、有强庄介入，第二、股价前期的升幅不是很大，第三、大牛市情况下。如果上述三条均不具备，则股价极易出大顶，还是及早离场为宜。

二、底背离

当股价的低点比前一次低点底，而指标的低点却比前一次的低点高，这叫

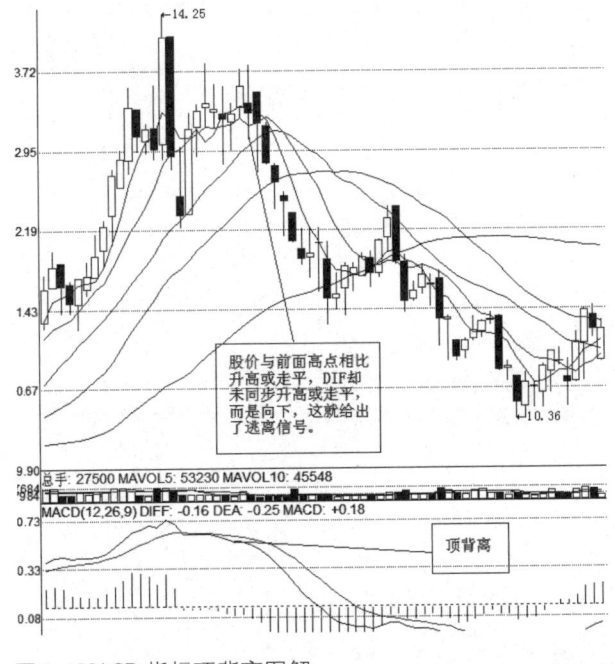

图 1 MACD 指标顶背离图解

底背离现象（见图 2）。底背离现象一般是预示股价在低位可能反转向上的信号，表明股价短期内可能反弹向上，是短期买入股票的信号。

在实战中，MACD 指标的背离一般出现在强势行情中比较可靠，股价在高价区时，通常只要出现一次顶背离的形态，即可确认位股价即将反转向下；而股价在低价区，一般要反复出现几次底背离后才能确认底部形成，因此 MACD 指标研判顶背离的准确性要高于底背离，这点投资者要加以留意。

当股价创新低，DIF 不再创新低（前面应有一个最低点），这个次低点的后一天就是底背离点，投资者就要注意了：这个次低点是由后一天上涨而形成的，底背离点是一个进货参考点。

三、黄金交叉形态

"黄金交叉"是投资者预测趋势的方法之一。黄金交叉的出现，通常意味着将有一波涨升行情可期，对多头而言往往代表一个强烈的买进信号。一般来说，当短期移动平均线从下向上穿过长期移动平均线时，短期移动平均线与长期移动平均线的交叉点就是黄金交叉点，出现黄金交叉点表明后市多头力量较强，股票价格还有一段上涨空间，此时正是买入股票的好时机。

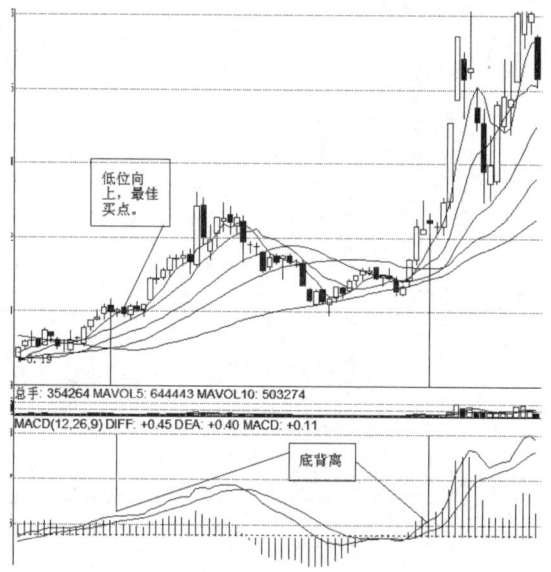

图 2　MACD 指标底背离图解

零值线以下的弱势"黄金交叉"

当 DIF 线和 DEA 线处在远离 0 值线以下区域运行并且向下运行很长一段时间后，当 DIF 线开始进行横向运行或慢慢掉头向上靠近 DEA 线时，如果 DIF 线接着向上突破 DEA 线，这是 MACD 指标的第一种"黄金交叉"（见图 3）。

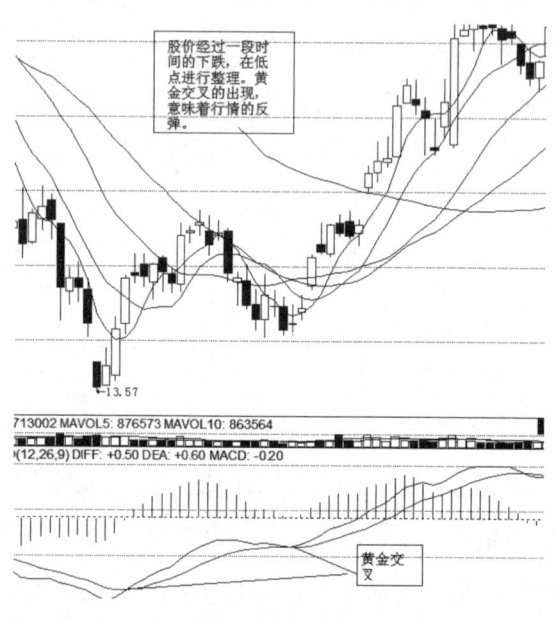

图 3　MACD 第一种类型黄金交叉

　　它表示股价经过很长一段时间的下跌，并在低位整理后，经过一轮比较大的跌势后、股价将开始反弹，是短线买入信号。对于这一种"黄金交叉"，只是预示着反弹行情可能出现，并不表示该股的下跌趋势已经彻底结束，股价还有可能出现短暂的反弹行情之后股价重新下跌的情况，因此，应谨慎对待，在设置好止损价位的前提下，少量买入做短线反弹行情。

　　零值线附近的强势"黄金交叉"

　　当 DIF 线和 DEA 线都运行在 0 值线附近区域时，如果 DIF 线处在 DEA 线下方并开始由下向上突破 DEA 线，这是 MACD 指标的第二种"黄金交叉"（见图4）。它表示股价在经过一段时间的涨势、并在相对高位或低位整理后，股价将开始一轮比较大的上涨行情，是中长线买入信号。它可能就预示着股价的一轮升幅可观的上涨行情即将很快展开，这是买入股票的较好时机。

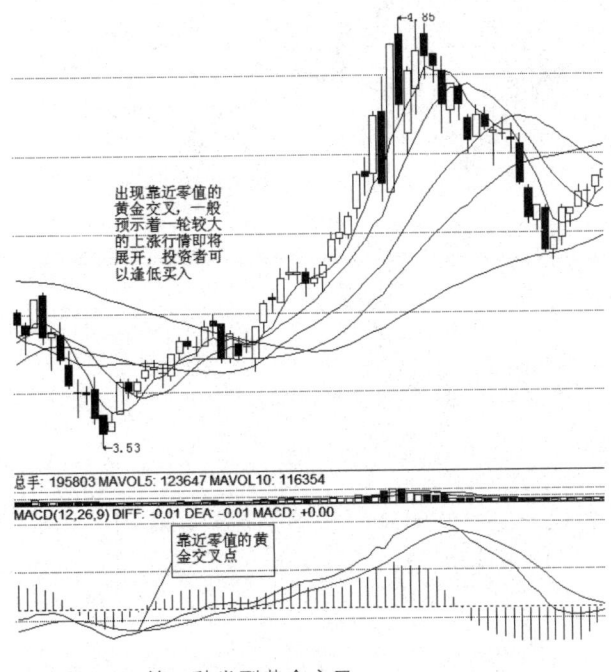

图 4　MACD 第二种类型黄金交叉

　　（1）当股价是在底部小幅上升，并经过了一段短时间的横盘整理，然后股价放量向上突破、同时 MACD 指标出现这种金叉时，是长线买入信号。此时可以长线逢低建仓。

　　（2）当股价是从底部启动并且已经出现一轮涨幅较大的上升行情，并经过上涨途中较长时间的中位缩量回档整理，然后股价再次放量调头向上扬升、同时 MACD 指标出现这种金叉时，是中线买入信号。

零值线以上区域的一般"黄金交叉"

当 DIF 线和 DEA 线都运行在零值线以上区域时，如果 DIF 线在 DEA 线下方调头由下向上穿越 DEA 线，这是 MACD 指标的第三种"黄金交叉"（见图5）。

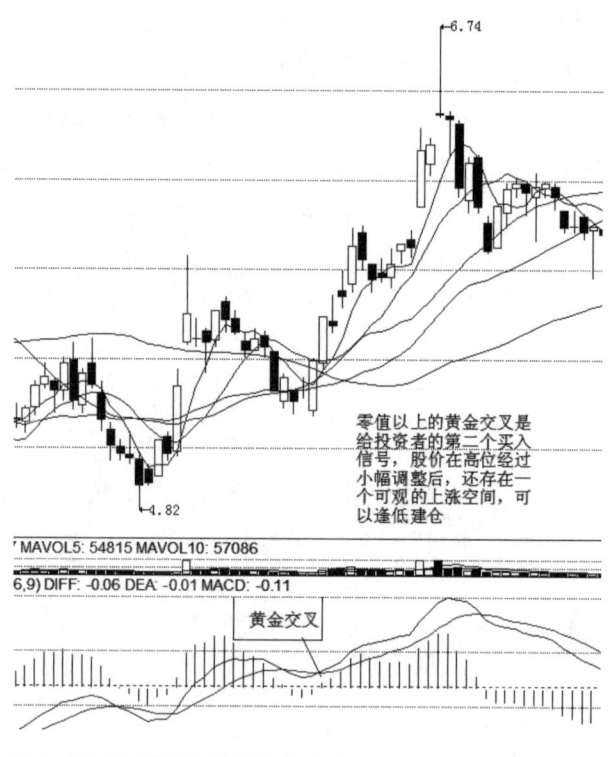

图 5　MACD 第三种类型黄金交叉

它表示股价经过一段时间的高位回档整理后，新的一轮涨势开始，是第二个买入信号。此时，激进型的可以短线加码买入股票；稳健型的则可以继续持股待涨。

四、MACD 指标死叉

股价在经过大幅拉升后出现横盘，形成的一个相对高点，投资者尤其是资金量较大的投资者，必须在第一卖点出货或减仓。此时判断第一卖点成立的技巧是"股价横盘且 MACD 死叉"，死叉之日便是第一卖点形成之时。

第一卖点形成之后，有些股票并没有出现大跌，可能是多头主力在回调之后为掩护出货假装向上突破，做出货前的最后一次拉升。判断绝对顶成立技巧是当股价进行虚浪拉升创出新高时，MACD 却不能同步，第二红波的面积明显无前波大，说明量能在不断下降，二者的走势产生背离，这是股价见顶的明显信号。

此时形成的高点往往是成为一波牛市行情的最高点，如果此时不能顺利出逃的话，后果不堪设想。必须说明的是在绝对顶卖股票时，决不能等 MACD 死叉后再卖，因为当 MACD 死叉时股价已经下跌了许多，在虚浪顶卖股票必须参考 K 线组合。这个也是 MACD 作为中线指标的缺陷之处。

一般来说，在虚浪急拉过程中如果出现"高开低走阴线"或"长下影线涨停阳线"时，是卖出的极佳时机。需要提醒的是，由于 MACD 指标具有滞后性，用 MACD 寻找最佳卖点逃顶特别适合那些大幅拉升后做平台头的股票，不适合那些急拉急跌的股票。另外，以上两点大都出现在股票大幅上涨之后，也就是说，它出现在股票主升浪之后，如果一只股票尚未大幅上涨，没有进行过主升浪，则不要用以上方法。

0 值线以上区域的强势"死亡交叉"

当 MACD 指标中的 DIF 线和 MACD 线在远离 0 值线以上区域同时向上运行很长一段时间并向上远离 0 值线后，当 DIF 线开始进行横向运行或慢慢勾头向下靠近 MACD 线时，如果 DIF 线接着向下突破 MACD 线，这是 MACD 指标的第一种"死亡交叉"（见图 6）。

它表示股价经过很长一段时间的上涨行情，并在高位横盘整理后，一轮比较大的跌势将展开。对于这一种"死亡交叉"，预示着股价的中长期上升行情结束，该股的另一个下跌趋势已可能开始，股价将可能展开一段时间较长的跌势，因此，投资者对于 MACD 指标的这种"死亡交叉"应格外警惕，应及时逢高卖出全部或大部分股票，特别是对于那些前期涨幅过高的股票更要加倍小心。

0 值线以下区域的弱势"死亡交叉"

当 MACD 指标中的 DIF 线和 MACD 线在远离 0 值线以下区域运行很长一段时间后，由于 DIF 线的走势领先于 MACD 线，因此，当 DIF 线再次开始慢慢调头向下靠近 MACD 线时，如果 DIF 线接着向下突破 MACD 线，这是 MACD 指标

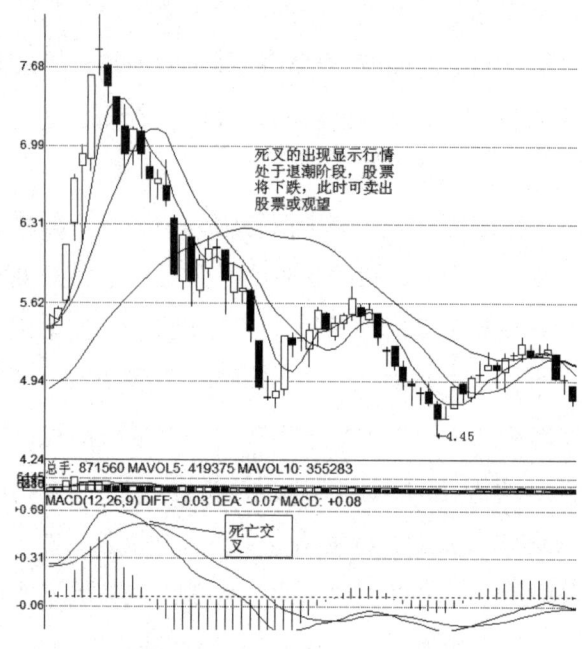

图6　MACD第一种类型"死亡交叉"

的另一种"死亡交叉"（见图7）。

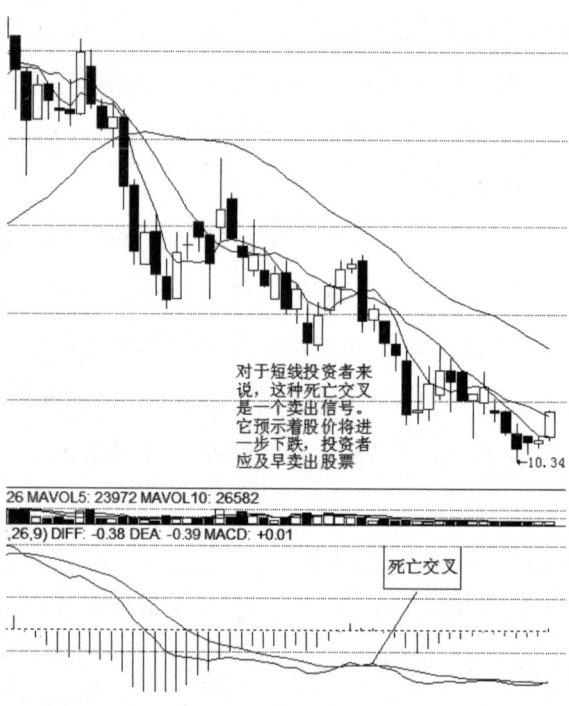

图7　MACD第二种类型死亡交叉

它表示股价在长期下跌途中的一段时间的反弹整理后，一轮比较大的跌势又要展开，股价将再次下跌，是短线卖出信号。对于这种"死亡交叉"，它意味着下跌途中的短线反弹结束，股价的中长期趋势依然看淡，投资者应以逢高卖出剩余的股票或持币观望为主。

MACD 指标的实战技巧

一、MACD 双底背离买入法

MACD 双底背离买入法：MACD 在空头市场即负值区内，第一次做底向上交叉后回落，股价的低点比前一次的低点低，而 MACD 指标中的 DIFF 的低点却比前一次的低点显著提高。买点最好放在 MACD 第二底未交叉之前，形态上出现背离就能发出指示。

双底背离有以下特征：

（1）在跌势中出现，特别是跌势末期常常出现；

（2）有两个谷底，两个底部基本相同；

（3）第一个底部形成后，反弹幅度 10% 左右；

（4）第二个谷底形成时，成交量极度萎缩很容易形成圆形形态。而上破颈线位时，成交量显著放大，并有中阳或大阳线出现；

（5）突破之后，常要回试颈线位，重拾升势确认突破有效；

（6）第一个低点与第二个低点，时间跨度应在 20 天以上，否则双底信号可靠性差。一般说来，双底形成时间越长，上升力度越大。

（7）双底形成过程中，MACD 等技术指标常发生底背离状况。

需要说明的是：双底的转势信号的可靠程度比头肩底差，其原因就在于双底只经历了两次探底，而头肩底经历了三次探底，所以头肩底对盘面的清理比双底来得更彻底；由双底呼应原理，建议投资者将第一个买入点放在第二底处，如果是向上假突破，到颈线位处也有 10% 的赚头。如果真突破，获利至少 20% 以上。而第二买入点，我们建议突破后的回抽，重拾升势并且成交量放大后再重仓买入。

　　为了更好地让读者理解这个问题，我们举个实例来看一下。常山药业（300255）的股价在经历了持续的下跌以后，于2014年3月份开始逐渐形成底部。有的时候股价形成底部的时候，庄家还会进行最后的人为打压，在这个时候，虽然股价已经出现了底部的迹象，但由于持续的下降趋势依然会让很多投资者看不清股价后期波动的方向。在这个时候，投资者就应当借助 MACD 指标来进行操作，指标在很多时候可以提前为投资者指明股价波动的方向，特别是股价下跌，指标却出现提前形成上升趋势的时候，这种底背离现象一旦出现，股价的底部往往也就出现了（见图8）。

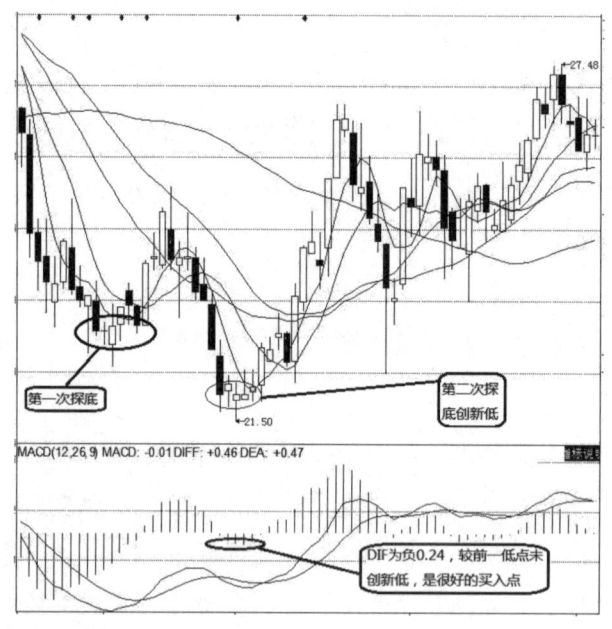

图8　常山药业双底背离买入示意图

　　在股价依然保持着下降趋势的时候，MACD 指标却在2014年3月17日提前发出了一次底部金叉买入信号，这一次底部金叉信号出现以后没有多久，MACD 指标再一次发出了金叉买入信号！指标第二次的金叉位置比第一次的金叉位置要高，但在 K 线图上，指标第二个金叉处所对应的股价却是再一次创下了新低，这是怎么回事？这是指标的底背离指标，虽然股价依然在下跌，但 MACD 指标却已经向投资者发出了买入的信号。当 MACD 指标形成底部双金叉以后，投资者就可以入场进行操作了！

二、MACD 两次金叉低位买入法

MACD 指标是利用长期（MACD）、短期（DIF）的二条平滑异同移动平均线，并计算两者之间的差离值（DIF - MACD）作为红绿柱长短的数据，使用中主要考虑长短期移动均线的交叉情况和红绿柱长短数值，以此作为判断行情买卖的依据。

在实际使用投资者可能感觉到，如果完全按照金叉买进、死叉卖出，获利较难或还有可能套牢亏损。因此，可以使用一种低位两次金叉买进的方法（见图 9）。

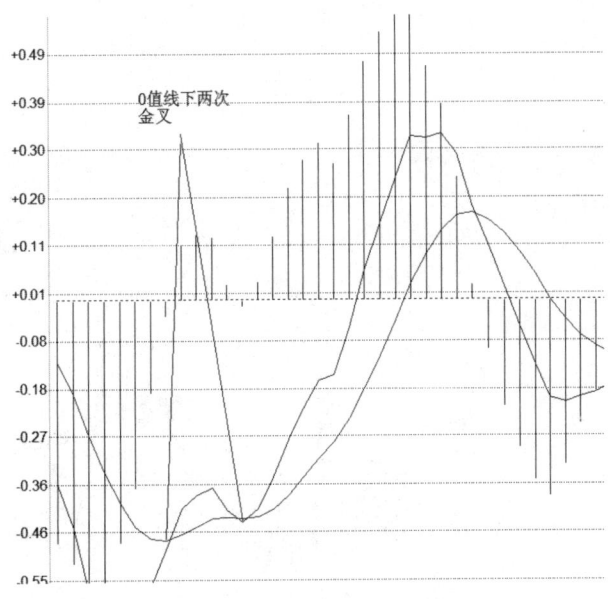

图 9　MACD 低位两次金叉示意图

MACD 在低位发生第一次金叉时，股价在较多情况下涨幅有限，或小涨后出现较大的回调，造成买进的投资者出现套牢亏损情况。但是当 MACD 在低位第二次金叉出现后，股价上涨的概率和幅度会更大一些。因为在指标经过第一次金叉之后发生小幅回调，并形成一次死叉，此时空方好像又一次占据了主动，但其实已是强弩之末，这样在指标第二次金叉时，必然造成多方力量的发力上攻。

使用方法：

随股价上升 MACD 翻红，即白线上穿黄线（先别买），其后随股价回落，

DIF（白线）向MACD（黄线）靠拢，当白线与黄线黏合时（要翻绿未翻绿），此时只需配合日K线即可，当此时K线有止跌信号，如：收阳，十字星等（注意，在即将白黄粘黏时就要开始盯盘口，观察卖方力量），若此时能止跌称其为"底背驰"。底背驰是买入的最佳时机！

反之，当股价高位回落，MACD翻绿，再度反弹，DIF（白线）与MACD（黄线）黏合时若有受阻，如收阴，十字星等，就有可能是"顶背驰"，这是最后的卖出良机！此时许多人以为重拾升势，结果在最佳卖点买入往往被套其中。

但在操作时要注意：

a、背驰时不必在意是否击穿或突破前期高（低）位。

b、高位时只要有顶背驰可能一般都卖，不搏能重翻红，除非大阳或涨停。

c、其为寻找短期买卖点的奇佳手段，短期幅度15%以上，但中线走势要结合长期形态及其他。

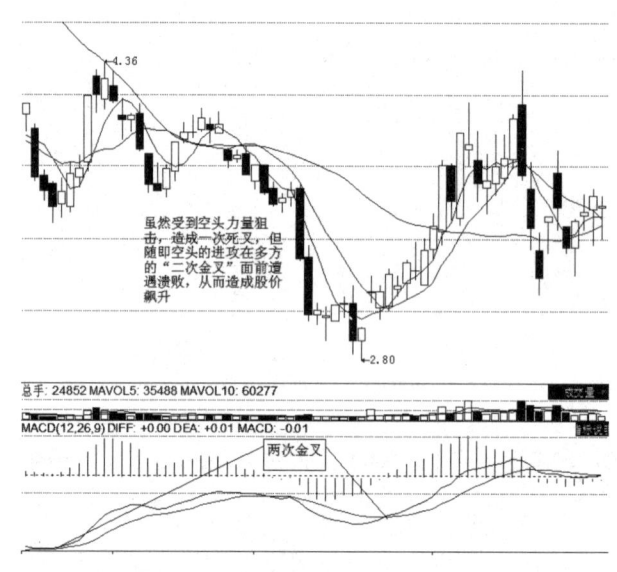

图10　深鸿基两次金叉图解

例：深鸿基（000040）在2008年7月2日，DIF、DEA第一次发生金叉，当日收盘，DIF、DEA都处于负0.42、负0.43，之后股价回落，两指标再度在低位死叉，但是到了8月22日，DIF、DEA再度分别达到负0.23、负0.24，也即再度发生金叉，股价随即拔地而起，达到了4.32元（见图10）。

三、"买小卖小"捕捉买卖点

所谓买小卖小就是指买在小绿柱，卖在小红柱。在实际操作中，投资者可以运用MACD"买小卖小"捕捉最佳买卖点。这里我们关注的是MACD中的大绿柱、小绿柱，和大红柱、小红柱。而在操作时图中的DIF和MACD两条白色和黄色的曲线，并不是我们关注的重点。

当经历一波下跌后，当股票处于最低价时，此时MACD上显现的是一波"大绿柱"。我们首先不应考虑进场，而应等其第一波反弹过后（出现红柱），第二次再探底时，在MACD中出现了"小绿柱"（绿柱明显比前面的大绿柱要小），且当小绿柱走平或收缩时，这时就意味着下跌力度衰竭，此时为最佳买点，这就是所谓的买小（即买在小绿柱上）（见图11）。

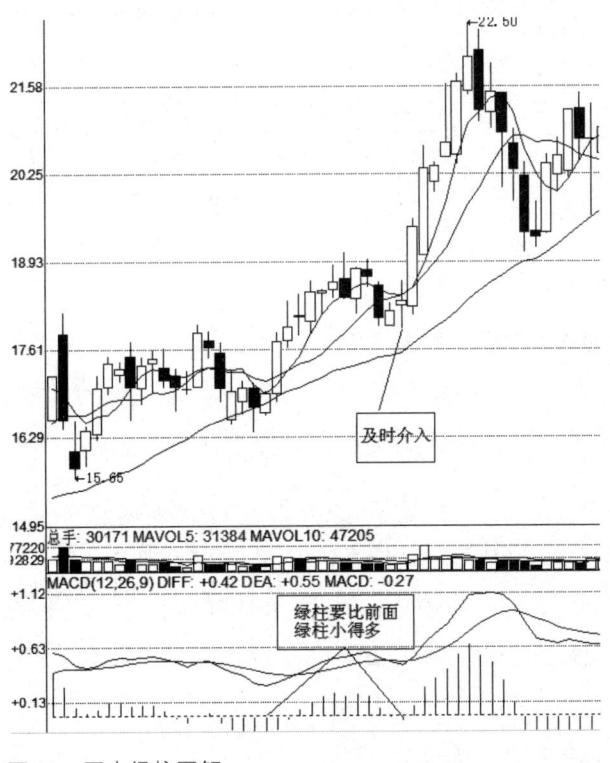

图11 买小绿柱图解

显现上涨也同样。当第一波拉升起来时（MACD上显现为大红柱）我们都不应考虑出货，而应等其第一波回调过后，第二次再冲高时，当MACD上显现出"小红柱"（红柱比前面的大红柱明显要小），此时意味着上涨动力不足，这时我们方考虑离场出货。这就是所谓的卖小（见图 12）。

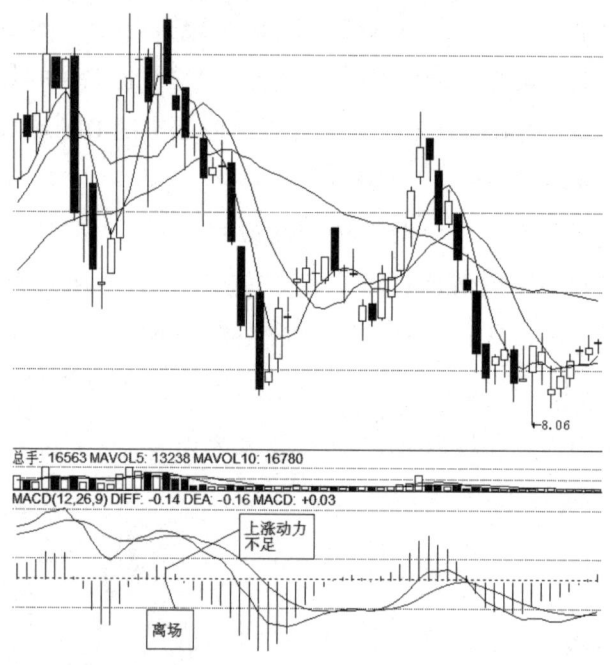

图 12　卖在小红柱图解

四、MACD 绿柱峰底背驰买入法

负（绿）柱峰一次底背驰买入法

特征：只有两个负柱峰发生底背驰。这是较可信的短线买入信号。两个负柱峰发生底背驰时，买入时机可采用"双二"买入法，即：在第二个负柱峰出现第二根收缩绿柱线时买入，这样可买到较低的价位。

例：沃森生物（300142），2014 年 6 月股价暴跌，底部渐成。7 月，负柱峰出现了底背驰（与 2014 年 6 月低点的负柱峰相比较），2014 年 7 月 29 日在第二个负柱峰出现第二根收缩绿柱线，以当天均价 32.20 元买入，可买在较低价位（见图 13）。

负（绿）柱峰二次底背驰买入法

买入时机：第三个负柱峰出现第一根或第二根收缩绿柱线时。

例：深深房（000029），2002 年 6 月 5 日，负柱峰出现了两次底背驰，6 月 6 日第三个负柱峰出现第一根收缩绿柱线，以当天均价 7.60 元买入，6 月 25 日以均价 11.90 元卖出，每股赚 4.30 元，13 个交易日获利 56%（见图 14）。

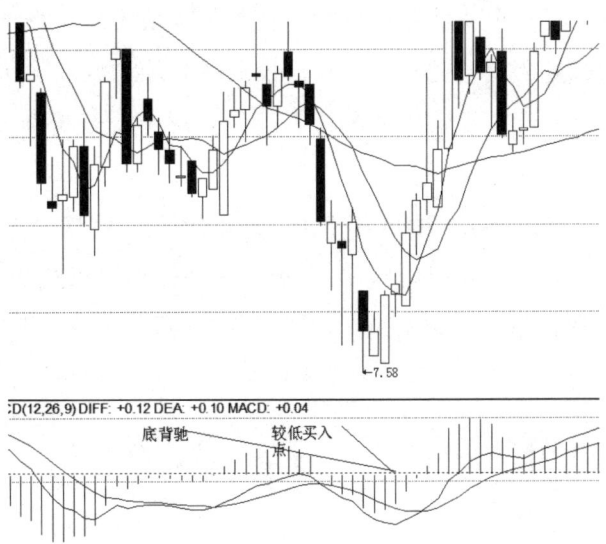

图 13 沃森生物底背驰买点图解

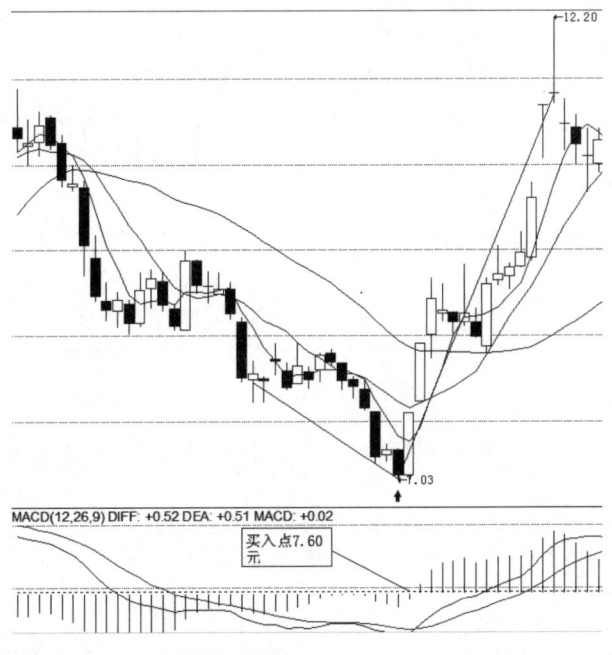

图 14 深深房底背驰图解

负柱峰复合底背驰买入法。

特征：负柱峰第一次底背驰后，第三个负柱峰与第二个负柱峰没有底背驰，却与第一个负柱峰发生了底背驰，称为"隔峰底背驰"。这是可信的买入信号。买入时机：第三个负柱峰出现第一根或第二根收缩绿柱线时。

在运用负柱峰复合底背驰买入法时，投资者必须注意以下问题：

①负柱峰底背驰时，MACD 两条曲线不一定会出现底背驰，此时，负柱峰底背驰发出的买入信号可先看作反弹。

例：京东方（000725），2003 年 5 月 13 日出现负柱峰复合底背驰（见图15），5 月 16 日第三个负柱峰出现第二根收缩绿柱线，以当天均价 9.10 元买入，6 月 13 日以均价 10.40 元卖出，每股赚 1.30 元，19 个交易日获利 14.2%。

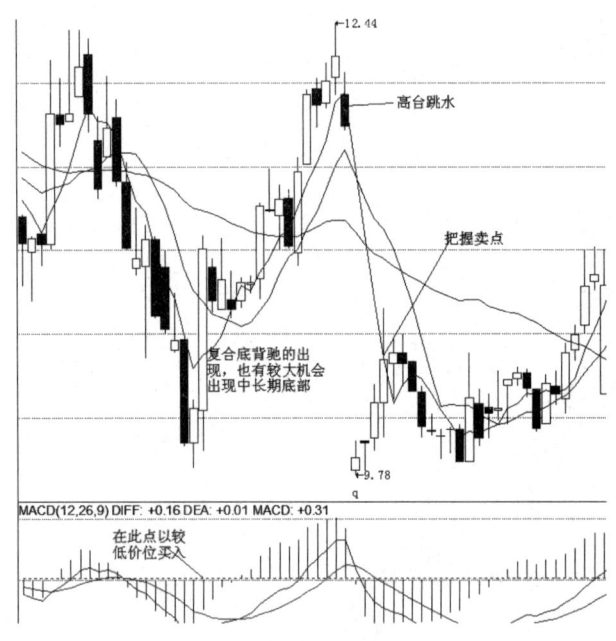

图 15　京东方复合底背驰图解

②负柱峰与 MACD 两曲线同时出现底背驰时，买入信号较可靠，可积极买入。

③MACD 两条曲线两次底背驰或复合底背驰，有较大机会出现中、长期底部。

④MACD 负柱峰及两曲线底背驰大多数在股价处于 60 日均线下方运行之时出现。股价在 60 天均线上方运行的强势市场较少出现，一旦出现可积极买入。

第二章　动向指标——DMI

在做中短线时，很多投资者都有这样的烦恼：具有顶、底背离特性的指标，通常要在股价已经见顶回落一截时，指标才能给出明确的背离信号，投资者常常会因此错失疯涨的个股，那么有没有一种软件能告诉你股价是否见顶了呢？在实战中，DMI 趋向指标在显示股价阶段性见顶时，就有着领先于其他任何指标的优越性。DMI 指标又叫动向指标或趋向指标，其全称叫"Directional Movement Index"，简称 DMI，是由美国技术分析大师威尔斯·威尔德（Wells Wilder）所创造的，是一种中长期股市技术分析方法。DMI 指标可辨别任何股票在任何时间段所处行情的位置，不管是上涨行情，还是下跌行情，DMI 都能够准确地判断每一只股票在行情的初期、中期、还是末期，DMI 指标还能够指示出股票行情的趋势，反弹行情和反转行情，中级行情还是大行情，都能够由DMI 指标表现出来。

DMI 指标的原理解析

DMI 指标是通过分析股票价格在涨跌过程中买卖双方力量均衡点的变化情况，即多空双方的力量的变化受价格波动的影响而发生由均衡到失衡的循环过程，从而提供对趋势判断依据的一种技术指标。

DMI 指标的基本原理是在于寻找股票价格涨跌过程中，股价藉以创新高价或新低价的功能，研判多空力量，进而寻求买卖双方的均衡点及股价在双方互动下波动的循环过程。在大多数指标中，绝大部分都是以每一日的收盘价的走势及涨跌幅的累计数来计算出不同的分析数据，其不足之处在于忽略了每一日的高低之间的波动幅度。比如某个股票的两日收盘价可能是一样的，但其中一天上下波动的幅度不大，而另一天股价的振幅却在 10% 以上，那么这两日的行情走势的分析意义截然不同，这点在其他大多数指标中很难表现出来。而 DMI 指标则是把每日的高低波动的幅度因素计算在内，从而更加准确地反应行情的走势及更好地预测行情未来的发展变化。

一、DMI 指标的计算方法

DMI 指标的计算方法和过程比较复杂，它涉及 DM、TR、DX 等几个计算指标和 + DI（即 PDI － ，下同）、DI（即 MDI，下同）、ADX 和 ADXR 等 4 个研判指标的运算，下面将一一说明。

计算的基本程序（以计算日 DMI 指标为例）主要为：

（1）按一定的规则比较每日股价波动产生的最高价、最低价和收盘价，计算出每日股价的波动的真实波幅 TR、 + DI － 、DI，在运算基准日基础上按一定的天数将其累加，以求 n 日的 TR、 + DM 和 DM 值。

（2）将 n 内的上升动向值和下降动向值分别除以 n 日内的真实波幅值，从而求出 n 日内的上升指标 + DI － 和下降指标 DI。

（3）通过 n 内的上升指标 + DI － 和下降指标 DI 之间的差和之比，计算出每日的动向值 DX。

（4）按一定的天数将 DX 累加后平均，求得 n 日内的平均动向值 ADX。

（5）再通过当日的 ADX 与前面某一日的 ADX 相比较，计算出 ADX 的评估数值 ADXR。

计算的具体过程：

（1）计算当日动向值。

动向指数的当日动向值分为上升动向、下降动向和无动向等三种情况，每日的当日动向值只能是三种情况中的一种。

a. 上升动向 （ + DM）

+ DM 代表正趋向变动值即上升动向值，其数值等于当日的最高价减去前一日的最低价。上升动向值必须大于当日最低价减去前一日最低价的绝对值，

否则 + DM = 0。

b. 下降动向（DM）

– DM 代表负趋向变动值即下降动向值，其数值等于当日的最低价减去前一日的最低价。下降动向值必须大于当日的最高价减去前一日最低价的绝对值，否则 DM = 0。

c. 无动向

无动向代表当日动向值为"零"的情况，即当日的 + DM 和 – DM 同时等于零。有两种股价波动情况下可能出现无动向。一是当当日的最高价低于前一日的最高价并且当日的最低价高于前一日的最低价，二是当上升动向值正好等于下降动向值。

（2）计算真实波幅（TR）。

TR 代表真实波幅，是当日价格较前一日价格的最大变动值。取以下三项差额的数值中的最大值（取绝对值）为当日的真实波幅：

a. 当日的最高价减去当日的最低价的价差。

b. 当日的最高价减去前一日的收盘价的价差。

c. 当日的最低价减去前一日的收盘价的价差。

TR 是 A、B、C 中的数值最大者。

（3）计算方向线 DI。

方向线 DI 是衡量股价上涨或下跌的指标，分为"上升指标"和"下降指标"。在有的股市分析软件上，+ DI – 代表上升方向线，DI 代表下降方向线。其计算方法如下：

$$+ DI = （DM ÷ TR）×100$$

$$– DI = – （DM ÷ TR）×100$$

要使方向线具有参考价值，则必须运用平滑移动平均的原理对其进行累积运算。以 12 日作为计算周期为例，先将 12 日内的 + DM – 、DM 及 TR 平均化，所得数值分别为 + DM12 – ，DM12 和 TR12，具体如下：

$$+ DI（12）= （+ DM12 ÷ TR12）×100$$

$$– DI（12）= – （DM12 ÷ TR12）×100$$

随后计算第 13 天的 + DI12 – 、DI12 或 TR12 时，只要利用平滑移动平均公式运算即可。

例如:

当日的 TR12 = 11/12 ÷ 前一日 TR12 + 当日 TR

上升或下跌方向线的数值永远介于 0 与 100 之间。

(4) 计算动向平均数 ADX。

依据 DI 值可以计算出 DX 指标值。其计算方法是将 + DI 和 − DI 间的差的绝对值除以总和的百分比得到动向指数 DX。由于 DX 的波动幅度比较大,一般以一定的周期的平滑计算,得到平均动向指标 ADX。具体过程如下:

DX = (DIDIF ÷ DISUM) ×100

其中,DIDIF 为上升指标和下降指标的价差的绝对值。

DISUM 为上升指标和下降指标的总和。

ADX 就是 DX 的一定周期 n 的移动平均值。

(5) 计算评估数值 ADXR。

在 DMI 指标中还可以添加 ADXR 指标,以便更有利于行情的研判。

ADXR 的计算公式为:

ADXR = (当日的 ADX + 前一日的 ADX) ÷2

和其他指标的计算一样,由于选用的计算周期的不同,DMI 指标也包括日 DMI 指标、周 DMI 指标、月 DMI 指标、年 DMI 指标以及分钟 DMI 指标等各种类型。经常被用于股市研判的是日 DMI 指标和周 DMI 指标。虽然它们的计算时的取值有所不同,但基本的计算方法一样。另外,随着股市软件分析技术的发展,投资者只需掌握 DMI 形成的基本原理和计算方法,无须去计算指标的数值,更为重要的是利用 DMI 指标去分析、研判股票行情。

二、DMI 指标的应用原则

DMI 指标的一般分析方法主要是针对 + DI、− DI、ADX 等三值之间的关系展开的,而在大多数股市技术分析软件上,DMI 指标的特殊研判功能则主要是围绕 + DI 线、− DI 线、ADX 线和 ADXR 线等四线之间的关系及 DMI 指标分析参数的修改和均线先行原则等这三方面的内容而进行的。其中,+ DI 线在有的软件上是用 PDI 线表示,意为上升方向线;− DI 线是用 MDI 表示,意为下降方向线。

动向指标 DMI 由 4 条指标线组成（见图 16）：

上升方向线 + DI（又称 PDI），+ DI 为白色线；

下降方向线 − DI（又称 MDI），− DI 为黄色线；

趋向平均值 ADX，主要用于对趋势的判断，ADX 为紫色线；

ADXR，对 ADX 的评估数值，也是对市场的评估指标，ADXR 为绿色线。

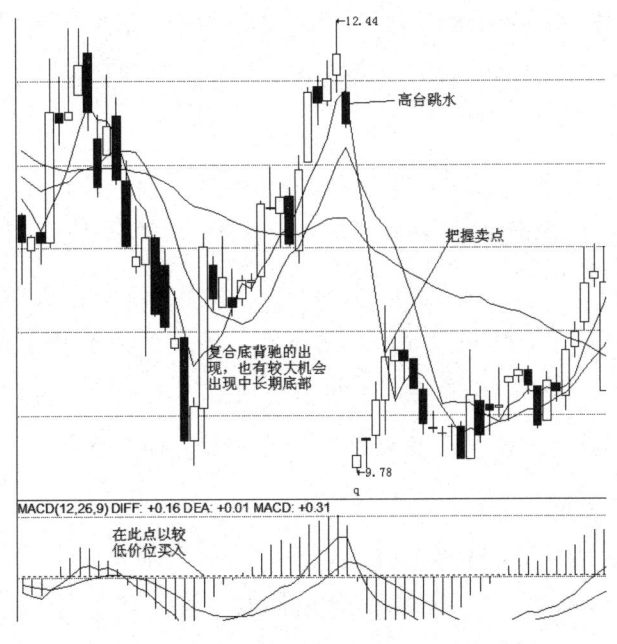

图 16　DMI 指标线组成示意图

（1）DMI 本身含有 + DI、− DI、DX、ADX 指标，这几项指标要配合看。除外，配合其他外部指标共同研判。

（2）DI 上升、下降的幅度均在 0 至 100 之间。多方实力强，+ DI 值放大并趋近 100，股指可能会继续提高。反之，若空方实力强，− DI 值放大并趋近 − 100，股指会继续下落。如果 + DI 变小并趋近 0，反映了多方势头减弱。如果 − DI 变小并趋于 0，反映空方势头减弱。股指分别会止升、止跌。投资者可根据 + DI、− DI 的变化趋向，摸清多空的实力，择机而动。

（3）从相对强弱分析，如果 + DI 大于 − DI，在图形上则表现为 + DI 线从下向上穿破 − DI 线，这反映了股市中多方力量加强，股市有可能高走一段，因此，投资者应速买再速卖，不可卖进惜售，待股价冲顶回落后会造成损失。

如果 – DI 大于 + DI，在图形上则表现为 – DI 线从下向上穿透 + DI 线，反映股市中空头正在进场，股市有可能低走。因此，投资者应速卖股票，看准底部后再买进股票。

如果 + DI 和 – DI 线交叉且幅度不宽时，表明股市进入盘整行情。投资者要观察一段，伺机行事。

（4）对 DX，投资者应注意：DX 活动区间在 0 ~ 100 内，如果 DX 趋向 100，表明多空某一方的力量趋于零。如果 DX 值大，表明多空双方实力相差悬殊；如 DX 值小，表明多空双方实力接近。如果 DX 趋向零，表明多空双方的实力近似相等。

一般讲，DX 值在 20 至 60 间，表明多空双方实力大体相等，轮换主体位置的可能性大。投资者此时易把握自己的位置，看准时机，空头转多头，或相反。

DX 值穿破 60，表明多空双方力量拉开，多头或空头各方逐渐占据主动，或超卖，或超买。DX 值穿破 20，表明多空双方力量均衡，多空双方都主动回撤，买卖不活。此两种情况，投资者既不可过于急躁，又不可过于谨慎，要择机而动，大胆心细。

（5）如果 DX、DI 值同时上升，表明多头实力加强，市场有上升的劲头。投资者应速买而后速卖。如果 DX、DI 值同时下降，表明空方主力进场，市场下跌不可避免，投资者速卖后，待新底形成再买进。如果 DX 线位于 + DI 线上方并回落，表明行情虽在上升，但结束上升行情的时间已到，投资者不可再盲目追涨。如果 DX 线位于 – DI 线上方并回落，表明行情虽在下跌，但下跌的底部已形成，熊市将结束，投资者可适当买进股票。

（6）对 ADX，投资者应注意：

①单一动向：股市行情以明显的动向单向发展，不论是上升还是下降，ADX 值此时会逐渐走强并持续一段时间。面对这种单一动向，或 DI 上升、下降值与 ADX 同向上升时，投资者可顺其走势操作，即加入多头，或加入空头。但注意，长时间的跟风也会造成损失。

②牛皮动向：当股市指数新高、新低点反复交叉，忽升忽降时，ADX 会表

现为递减态势，目前股市窄幅横盘整理。当 ADX 逐降到 20 以下时，+ DI 和 – DI 呈现横向走势，投资者应暂停交易，伺机而动。此时，DMI 动向指标只能参考，不能完全依此入市。

③反转动向：当 ADX 由升转降时，高于 50 时说明行情反转来临，如果在涨势中，ADX 在高点由升转降时，表明顶部到顶，涨势将收场。投资者应调整多头行动。反之，在跌势中，ADX 也在高点由升转降时，表明底部到底，跌势将收场，投资者应调整空头。

DMI 指标的研判标准

一、上升指标 + DI 和下降指标 – DI 的研判功能

（1）当股价走势向上发展，而同时 + DI 从下方向上突破 – DI 时，表明市场上有许多买家进场，为买入信号，如果 ADX 伴随上升，则预示股价的涨势可能更强劲。

（2）当股价走势向下发展时，而同时 – DI 从上向下突破 + DI 时，表明市场上做空力量在加强，为卖出信号，如果 ADX 伴随下降，则预示跌势将加剧。

（3）当股价维持某种上升或下降行情时，+ DI 和 – DI 的交叉突破信号比较准确，但当股价维持盘整时，应将 + DI 和 – DI 交叉发出的买卖信号视为无效。

二、平均动向指标 ADX 的研判功能

ADX 为动向值 DX 的平均数，而 DX 是根据 + DI 和 – DI 两数值的差和对比计算出来的百分比，因此，利用 ADX 指标将更有效地判断市场行情的发展趋势。

（1）判断行情趋势（见图 17）。

当行情走势向上发展时，ADX 值会不断递增。因此，当 ADX 值高于前一日时，可以判断当前市场行情仍在维持原有的上升趋势，即股价将继续上涨，如果 + DI 和 – DI 同时增加，则表明当前上升趋势将十分强劲。

当行情走势向下发展时，ADX 值会不断递减。因此，当 ADX 值低于前一日时，可以判断当前市场行情仍维持原有的下降趋势，即股价将继续下跌，如果 +DI 和 −DI 同时减少，则表示当前的跌势将延续。

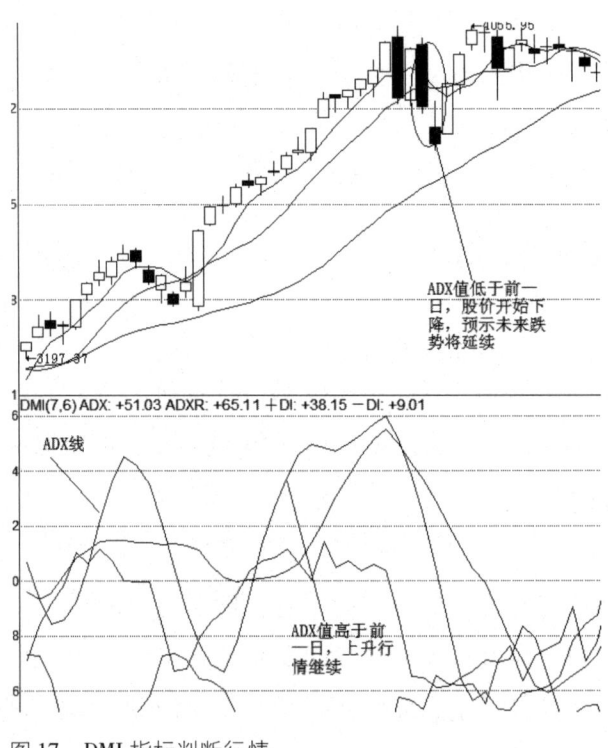

图 17　DMI 指标判断行情

（2）判断行情是否盘整。

当市场行情在一定区域内小幅横盘盘整时，ADX 值会出现递减情况。当 ADX 值降至 20 以下，且呈横向窄幅移动时，可以判断行情为牛市盘整，上升或下跌趋势不明朗，投资者应以观望为主，不可依据 +DI 和 −DI 的交叉信号来买卖股票。

（3）判断行情是否转势。

当 ADX 值在高点由升转跌时，预示行情即将反转。在涨势中的 ADX 在高点由升转跌，预示涨势即将告一段落；在跌势中的 ADX 值从高位回落，预示跌势可能停止。

三、四线交叉原则

（1）当 + DI 线同时在 ADX 线和 ADXR 线及 – DI 线以下（特别是在 50 线以下的位置时），说明市场处于弱市之中，股市向下运行的趋势还没有改变，股价可能还要下跌，投资者应以持币观望或逢高卖出股票为主，不可轻易买入股票。这点是 DMI 指标研判的重点。

（2）当 + DI 线和 – DI 线同处 50 以下时，如果 + DI 线快速向上突破 – DI 线，预示新的主力已进场，股价短期内将大涨。如果伴随大的成交量放出，更能确认行情将向上，投资者应迅速短线买入股票。

（3）当 – DI 线从上向下突破 + DI 线（即 – DI 线从下向上突破 + DI 线）时，此时不论 + DI 和 – DI 处在什么位置都预示新的空头进场，股价将下跌，投资者应以短线卖出股票或以持币观望为主。

（4）当 + DI 线、– DI 线、ADX 线和 ADXR 线等四线同时在 50 线以下绞合在一起窄幅横向运动时，说明市场处于波澜不兴，股价处于横向整理之中，此时投资者应以持币观望为主。

（5）当 + DI 线、ADX 线和 ADXR 线等三线同时在 50 线以下的位置，而此时三条线都快速向上发散，说明市场人气旺盛，股价处在上涨走势之中，投资者可逢低买入或持股待涨。（因为 – DI 线是下降方向线，其对上涨走势反应不灵，故不予以考虑）。

（6）对于牛股来说，ADX 在 50 以上向下转折，仅仅回落到 40 ~ 60 之间，随即再度掉头向上攀升，而且股价在此期间走出横盘整理的态势。随着 ADX 再度回升，股价向上再次大涨，这是股价拉升时的征兆。这种情况经常出现在一些大涨的牛股中，此时 DMI 指标只是提供一个向上大趋势即将来临的参考。在实际操作中，则必须结合均线系统和均量线及其他指标一起研判。

DMI 指标的实战技巧

一、周线 DMI 指标实战选股法

第一种方法：周线 ± DI 金叉买入法。周线 ± DI 金叉买入法要满足的条件是：

①周线 ± DI 金叉。

②当周成交量大于 5 周均量（大于 1.5 倍以上更好）。

③当周以放量周阳线向上突破 20 周均线，或股价已在 20 周均线上方运行时出现放量周阳线。

例：银泰资源（000975），2013 年 5 月 4 日至 11 日这一周，周线 ± DI 金叉（见图 18）；当周成交量大于 5 周均量（大于 1.5 倍以上）；当周以放量周阳线向上突破 20 周均线，满足买入条件。以当周均价 5.07 元买入，5 月 18 日至 25 日这周以均价 9.99 元卖出，每股赚 4.9 元，3 个交易周获利。

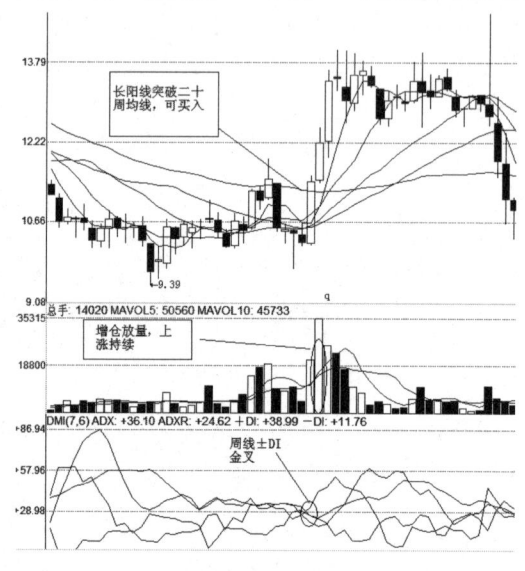

图 18　银泰资源周线 ± DI 金叉

需要说明的是：有时，周线±DI金叉时当周成交量没有大于5周均量，而下周出现补量周阳线。出现此种情况，周线±DI金叉仍可视作有效，出现补量周阳线时可买入。

例：宝钢股份（600019），2003年10月8日至10日这周，周线±DI金叉，但当周成交量没有大于5周均量。10月13日至17日这周却出现补量周阳线。以当周均价5.50元买入，11月10日至14日这周以均价6.50元卖出，每股赚1.00元，4个交易周获利18%（见图19）。

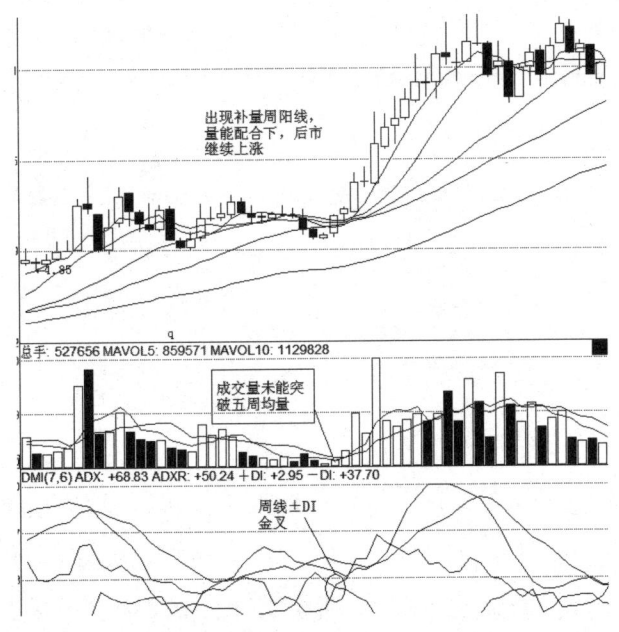

图19 宝钢股份补量周阳线图解

第二种方法：周线±DI呈喇叭口买入法。此种买入法要满足的条件是：

①±DI呈喇叭口状。
②当周成交量大于5周均量（大于1.5倍以上更好）。
③股价已在30周均线上方运行时出现放量周阳线。

例：桂林旅游（000978），2003年8月18日至22日这周，周线±DI呈喇叭口状（见图20）；当周成交量大于5周均量；股价已在30周均线上方运行时出现放量周阳线，满足买入条件。以当周均价17元买入，9月8日至12日这周以均价 20 元卖出，每股赚 3 元，三个交易周获利 18.2%。

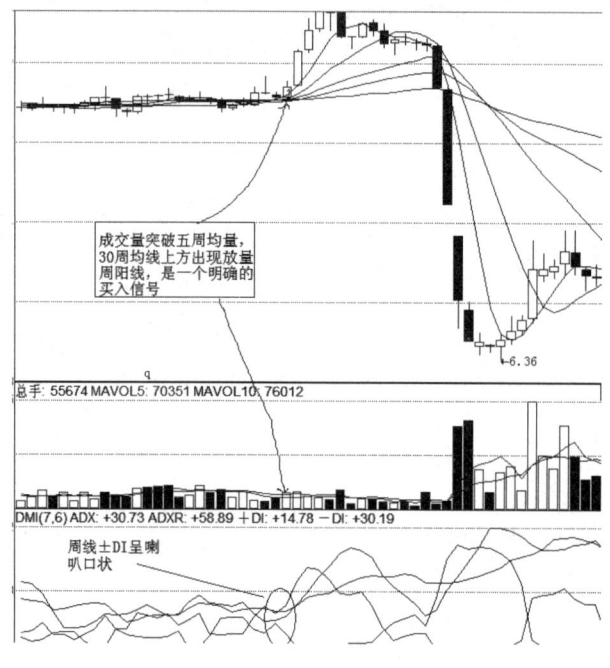

图 20　桂林旅游喇叭口买入图解

二、DMI 指标买卖功能

（1）当 DMI 指标中的 + DI、- DI、ADX 和 ADXR 这四条曲线在 20 附近一段狭小的区域内作窄幅盘整，如果 + DI 曲线先后向上突破 - DI、ADX、ADXR 曲线，同时股价也带量向上突破中长期均线时，则意味着市场上多头主力比较强大，股价短期内将进入强势拉升阶段，这是 DMI 指标发出的买入信号。如图 21 所示。

（2）当 DMI 指标中的 + DI、- DI、ADX 和 ADXR 这四条曲线在 20 ~ 40 这段区域内作宽幅整理，如果 + DI 曲线先后向下跌破 ADX 和 ADXR 曲线时，投资者应密切注意行情会不会反转向下，一旦 + DI 曲线又向下跌破 - DI 曲线，同时股价也向下突破中长期均线，则意味着市场上空头主力比较强大，股价短期内还将下跌，这是 DMI 指标发出的卖出信号。如图 22 所示。

三、DMI 指标持股持币功能

（1）当 DMI 指标中的 + DI 曲线分别向上突破 - DI、ADX、ADXR 后，一直在这三条曲线上运行，同时股价也依托中长期均线向上扬升，则意味着市场

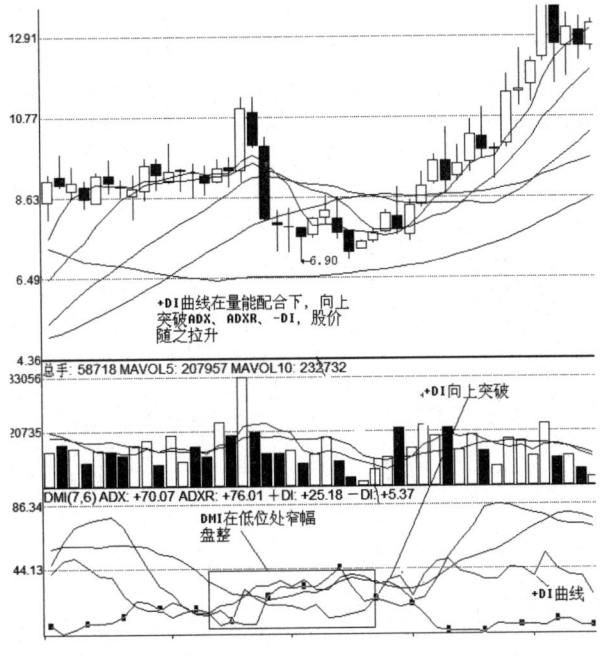

图 21　DMI 买入信号图解

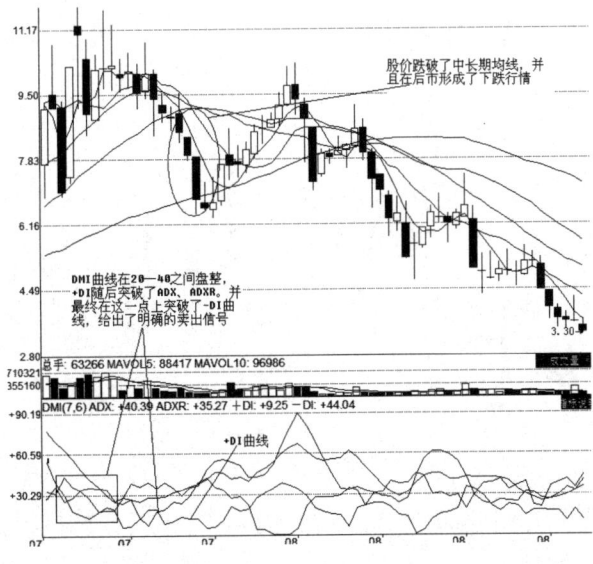

图 22　DMI 卖出信号图解

上多头力量依然占据优势，股价还将上涨，这是 DMI 指标比较明显的持股信号，只要 +DI 曲线没有向下跌破这三条曲线中的任何一条，投资者就可以坚决持股待涨。如图 23 所示。

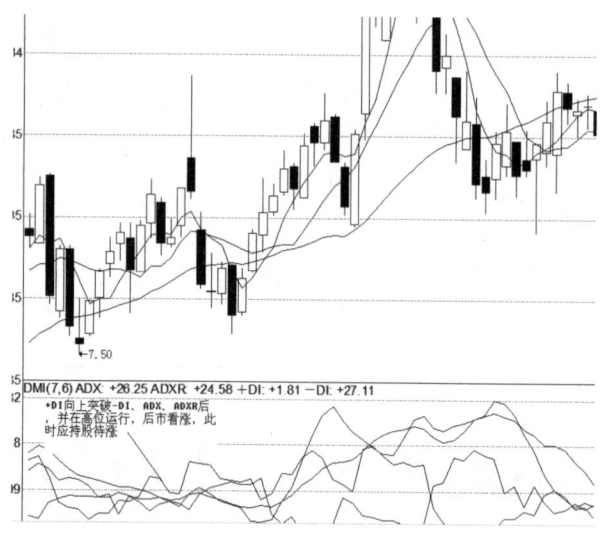

图23　DMI持股待涨信号图解

（2）当DMI指标中的＋DI曲线分别向上突破－DI、ADX、ADXR后，如果经过一段时间的高位盘整，＋DI曲线向下跌破ADX曲线但在ADXR处获得支撑，并重新调头上行，同时也在中期均线附近获得支撑，则表明市场强势依旧，股价还将上扬，这也是DMI指标的持股信号，投资者还可短线持股待涨。如图24所示。

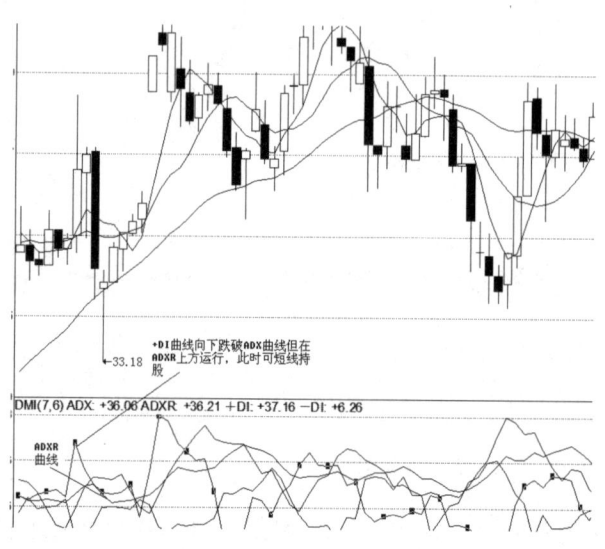

图24　DMI短线持股信号图解

（3）当DMI指标中的＋DI曲线向下跌破－DI、ADX、ADXR后，如果＋

DI 曲线一直运行在这三条线下方，并且在 20 以下区域作水平或向下运动，同时股价也被中长期均线压制下行时，则意味着市场上空头力量占绝对优势，股价将继续下跌，这是 DMI 指标比较明显的持币信号，只要 + DI 曲线没有向上突破这三条曲线中的任何一条，投资者就应坚决持币观望。如图 25 所示。

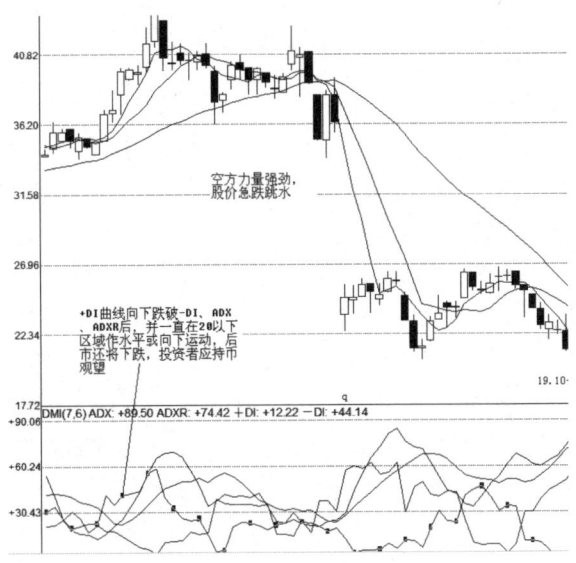

图 25　DMI 明确持币信号图解

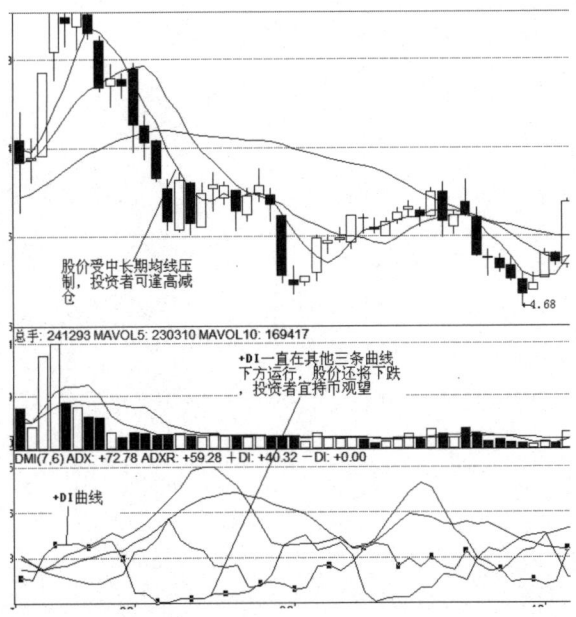

图 26　DMI 持币信号图解

（4）当 DMI 指标中的 + DI 曲线向下跌破 − DI、ADX、ADXR 后，如果 + DI 曲线一直运行在这三条线下方，同时股价还是被中长期均线压制时，则意味着市场上空头力量依然强大，股价还将下跌，这是 DMI 指标的持币信号，只要 DMI 曲线没有全部向上突破这三条曲线，投资者还应以持币观望为主。如图 26 所示。

第三章 振动升降指标——ASI

ASI 也叫作累计震荡指标（Accumulation Swing Index），为 Welles Wider 所创。Wilder 曾说道："在真实的市场中，买入/卖出价、最高价、最低价和结算价像是迷宫。"而 ASI 指标就是为了帮助投资者打破迷思。ASI 指标为了解开开高低收的秘密，设计出一条感应线，以便代表真实的市场，对于压力线及支撑线的突破及新高低点的确认及背离等现象，提供了相当精辟的解释，理论上，ASI 将震荡高点数值化，并且界定了短期的震荡点，另一方面又真实强力地指示出市场的内涵。ASI 指出股价短期的趋向，可以提早一步确定股价的走势。

ASI 指标的原理解析

ASI 指标以开盘价、最高价、最低价、收盘价构筑成一条幻想线，以便取代目前的走势，形成最能表现当前市况的真实市场线（Real Market）。韦尔德认为当天的交易价格，并不能代表当时真实的市况，真实的市况必须取决于当天的价格，和前一天及次一天价格间的关系，他经过无数次的测试之后，决定了 ASI 计算公式中的因子，最能代表市场的方向性。由于 ASI 相对比当时的市场价格更具真实性，因此，对于股价是否真实地创新高或创新低，提供了相当精确的验证，又因 ASI 精密的运算数值，更为投资者提供了判断股价是否真实突破压力或支撑的依据。

①ASI 又名"实质线",是一条比收盘价线更能代表真实行情的曲线。

②ASI 突破前一波高点后,第二天股价必突破前一波高点。

③ASI 跌破前一波低点后,第二天股价必跌破前一波低点。

④ASI 一般与股价走势维持同步波动,并非每一次行情都有领先。

一、ASI 指标计算公式

①A = 当天最高价 – 前一天收盘价;B = 当天最低价 – 前一天收盘价;C = 当天最高价 – 前一天最低价;D = 前一天收盘价 – 前一天开盘价

A、B、C、D 皆采用绝对值。

②E = 当天收盘价 – 前一天收盘价;F = 当天收盘价 – 当天开盘价;G = 前一天收盘价 – 前一天开盘价

E、F、G 采用其 ± 差值。

③X = E + 1/2F + G

④K = 比较 A、B 二数值,选出其中最大值

⑤比较 A、B、C 三数值:

若 A 最大,则 R = A + 1/2B + 1/4D;

若 B 最大,则 R = B + 1/2A + 1/4D;

若 C 最大,则 R = C + 1/4D。

⑥L = 3

⑦SI = 50 × X/R × K/L

⑧ASI = 累计每日之 SI 值

二、ASI 指标使用原则

(1) ASI 走势几乎和股价是同步发展,当股价由下往上,欲穿过前一波的高点套牢区时,于接近高点处,尚未确定能否顺利穿越之际。如果 ASI 领先股价,提早一步,通过相对股价的前一波 ASI 高点(见图 27),则次一日之后,可以确定股价必然能顺利突破高点套牢区。股民可以把握 ASI 的领先作用,提前买入股票,轻松地坐上上涨的轿子。

(2) 当股价由上往下,欲穿越前一波低点的密集支撑区时,于接近低点

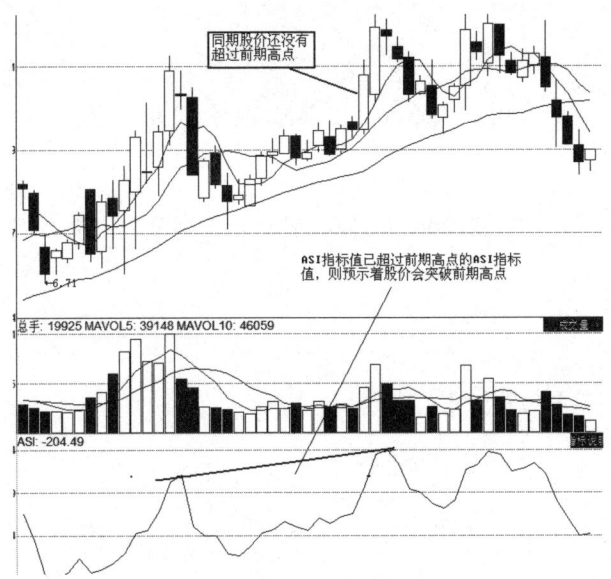

图27 ASI 指标领先股价上涨图解

处，尚未确定是否将因失去信心，而跌破支撑之际，如果 ASI 领先股价，提早一步，跌破相对股价的前一波 ASI 低点，则次一日之后，可以确定股价将随后跌破低点支撑区（见图28）。投资人可以早一步卖出股票，减少不必要的损失。

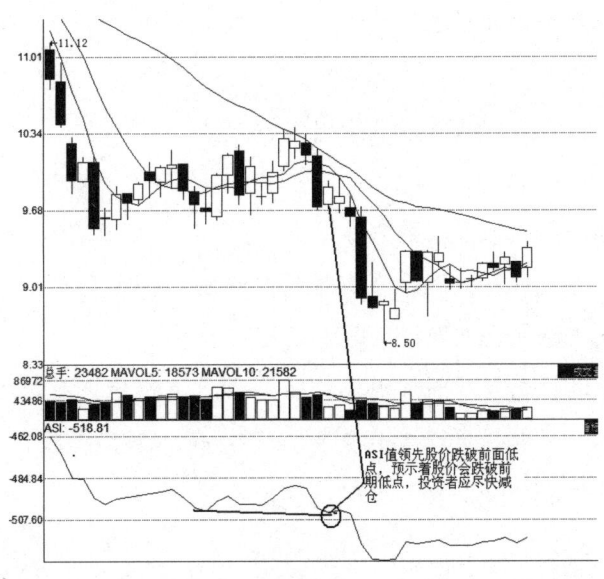

图28 ASI 指标领先股价下跌图解

（3）向上爬升的 ASI，一旦向下跌破其前一次显著的 N 型转折点，一律可视为停损卖出的讯号。

（4）股价走势一波比一波高，而 ASI 却未创相对新高点形成"牛背离"时，应卖出。

（5）股价走势一波比一波低，而 ASI 却未创相对新低点形成"熊背离"时，应买进。

ASI 指标的特殊分析方法

但是在使用 ASI 指标时要注意，这项指标具有一些缺陷，可能会影响判断的准确性：

（1）ASI 虽然具备领先股价的功能。但是，投资人根据突破讯号早一步买进或卖出后，ASI 却无法提供何时应获利，何时应重新买回的信号。有时 ASI 向上或向下突破压力和支撑后，仅一天时间立刻回跌或回升，投资人如果反应不及，不但无法获得利润，反而将招致损失。

（2）ASI 大部分时机都是和股价走势同步的，投资人仅能从众多股票中，寻找少数产生领先突破的个案，因此，ASI 似乎无法经常性运用，缺乏实用的功能。

在这里我们将针对这两项缺陷给出破解之法：

①ASI 主要是作为狙击性的买入信号，投资人应抱着"打了就跑"的心理。由于早一步买入股票，随后股价顺利突破压力，一旦产生利润时，不可想象往后还有多少涨幅，应立即脱手卖出获利。

②虽然 ASI 之领先信号不常出现，但是由于上市公司有数百家，信号会轮流发生在不同的个股上，投资者只要把握"打完一只，再换另一只"的技巧，随时都会有新产生信号的个股让您大显身手。

ASI 指标的实战技巧

一、ASI 指标判断个股后市行情

投资者对于"横盘整理蓄势待发"的评论并不陌生，事实上我们可以通过 ASI 这个技术指标加以鉴别，当 ASI 长期处于底部，有抬头向上走势，同时该股成交量温和放大，这"才是真正的蓄势待发"！

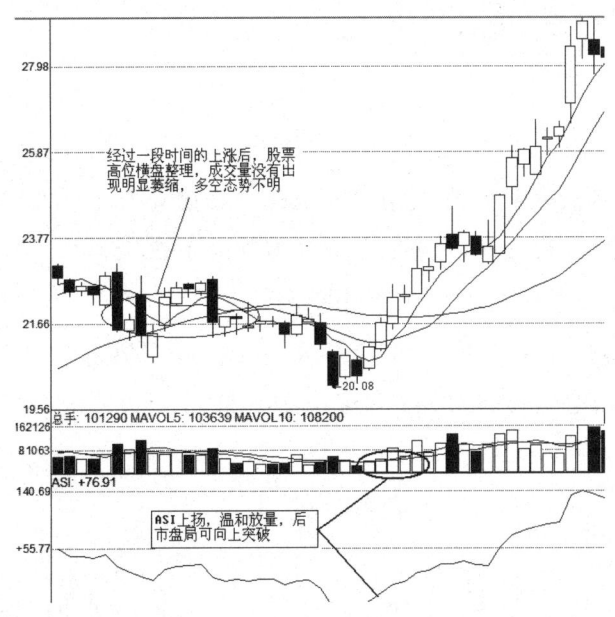

图 29　ASI 横盘整理判断后市行情图解

例：歌华有线（600037），2014 年 4 月到 7 月一直在相对高位盘整，7 月 31 日，ASI 指标发出了买入信号，ASI 平台开始曲线上扬，预示着主升浪的开始。以当日均价 10.64 元买入，10 月 21 日以均价 16.80 元卖出，每股收益 6 元。

二、ASI 指标短线获利技巧

ASI 具备领先股价的功能，它大部分时间都是和股价走势同步的，但我们也能在众多股票中，寻找少数产生领先突破的，一旦发现这样技术走势的股票，大胆地买入，短线获利！在选股的时候，由于这样的情况出现的概率太

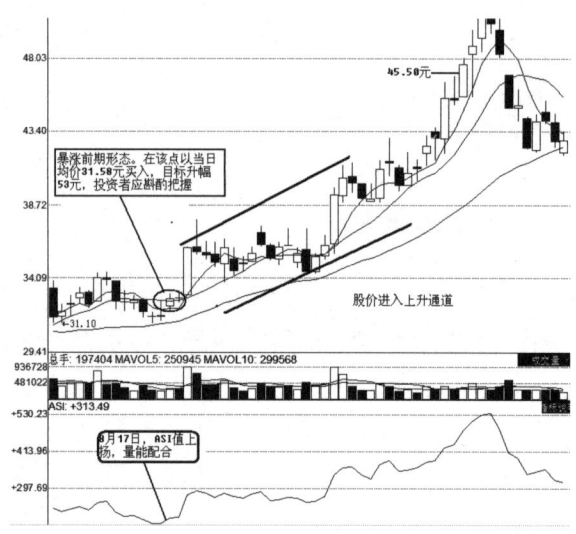

图30　歌华有线盘整后买入图解

小，ASI 指标似乎无法经常性运用，但是在上市公司有上千家时，信号会轮流发生在不同的个股上，所以只要我们肯下功夫，必然会有所发现，可大胆地短线炒作！但要注意"短线为主，获利即走"。

　　例：中国银行（601988），2007 年 9 月 14 日，ASI 指标发出了买入信号，等待主力拉升。以当日均价5.88 元买入，10 月 11 日以均价7.10 元卖出，每股赚1.20 元。

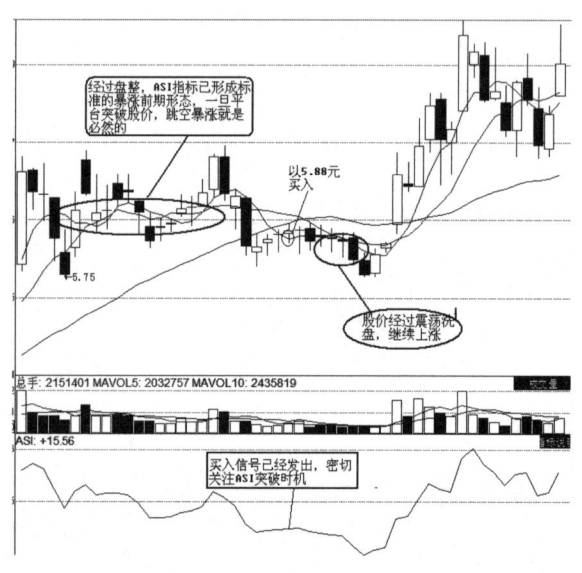

图31　中国银行短线买入图解

ASI 指标配合 OBV 指标判断买卖信号

ASI 指标和 OBV 指标同样维持"N"字形的波动,并且也以突破或跌破"N"字形高低点,为观察 ASI 指标的主要方法。向上爬升的 ASI,一旦向下跌破其前一次显著的 N 型转折点,一律可视为停损卖出的信号;向下滑落的 ASI,一旦向上突破其前一次的 N 型转折点,一律可视为果断买进的信号(见图 32)。

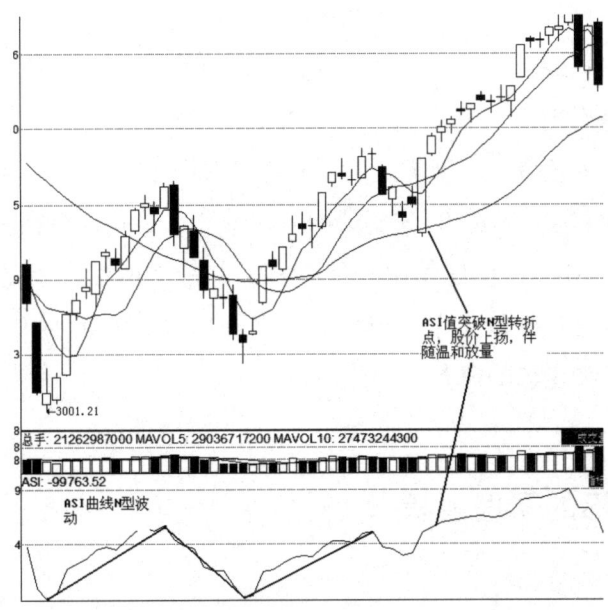

图 32　ASI 指标 N 型突破买入法图解

第四章 三重指数平滑移动平均指标
——TRIX

如果你渴望在股市上一展身手，可是又没有太多时间去关注股市行情。那么你可以尝试运用 TRIX 指标，它可以消除股价短期波动的干扰，适合没有时间密切关注股市的投资者。TRIX 指标又叫三重指数平滑移动平均指标，其英文全名为 "Triple Exponentially Smoothed Average"，是一种研究股价趋势的长期技术分析工具。TRIX 指标属于中长线指标，其最大的优点就是可以过滤短期波动的干扰，以避免频繁操作而带来的失误和损失。因此 TRIX 指标最适合于对行情进行中长期走势的研判。

TRIX 指标的原理解析

TRIX 指标是根据移动平均线理论，对一条平均线进行三次平滑处理，再根据这条移动平均线的变动情况来预测股价的长期走势。

与 TRMA 等趋向类指标一样，TRIX 指标一方面忽略价格短期波动的干扰，除去移动平均线频繁发出假信号的缺陷，以最大可能地减少主力"骗线行为"的干扰，避免由于交易行为过于频繁而造成较大交易成本的浪费，二则保留移动平均线的效果，凸现股价未来长期运动趋势，使投资者对未来较长时间内股价运动趋势有个直观、准确的了解，从而降低投资者深度套牢和跑丢"黑马"的风险。因此，对于稳健型的长期投资者来说，TRIX 指标能对实战提供有益的参考。

一、TRIX 指标的计算方法

由于选用的计算周期不同，涨跌比率 TRIX 指标包括 N 日 TRIX 指标、N 周 TRIX 指标、N 月 TRIX 指标、N 年 TRIX 指标以及 N 分钟 TRIX 指标等很多种类型。经常被用于股市研判的是日 TRIX 指标和周 TRIX 指标。虽然它们计算时取值有所不同，但基本的计算方法一样。

TRIX 的计算方法比较复杂，以日 TRIX 为例，其计算过程如下：

1. 计算 N 天的收盘价的指数平均 AX

AX =（I 日）收盘价 × 2 ÷（N + 1）+（I − 1）日 AX（N − 1）×（N + 1）

2. 计算 N 天的 AX 的指数平均 BX

BX =（I 日）AX × 2 ÷（N + 1）+（I − 1）日 BX（N − 1）×（N + 1）

3. 计算 N 天的 BX 的指数平均 TRIX

TRIX =（I 日）BX × 2 ÷（N + 1）+（I − 1）日 TAIX（N − 1）×（N + 1）

4. 计算 TRIX 的 m 日移动平均 TRMA

TRMA =［（I − M）日的 TRIX 累加］÷ M

和有些技术指标一样，虽然 TRIX 指标的计算方法和公式比较烦琐，但在实战中，由于股市分析软件的普及，投资者不需要进行 TRIX 指标的计算，而主要是了解 TRIX 的计算方法和过程，以便更加深入地掌握 TRIX 指标的实质，为灵活运用指标打下基础。

二、TRIX 指标的使用原则

在股市软件上 TRIX 指标有两条线，一条线为 TRIX 线，另一条线为 TRMA 线。TRIX 指标的一般使用原则主要集中在 TRIX 线和 TRMA 线的交叉情况的考察上。其基本分析内容如下：

（1）当 TRIX 线一旦从下向上突破 TRMA 线，形成"金叉"时，预示着股价开始进入强势拉升阶段，投资者应及时买进股票。

（2）当 TRIX 线向上突破 TRMA 线后，TRIX 线和 TRMA 线同时向上运动时，预示着股价强势依旧，投资者应坚决持股待涨。

（3）当 TRIX 线在高位有走平或掉头向下时，可能预示着股价强势特征即将结束，投资者应密切注意股价的走势，一旦 K 线图上的股价出现大跌迹象，投资者应及时卖出股票。

（4）当 TRIX 线在高位向下突破 TRMA 线，形成"死叉"时，预示着股价强势上涨行情已经结束，投资者应坚决卖出余下股票，及时离场观望。

（5）当 TRIX 线向下突破 TRMA 线后，TRIX 线和 TRMA 线同时向下运动时，预示着股价弱势特征依旧，投资者应坚决持币观望。

（6）当 TRIX 线在 TRMA 下方向下运动很长一段时间后，并且股价已经有较大的跌幅时，如果 TRIX 线在底部有走平或向上勾头迹象时，一旦股价在大的成交量的推动下向上攀升时，投资者可以及时少量地中线建仓。

（7）当 TRIX 线再次向上突破 TRMA 线时，预示着股价将重拾升势，投资者可及时买入，持股待涨。

（8）TRIX 指标不适用于对股价的盘整行情的研判。

三、TRIX 指标的特殊分析方法

一般而言，在一个股票的完整的升势和跌势过程中，TRIX 指标中的 TRIX 线和 TRMA 线会出现两次或以上的"黄金交叉"和"死亡交叉"情况。

（1）当股价经过一段很长时间的下跌行情后，TRIX 线开始向上突破 TR-MA 线时，表明股市即将转强，股价跌势已经结束，将止跌朝上，可以开始买进股票，进行中长线建仓。这是 TRIX 指标"黄金交叉"的一种形式。

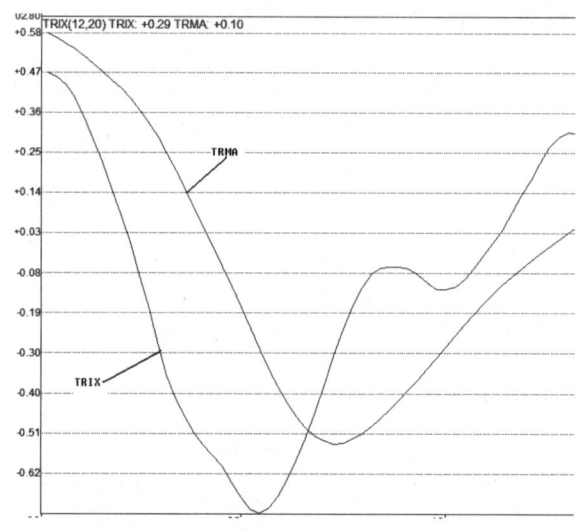

图 33　TRIX 黄金交叉图解

（2）当股价经过一段时间的上升过程中的盘整行情后，TRIX 线开始再次向上突破 TRMA 线，成交量再度放出时，表明股市处于一种强势之中，股价将再次上涨，可以加码买进股票或持股待涨，这就是 TRIX 指标"黄金交叉"的一种形式。

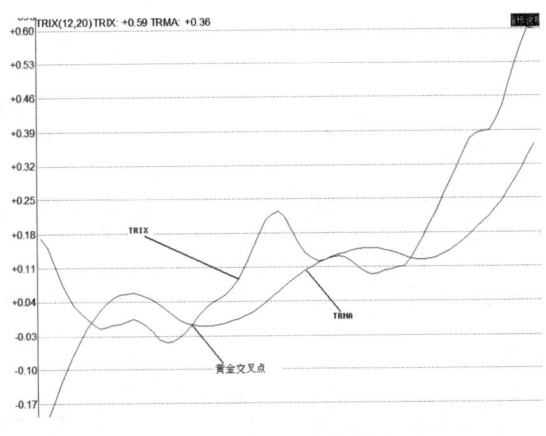

图 34　TRIX 指标上涨中的黄金交叉图解

（3）当股价经过前期一段很长时间的上升行情后，股价涨幅已经很大的情况下，一旦 TRIX 线向下突破 TRMA 时，表明股市即将由强势转为弱势，股价将大跌，这时应卖出大部分股票而不能买股票，这就是 TRMA 指标的"死亡交叉"的一种形式。

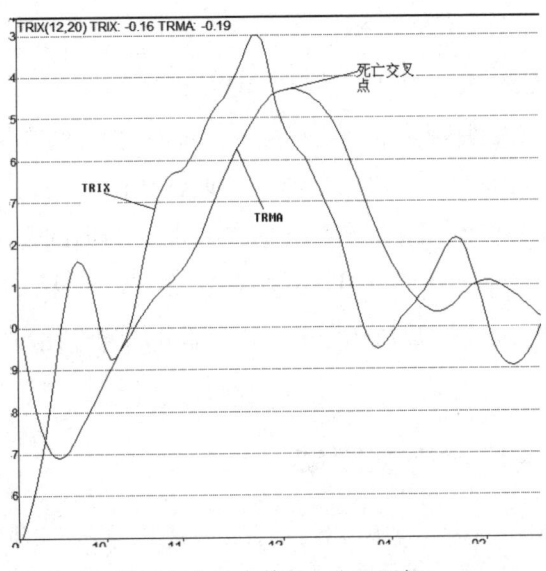

图 35　TRIX 指标上升中的死亡交叉图解

（4）当股价经过一段时间的下跌后，而股价向上上涨的动力缺乏，各种均线对股价形成较强的压力时，一旦 TRIX 线再次向下突破 TRMA 线时，表明股市将再次进入极度弱市中，股价还将下跌，可以再卖出股票或观望，这是 TR-MA 指标"死亡交叉"的另一种形式。

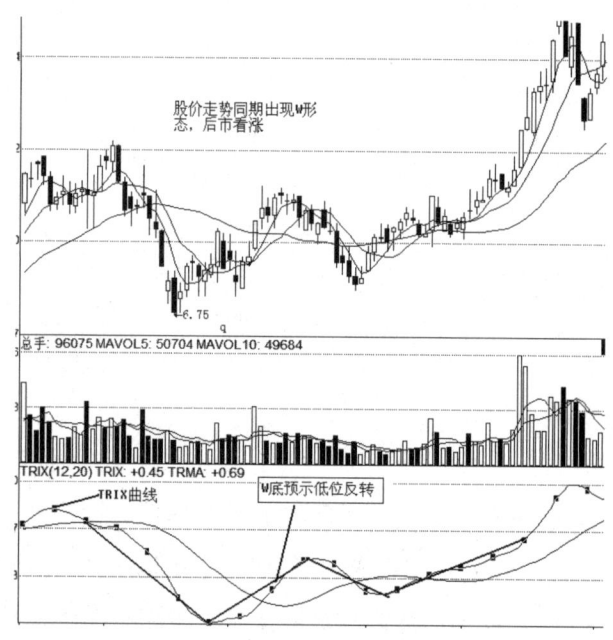

图36 TRIX 指标下跌中的死亡交叉图解

四、ASI 指标参数的修改

从 TRIX 指标的计算方法可以看出 TRIX 指标也是以时间为参数，构成参数的时间周期可以是日、月或周、年、分钟等，而这些时间周期又根据股票上市时间的长短和投资者的取舍，理论上可以采取任意的时间长度，在大部分主流的股市分析软件（如钱龙、分析家）上，各种时间周期的变动范围又大多数都被限定在1～99 内，如1 日～99 日、1 周～99 周等。虽然也有一些股市分析软件对参数的设定扩大到1～999 的范围，但这部分的软件比较少。

TRIX 指标曲线的形态图解

当 TRIX 指标在高位盘整或低位横盘时所出现的各种形态也是判断行情，

决定买卖行动的一种分析方法。

一、M 头形态

当 TRIX 曲线在高位形成 M 头（见图 37）或三重顶等高位反转形态时，意味着股价的上升动能已经衰竭，股价有可能出现长期反转行情，投资者应及时地卖出股票。如果股价走势曲线也先后出现同样形态则更可确认，股价下跌的幅度和过程可参照 M 头或三重顶等顶部反转形态的研判。

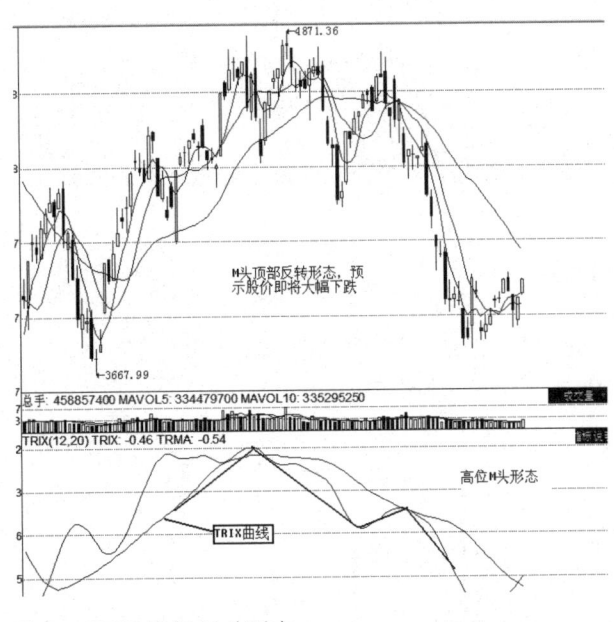

图 37　TRIX 指标 M 头形态

二、W 底形态

当 TRIX 曲线在低位形成 W 底（见图 38）或三重底等低位反转形态时，意味着股价的下跌动能已经减弱，股价有可能构筑中长期底部，投资者可逢低分批建仓。如果股价走势曲线也先后出现同样形态则更可确认，股价的上涨幅度及过程可参照 W 底或三重底等底部反转形态的研判。一般来说，TRIX 曲线顶部反转形态对行情判断的准确性要高于底部形态。

三、顶背离

当股价 K 线图上的股票走势一峰比一峰高，股价在一直向上涨，而 TRIX 指标图上的 TRIX 曲线的走势是在高位一峰比一峰低，这叫顶背离现象（见图 39）。顶背离现象一般是股价将高位反转的信号，表明股价短期内即将下跌，是比较强烈的卖出信号。

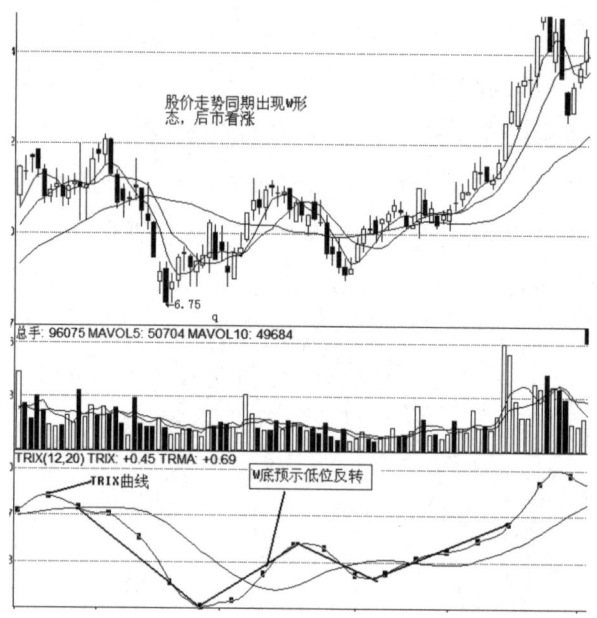

图 38　TRIX 指标 W 底形态

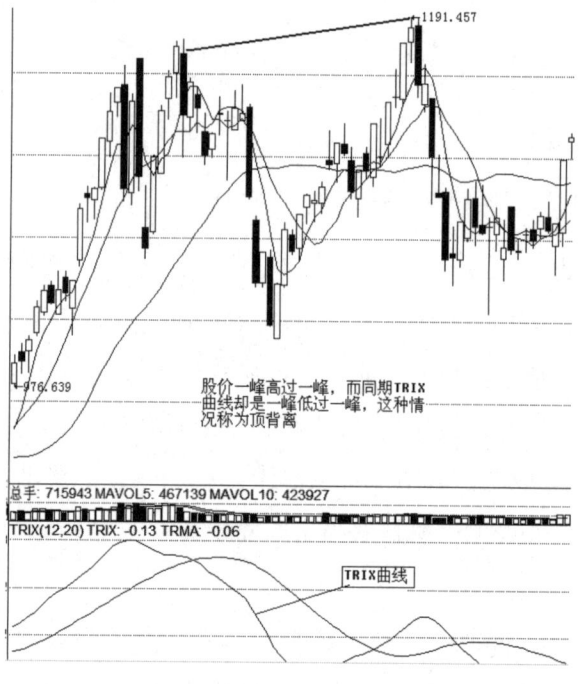

图 39　TRIX 指标顶背离形态

四、底背离

当股价 K 线图上的股票走势一峰比一峰低，股价在向下跌，而 TRIX 指标图上的 TRIX 曲线的走势是在低位一底比一底高，这叫底背离现象（见图 40）。底背离现象一般是股价将低位反转的信号，表明股价短期内即将上涨，是比较强烈的买入信号。

图 40　TRIX 指标底背离图解

指标背离一般出现在强势行情中比较可靠。即股价在高位时，通常只需出现一次顶背离的形态即可确认行情的顶部反转，而股价在低位时，一般要反复出现多次底背离后才可确认行情的底部反转。

TRIX 指标的实战技巧

和其他指标相比，TRIX 指标是比较适合用于股票中长线投资的研判，它的构造也比较简单，在股市分析软件上，它主要是由 TRIX 和 TRMA 两条曲线组成，其研判也主要集中在 TRIX 曲线和 TRMA 曲线的相交情况（"金叉"、"死叉"）以及这两条曲线的运行方向上。下面我们就以 TRIX 和 TRMA 曲线组成的 TRIX 指标为例，来揭示 TRIX 指标的买卖和观望功能。

一、买卖功能

（1）当股价在上升过程中，经过一段较长时间的盘整行情后，TRIX 曲线开始向上突破 TRMA 曲线，并且有比较大成交量放出时，表明股市强势行情已经形成，股价将进入快速拉升阶段，这是 TRIX 指标发出的中长线买入信号（见图 41）。特别是那些股价也同时站在中长期均线上方的股票，这种买入信号更加明显。此时，投资者应及时买入。

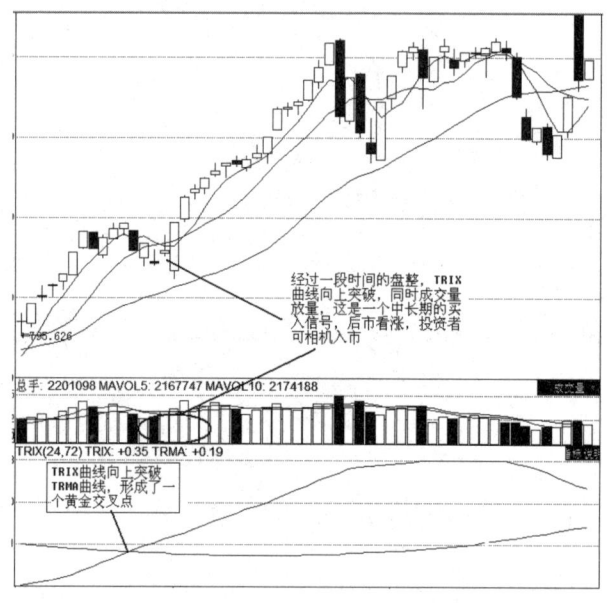

图 41　TRIX 指标买入信号图解

例：天津港（600717），该股 2000 年 6 月 30 日月 K 线 42I8 指标显示金叉后，股价并没有立即进入拉升，而是有所回落。指标却能帮你预测到价格变动的大方向，周 K 线 42I8 指标在 2000 年 10 月底到 2000 年 11 月中旬，10 日均线与 30 日均线形成金叉，而后 42I8 线继续向上运行（数值上行的速率），股价经过四个月的上涨，涨幅近 70%（见图 42）。

（2）当股价在中高位盘整过程中，一旦 TRIX 曲线开始向下突破 TRMA 曲线，表明股市的高位整理行情即将结束，行情可能反转朝下，这是 TRIX 指标发出的中长线卖出信号。特别是那些股价也先后跌破中长期均线的股票，这种卖出信号更加准确。此时，投资者应及时逢高卖出（见图 43）。

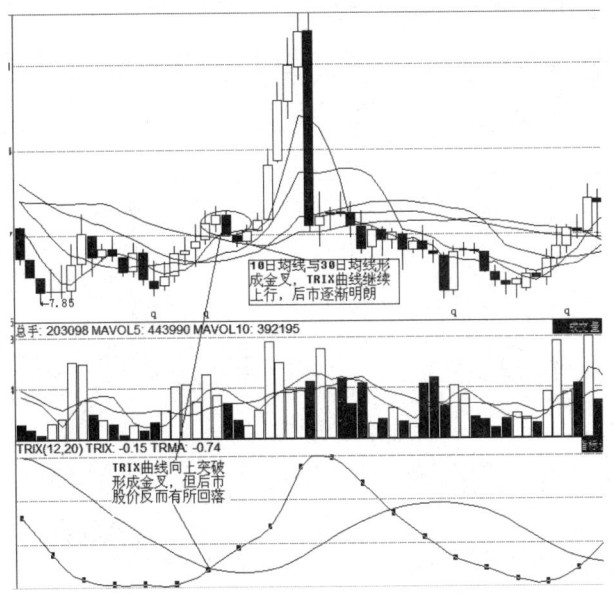

图42 天津港TRIX指标买入图解

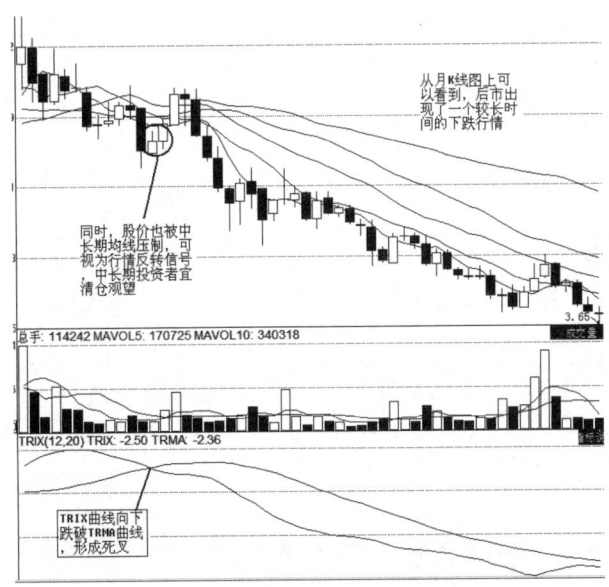

图43 TRIX指标卖出信号图解

二、持股持币功能

（1）当股价在中低位盘整过程中，一旦TRIX曲线向上突破TRMA曲线后，这两条曲线同时向上运行时，表明股价处于一种中长期的强势推升行情之中，这是 TRIX 指标发出的中长线持股待涨信号。特别是那些股价运行在中长期均线上的股票，这种持股信号更加准确。此时，投资者应坚决持股待涨或逢低买入。（见图 44）。

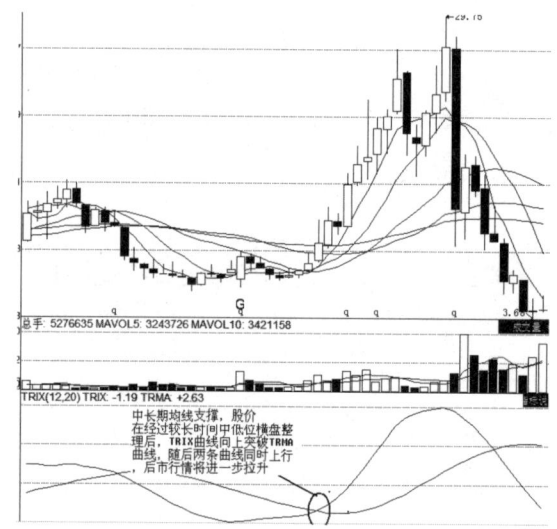

图 44　TRIX 指标持股信号图解

例：中国宝安（000009）（见图 45），从周线图上可以看到，06 年 10 月到

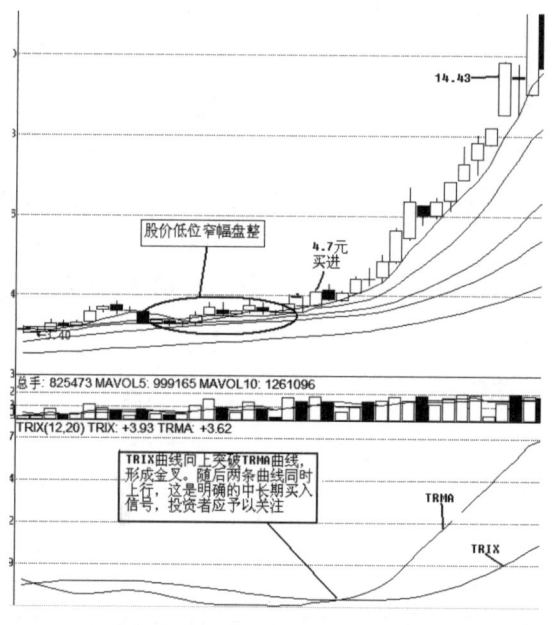

图 45　TRIX 指标中国宝安长线买入图解

07 年 2 月间，该股进行了一次较长时间的低位盘整。在 07 年 2 月 5 日到 2 月 9 日这一周，TRIX 再次上叉 TRMA，发出了买入信号，随后行情一直保持上升趋势。在 2 月 9 日，以均价 4.7 元买入，到 5 月 11 日以当日均价 11.5 元卖出，每股赚 6.8 元。

（2）当股价处于中高位向下反转的时候，只要 TRIX 曲线运行在 TRMA 曲线之下，并且这两条曲线几乎同时向下运行，就表明股市的中长期弱势行情之中，股价将阴跌不止，这是 TRIX 指标发出的中长线持币观望信号（见图 46）。特别是那些股价运行在中短期均线之下的股票，这种持币信号更加明显。此时，投资者应以持币观望为主，谨慎入市。

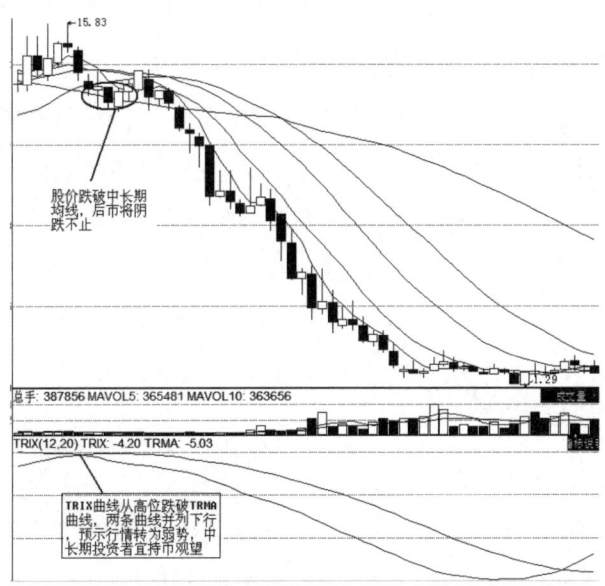

图 46　TRIX 指标持币信号图解

第五章　移动平均线指标——MA

在技术分析领域中，MA 指标是必不可少的指标工具之一。MA 指标是英文"Moving average"的简写，叫移动平均线指标。移动平均线（MA）具有趋势的特性，它比较平稳，不像日 K 线会起起落落地震荡。越长期的移动平均线，越能表现稳定的特性，不轻易向上向下，必须等股价趋势的真正明朗。说得再明白一点，移动平均线是一种趋势追踪工具，便于识别趋势已经终结或者反转，新的趋势是否正在形成。

MA 指标的原理解析

MA，是借助统计处理方式将若干天的股票价格加以平均，然后连接成一条线，用以观察股价趋势。移动平均线通常有 3 日、6 日、10 日、12 日、24 日、30 日、72 日、200 日、288 日、13 周、26 周、52 周等，不一而足，其目的在取得某一段期间的平均成本，而以此平均成本的移动曲线配合每日收盘价的线路变化分析某一期间多空的优劣形势，以研判股价的可能变化。一般来说，现行价格在平均价之上，意味着市场买力（需求）较大，行情看好；反之，行情价在平均价之下，则意味着供过于求，卖压显然较重，行情看淡。

移动平均线存在一定的滞后效应，经常股价刚开始回落时，移动平均线却还是向上的，等股价跌落显著时，移动平均线才会走下坡。为了弥补这个缺陷，可以设置多条不同计算天数的移动平均线，从不同周期了解股价的总体运行趋势。

以时间的长短划分，移动平均线可分为短期、中期、长期几种，综合观察长、中、短期移动平均线，可以研判市场的多重倾向。如果三种移动平均线并列上涨，该市场呈多头排列；如果并列下跌，该市场呈空头排列。

移动平均线有涨时助涨，跌时助跌的特点。股价从下方突破平均线，平均线也开始向上移动，可以看成是多头的支撑线，股价回跌至平均线附近，会受到支撑，是买进时机，这是平均线助涨特性。以后股价上升缓慢或回跌，平均线将减速移动，当股价回到平均线附近时，平均线已失去助涨的特性，此时最好不要买进。

反之，股价从上方跌破平均线，平均线将会向下移动，则成为空头的阻力线，在股价回升至平均线附近时，会受到阻力，是卖出时机，这是平均线助跌特性。以后股价下跌缓慢或回升，平均线将减速移动，当股价回到平均线附近时，平均线已失去助跌的特性，此时不用急于卖出。

一、MA 指标的计算方法

移动平均线（MA）计算方法就是求连续若干天的收盘价的算术平均。天数就是 MA 的参数。在技术分析领域中，移动平均线是必不可少的指标工具。移动平均线利用统计学上的"移动平均"原理，将每天的市场价格进行移动平均计算，求出一个趋势值，用来作为价格走势的研判工具。

移动平均线依时间长短可分为三种，即短期移动平均线、中期移动平均线、长期移动平均线。短期移动平均线一般以 5 日或 10 日为计算期间，中期移动平均线大多以 30 日、60 日为计算期间；长期移动平均线大多以 100 天和 200 天为计算期间。

计算公式：

（1）N 日 MA＝N 日收盘价的总和/N（即算术平均数）

（2）设置多条移动平均线，一般参数设置为 N1＝5，N2＝10，N3＝20，N4＝60，N5＝120，N6＝250

例如：

6 日平均价 =（当日平均价 + 前五日平均价 ×5）÷6；

10 日平均价 =（当日平均价 + 前九日平均价 ×9）÷10；

二、MA 指标的应用原则

（1）平均线从下降逐渐转为走平，而价格从下方突破平均线，为买进信号。

（2）价格虽然跌破平均线，但又立刻回升到平均线上，此时平均线仍然持续上升，仍为买进信号。

（3）价格趋势走在平均线上，价格下跌并未跌破平均线且立刻反转上升，也是买进信号。

（4）价格突然暴跌，跌破平均线，且远离平均线，则有可能反弹上升，也为买进时机。

（5）平均线从上升逐渐转为盘局或下跌，而价格向下跌破平均线，为卖出信号。

（6）价格虽然向上突破平均线，但又立刻回跌至平均线下，此时平均线仍然持续下降，仍为卖出信号。

（7）价格趋势走在平均线下，价格上升并未突破平均线且立刻反转下跌，也是卖出信号。

（8）价格突然暴涨，突破平均线，且远离平均线，则有可能反弹回跌，也为卖出时机。

MA 指标的形态图解

一、黄金交叉

较短周期移动平均线向上穿越较长周期移动平均线的现象就叫黄金交叉（见图 47）。这种形态代表多头气势转强！若此形态产生下方并无底部形态，则此黄金交叉代表于此筑底的可能性大增！

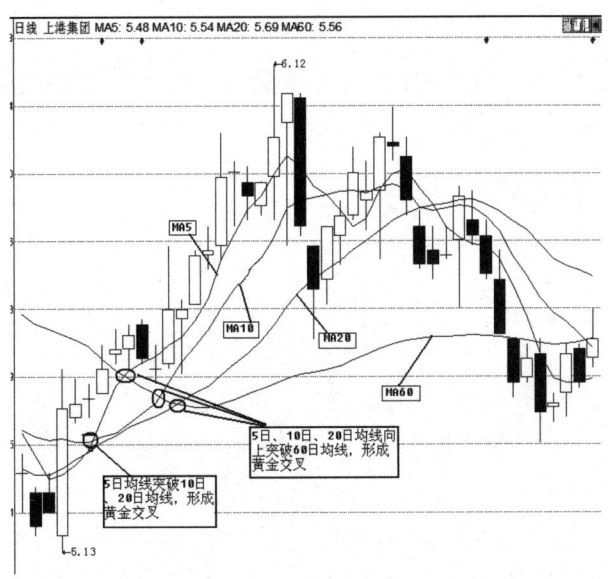

图 47　MA 指标黄金交叉形态图解

二、多头排列

最短周期的移动平均线在最上方，较长周期之移动平均线依序排列由上而下，即是多头排列（见图 48）；其代表的意义是走势已被多头占领！若有均线多头排列情形且上方并无头部形态，向下回测即可找寻买入点！

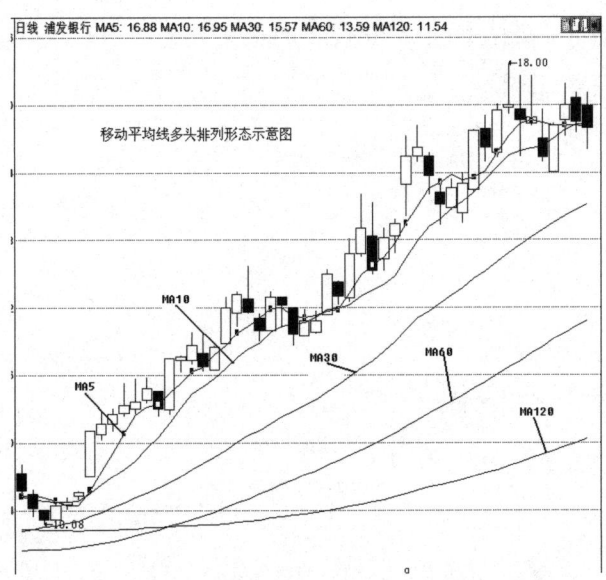

图 48　MA 指标多头排列形态图解

三、死亡交叉

较短周期移动平均线向下穿越较长周期，移动平均线的现象就叫死亡交叉（见图49）。代表空头气势转强！若此情形产生上方并无头部形态则此死亡交叉代表于此构筑头部的可能性大增！

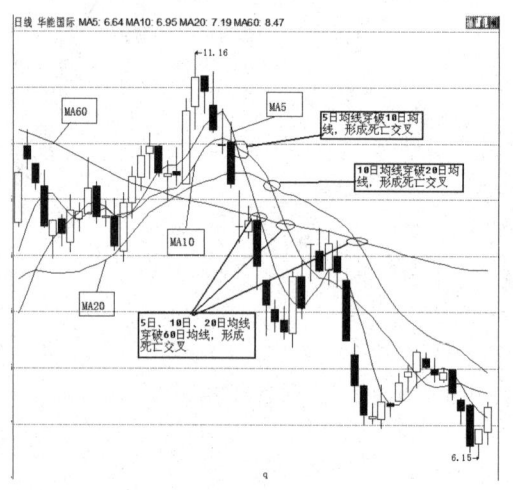

图49　MA 指标死亡交叉图解

四、空头排列

最短周期的移动平均线在最下方较长周期之移动平均线依序排列由下而上，即是空头排列（见图50）；其代表的意义是走势已被空头占领！若有均线

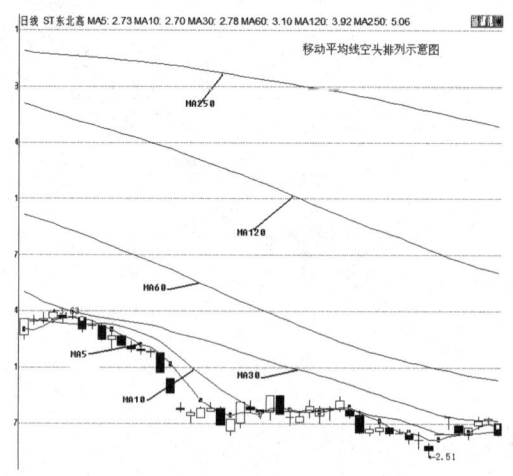

图50　MA 指标空头排列形态图解

空头排列情形且上方并无头部形态，向上回测即可找寻放空点！

MA 指标的实战技巧

一、五日均线买卖法

（1）股价离开 5 日线过远、高于 5 日线过多，也即"五日乖离率"太大（见图 51），则属于短线卖出时机。乖离率多大可以卖出，视个股强弱、大小有所不同，一般股价高于 5 日线百分之七到十五，属于偏高，适宜卖出。若是熊市，一般股价低于 5 日线百分之七到十五，适宜短线买进。

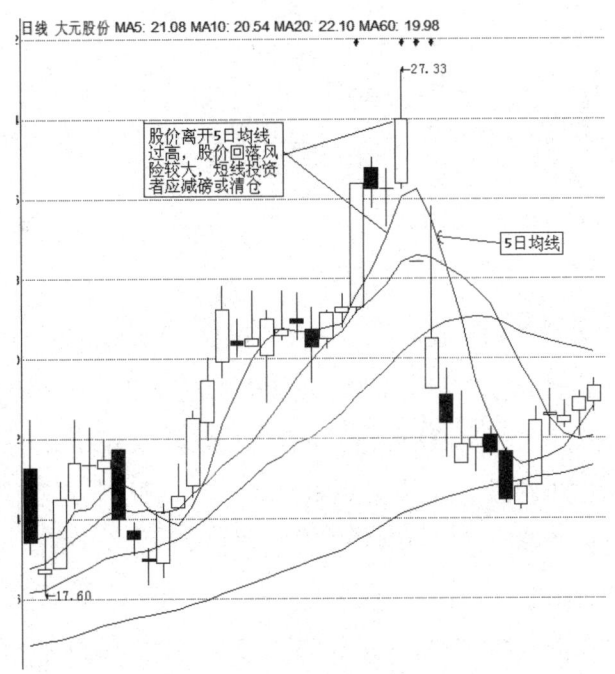

图 51　股价偏离 5 日均线过高图解

（2）股价回落、跌不破 5 日线的话，再次启动时适宜买入。一般说，慢牛股在上升途中，大多时间往往不破 5 日线或者 10 日线。只要不破，就可结合大势、结合个股基本面，继续持仓。若是熊市，股价回升、升不破 5 日线的话，再次出现较大抛单、展开下跌时适宜卖出。

（3）股价如果跌破 5 日线、反抽 5 日线过不去的话，需要谨防追高被套，注意逢高卖出。若是熊市，股价如果升破 5 日线、反抽 5 日线时跌不破的话，或者反抽 5 日线跌破但又止住的话，需要谨防杀跌踏空，注意逢低买回（见图 52）。

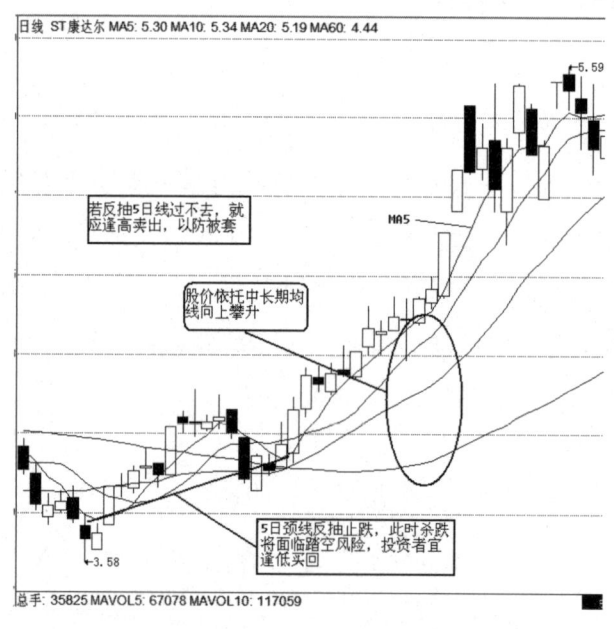

图 52　5 日均线反抽上涨图解

（4）股价如果有效跌破五日线，一般将跌向 10 日线或者 20 日线。如果跌到 10 日线、20 日线企稳、股价再次启动，则高位卖出的筹码，可以视情况短线回补，以免被轧空。若是熊市，股价如果有效升破五日线，一般将向 10 日线、或者 20 日线方向上升。如果升到 10 日线、20 日线附近受阻、股价再次展开下跌，则低位买的筹码，可以视情况短线卖出。

下面让我们看两个例子：

例 1：东方热电（000958）（见图 53），2007 年 7 月 31 日该股沿 5 日线上升后突然放量拉升至涨停位置收盘，显示主力是有备而来，在拉升后的大阴线缩量洗盘，更有利于主力快速清洗浮动筹码；而 5 日线的斜率支撑作用又非常强劲，使短线获利者的成本不断抬高。再次突破 5 日线就更为轻松了。

例 2：动力源（600405）（见图 54），2005 年 12 月 6 日股价跌破 5 日均线，从 11 月 22 日到 12 月 16 日连续 20 日的成交量低于 20 日均量线，洗盘缩量显示了主力控筹能力非常强大，一旦股价止跌回到 5 日均线上方就可以持有。

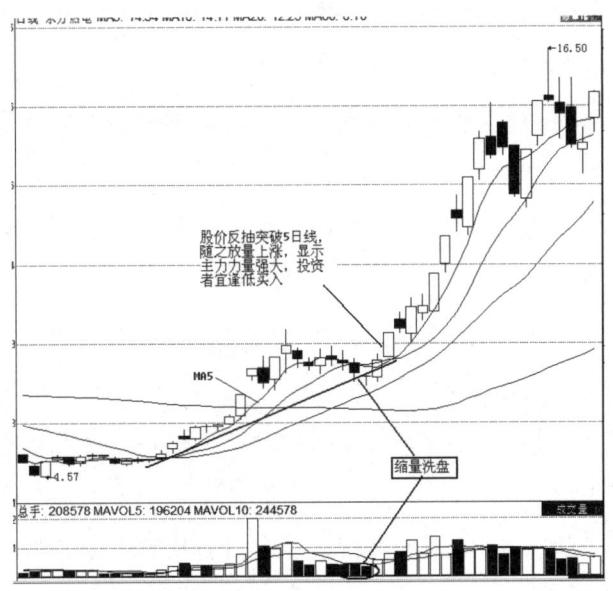

图 53　东方热电 5 日线买入图解

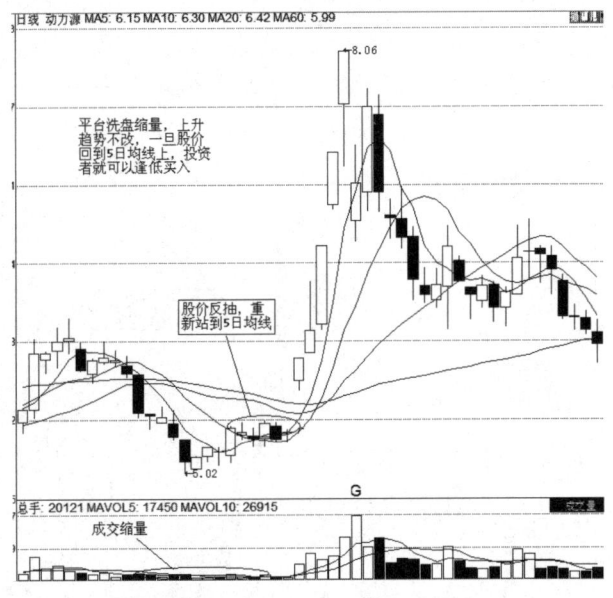

图 54　动力源 5 日均线判断买卖图解

二、20 日均线的实战用法

20 日均线是短期均线系统中参数最大的一种移动平均线，与 5 日均线相比，20 日均线比 5 日均线的时间周期间隔又要多 15 个交易日，故 20 日均线运行中的变动频率相比 5 日均线来说，其注重趋势性变化的程度要大得多。

20 日均线在实战中的应用应注意以下条件：

第一、20 日均线由于选取的周期参数相对要大一些，故其尽管属于短期均线的范畴，但已经开始接近中期均线了，所以在实战中，使用 20 日均线研判市场走势时，应考虑中短期走势，不能只考虑短期变化，否则将会出现操作上的失误。

第二、20 日均线的趋势研判仍为上升代表中短期趋势向上，下行则表示趋势向下，所以在使用 20 日均线来分析走势时，还可以用其来判断市场的支撑或压力的位置，但同时一定要关注 20 日均线作为支撑或压力的有效性，否则将导致错误性止损。

第三、20 日均线在行情箱形运行过程中将会相对平稳，即若行情的波动幅度不大，20 日均线则可能出现接近平行的运行状态。

具体买卖操作方法为：

20 日均线在低位走平时关注，20 日均线开始向上拐头、股价站上 20 日均线之上时买入，回调确认时加仓，均线向上移动，可一路持有（见图55）。

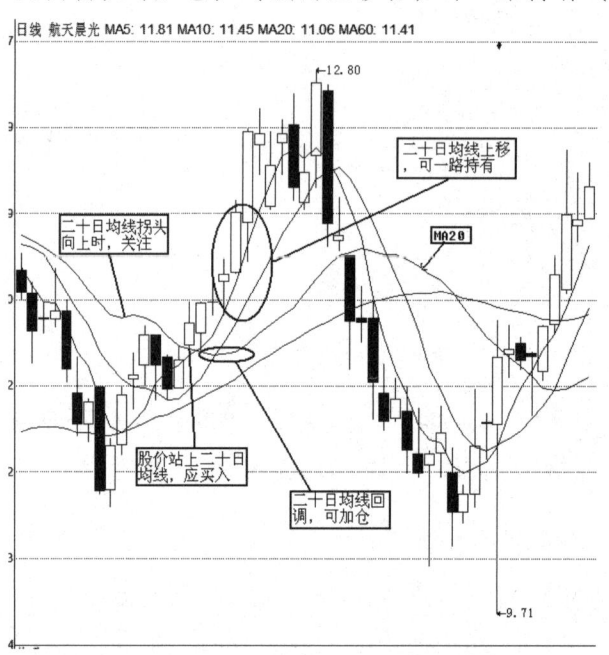

图55　20 日均线买卖法图解

当 20 日均线在高位走平时要警惕，一旦收盘时股价跌破 20 日均线立即清仓，日后如果 20 日均线继续上移，股价再次站上 20 日均线时再买入，如此反复操作，直到股价不再创新高并跌破前低，而且在 20 日均线调头向下时结束该股操作，在 20 日均线向下移动和横盘整理中，保持空仓观望，耐心等待新一轮上升趋势形成后再择机介入。

三、30 日均线的实战用法

30 日均线属于中期均线的技术范畴，所选取的周期参数为 30 个交易日，其市场作用带有研判中期走势的意味，可以这样说，30 日均线在实战操作中有着较为重要的作用，但其应用和把握的难度也就相对要大一些。

（1）股价的大涨和上升的产生都是在股价向上突破 30 日均线开始的，黑马股的产生往往也是由于 30 日均线呵护而养肥的，30 日均线之下的股票力量很弱，不可能远走高飞，30 日均线之上的股票才能飙涨。

（2）股价向上突破 30 日均线时必须要有成交量放大的配合，否则可靠性降低。有时股价向上突破 30 日均线后又回抽确认，但不应再收盘在此 30 日线之下，且成交量必须较突破时显著萎缩，此时是最佳买入时机。无论是在突破当日买入还是回抽时买入，万一不涨反跌，而股价重新跌破 30 日均线走势疲软，特别是股价创新低继续下跌时，应止损出局。因为，前期的上涨很可能是下跌中途的一次中级反弹，真正的跌势尚未结束。

例：中化国际（600500），在图中（见图 56）A 点，该股股价最高为 8.78 元，而此时的 30 日线为 8.84 元，然后该股上攻受阻进而回档。再看 B 点，该股在 B 点处是得到支撑后向上，然后该股又在 C 点处受阻后回档下跌，随之在 D 点处得到支撑，便一路上扬，E 点以后 30 日均线亦出现弯头下行，显示股价已进入了调整期，操作上应小心为妙。

四、60 日均线的实战用法

60 日均线确定中期上扬趋势：股价经历漫长的下跌后，60 日均线重新低位走平开始向上拐弯，股价站稳于线上，并于这一阶段中最好经过一次放量反

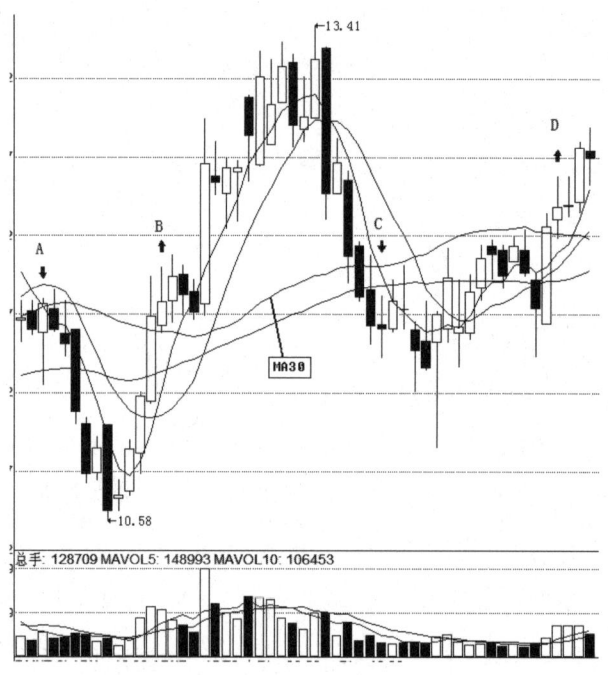

图 56　中化国际 30 日均线买卖图解

弹后，再次缩量二次探底创新低后止跌，其后不断有温和的成交量放大现象，说明中期趋势有走好迹象。

　　例：上证指数（1A0001）（见图 57）股价经过了 08 年深幅下跌后于 1 664 点探底回升，展开一波强劲放量反弹，随后明显在 2008 年 11 月 17 日 60 日均线一线受阻展开调整，而这拨调整成交量明显大幅缩量，1 月 14 日再度突破 60 日均线，且成交量温和放大，且 60 日均线走平向上，这个时候中期趋势已经明显走好，而 2009 年 3 月 3 日也是明显在 60 日线获得支撑继续上扬。

　　60 日均线确定中期下跌趋势。股价经历漫长的上涨后，60 日均线重新高位走平开始向下拐弯，股价报收于线下，并于这一阶段中经过一次反弹，但反弹明显缩量，再次放量二次探底创新低，说明中期趋势有走弱迹象。为了让投资者更好地把握 60 日均线买卖法，现将操作要领总结如下。

　　投资者买入操作的要件：

　　①60 日均线重新低位走平开始向上拐弯（拐弯就是说 MA60 的数值开始呈现由跌反升），股价站稳于线上，并经过回抽确认，说明中期趋势有走好迹象；

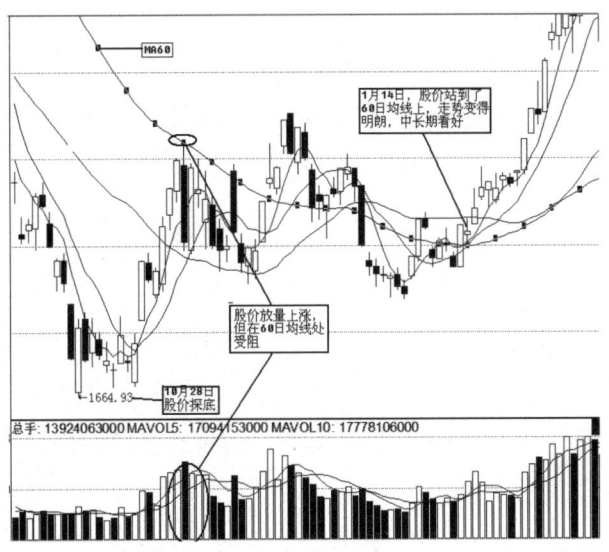

图 57　上证指数 60 日均线买卖图解

②中期上升趋势的成交量应处于一个温和放量的过程，且上涨日的成交量应至少大于 5 日或 10 日均量；

③盘中有持续性的领涨品种，也就是有市场热点；

④满足上述 3 个条件，激进的投资者可于缩量调整至 5 日均线附近勇敢买入，稳健的投资者可于缩量调整至 10 日均线附近勇敢买入；

⑤买了就要敢于捂股，尽量不做短差，直到我们的卖出条件出现；

投资者卖出操作的要件：

①60 日均线重新高位走平开始向下拐弯（拐弯就是说 MA60 的数值开始呈现由升反跌），股价报收于线下，并经过缩量反弹确认，无法再度站稳 60 日均线，说明中期趋势有走弱迹象；

②中期下跌趋势的成交量应处于一个地量后还有地量的缩量阴跌过程，反弹日的成交量呈现脉冲式放量，已经无法持续地温和放量；

③盘中已经没有持续性的领涨品种，市场热点变化极快，今天炒这个明天炒那个；

④今天涨幅榜的个股次日就处于跌幅榜前列且不到 3 个交易日就吞噬掉反

弹阳线；

⑤满足上述 4 个条件，稳健的投资者可于缩量反弹至 5 日均线附近坚决卖出，激进的投资者可于缩量反弹至 10 日均线附近坚决卖出；

⑥卖了就要敢于持币，尽量不抢反弹，直到我们的买入条件出现；

五、120 日均线的实战用法

事实上，不论短期均线、中期均线还是长期均线，其本质意义都是反映市场价格的不同周期的平均成本，有的市场人士认为主力可以任意打乱各种均线。这种认识是忽略了均线的"平均成本"的真正意义，因为任意打乱计划内的均线成本，是要付出多余代价的。

120 日均线又称"半年线"，既然是"半年线"，那么市场半年以后的变化该怎样？显然 120 日均线运用中要思考的问题就多了。

那么 120 日均线在实战中的用法可注意两个方面，一是 120 日均线在实际走势中的波动幅度不会太大，在熊市中它会压制市场的走势；在牛市中它会支撑市场的走势。二是 120 日均线的变向一般应与波浪分析相结合，其有效性才可靠。

120 日均线，是黑马股的起跳点。大多数黑马股的拉升点，就是在 120 日线附近。第一种，是在 120 日下方整理后的向上放量突破，一般的整理形态是 w 底；第二种，围绕 120 日均线上下小幅振荡整理，然后向上放量突破，整理形态不很规则；第三种，在 120 日均线上方整理，然后向上放量突破，整理形态多为 w 底，或呈" 一" 字形态整理（见图 58），配合其他指标效果更好，主要可参考技术指标 KDJ、WR、MACD。

六、250 日均线的实战用法

一年有 54 周，一周有 5 个交易日，理论上计算，一年大概有 270 个交易日，除去节假日，能有 250 个实际交易日就不错了，故 250 日移动平均线便称为"年线"，其移动平均的时间周期间隔参数为 250 天，属于超长期移动平均技术线。

250 日移动平均线在实战中的综合应用既重要，又复杂，因为 250 日移动平均线不是分析一年的市场趋势，而是分析几年的市场趋势，因此，对 250 日

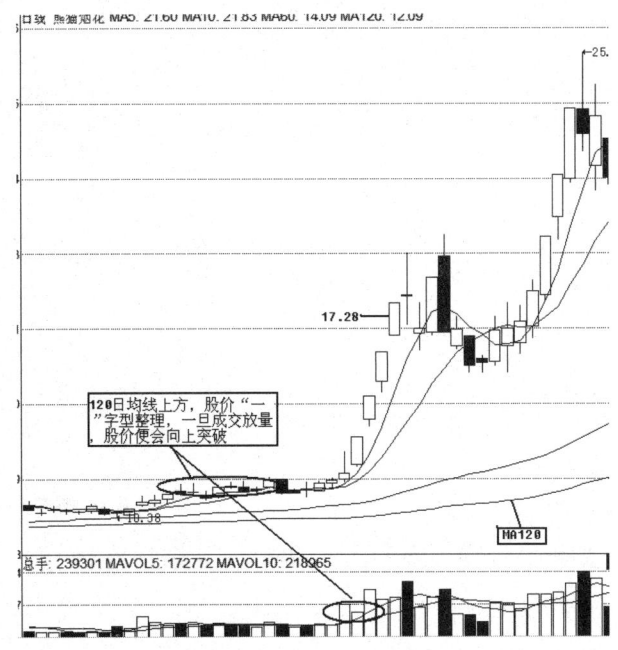

图58　120日均线"一"字整理向上图解

均线的时空观念就不能按照普通类型的时空概念进行分析，必须领悟到充分的、长时期量的积累后，才有真正的"质"的变化，否则，很有可能所得出的结论正好只是250日均线内部的变动情况，对大循环周期还没沾边。

　　在实际操作中，我们最为重视的是两线顺向火车轨，这是识别长牛股的关键点。

　　当120日均线上穿250日均线后，120日均线和250日均线呈现顺向排列走势，即120日均线在上，250日均线在下，出现多头排列所以叫顺向排列。在以后的价格走势中，股票价格在120日均线之上，120日均线与250日均线都呈现平稳的上涨走势，两条线近乎平行线，这样的股票价格走势图形，叫作"两线顺向火车轨走势"（见图59）。

　　那么在遇到出现"两线顺向火车轨"的股票时该如何操作呢？

　　（1）"两线顺向火车轨"几乎都有一个股价飙升的过程，何时来临不好预测，要看庄家的思路、大势的配合以及股票基本面等因素制约；

　　（2）在实际情况中，熊市出现的"两线顺向火车轨"往往说明主力持筹较

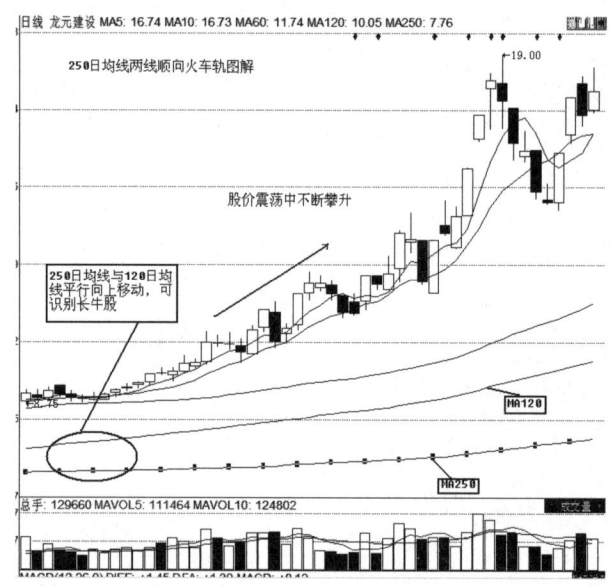

图59 两线顺向火车轨走势示意图

多,野心较大,由于市场情况不配合,所以并不出货。因此反映在股价走势形态上就是,"火车轨"的持续时间比较长,往往其结果是累计涨幅会很大。(在牛市中往往形成"小火车轨"的走势形态的机会较大)

(3)在牛市。牛市时出现"两线顺向火车轨"的走势形态,说明庄家庄家主力吸纳的筹码往往并不能满足较高的控盘率,加上牛市的市场情况,庄家主力的大幅拉升并不困难,所以"火车轨"的形态持续时间较短,而随后的股价大幅上涨极易破坏"火车轨"形态,造成120日均线与250日均线形成发散分离状态,所以在牛市中往往形成"小火车轨"的走势形态。

第六章　平均线差指标——DMA

DMA 指标（Different of Moving Average）又叫平均线差指标，DMA 指标是目前股市分析技术指标中的一种中短期指标，它常用于大盘指数和个股的研判。它是一种简单而又可靠的分析指标，在判断未来价格时，对投资者极有帮助。

DMA 指标的原理解析

DMA 指标属于趋向类指标，也是一种趋势分析指标。DMA 是依据快慢两条移动平均线的差值情况来分析价格趋势的一种技术分析指标。它主要通过计算两条基准周期不同的移动平均线的差值，来判断当前买入卖出的能量的大小和未来价格走势的趋势。

一、DMA 指标的计算方法

DMA 指标的计算方法比较简单，其计算过程如下：

DMA ＝短期平均值－长期平均值（DMA 在一些股票软件中为 DDD）

AMA ＝短期平均值

以求 10 日、50 日为基准周期的 DMA 指标为例，其计算过程具体如下：

DMA（10）＝10 日平均值－50 日平均值

AMA（10）＝10 日平均值

和其他指标的计算一样，由于选用的计算周期的不同，DMA 指标也包括日

DMA 指标、周 DMA 指标、月 DMA 指标、年 DMA 指标以及分钟 DMA 指标等各种类型。经常被用于股市研判的是日 DMA 指标和周 DMA 指标。虽然它们的计算时的取值有所不同，但基本的计算方法一样。另外，随着股市软件分析技术的发展，投资者只需掌握 DMA 形成的基本原理和计算方法，无需去计算指标的数值，更为重要的是利用 DMA 指标去分析、研判股票行情。

二、DMA 指标的应用原则

DMA 和 AMA 的值及线的运动方向

（1）当 DMA 和 AMA 均大于 0（即在图形上表示为它们处于零线以上）并向上移动时，一般表示为股市处于多头行情中，可以买入或持股。

（2）当 DMA 和 AMA 均小于 0（即在图形上表示为它们处于零线以下）并向下移动时，一般表示为股市处于空头行情中，可以卖出股票或观望。

（3）当 DMA 和 AMA 均大于 0（即在图形上表示为它们处于零线以上），但在经过一段比较长时间的向上运动后，如果两者同时从高位向下移动时，一般表示为股票行情处于退潮阶段，股票将下跌，可以卖出股票和观望。

（4）当 DMA 和 AMA 均小于 0 时（即在图形上表示为它们处于零线以下），但在经过一段比较长时间的向下运动后，如果两者同时从低位向上移动时，一般表示为短期行情即将启动，股票将上涨，可以短期买进股票或持股待涨。

DMA 曲线和股价曲线的配合使用

由于 DMA 指标有领先股价涨跌的功能，因此，投资者也可以将 DMA 曲线和股价曲线配合使用。

（1）当 DMA 曲线与股价曲线从低位（DMA 和 AMA 数值均在 0 以下）同步上升，表明空头力量已经衰弱、多头力量开始积聚，短期内股价有望止跌企稳，投资者应可以开始少量逢低买入。

（2）当 DMA 曲线与股价曲线从 0 值附近向上攀升时，表明多头力量开始大于空头力量，股价将在成交量的配合下，走出一波向上扬升的上涨行情。此时，投资者应逢低买入或坚决持股待涨。

（3）当 DMA 曲线从高位回落，经过一段时间强势盘整后再度向上并创出新高，而股价曲线也在高位强势盘整后再度上升创出新高，表明股价的上涨动力依然较强，投资者可继续持股待涨。

（4）当 DMA 值曲线从高位（DMA 和 AMA 数值均在远离 0）的上方回落，经过一段时间盘整后再度向上，但到了前期高点附近时未能创出新高却调头向下时，而且，股价曲线也同时下跌时，这可能就意味着股价上涨的动力开始减弱，将开始一轮比较强劲的下跌行情。此时投资者应千万小心，一旦股价向下，应果断及时地离场。

（5）当 DMA 曲线与股价曲线从中位（DMA 和 AMA 数值均在 0 以上）继续同步下降，表明短期内股价将继续下跌趋势，投资者应继续持币观望或逢高卖出。

（6）当 DMA 曲线在长期弱势下跌过程中，经过一段时间弱势反弹后再度向下并创出新低，而股价曲线也在弱势盘整后再度向下创出新低，表明股价的下跌动能依然较强，投资者可继续持币观望。

DMA 指标的形态图解

DMA 线和 AMA 线的几次交叉形态

一般而言，在一个股票的完整的升势和跌势过程中，DMA 指标中的 DMA 线和 AMA 线会出现两次或以上的"黄金交叉"和"死亡交叉"情况（以同花顺软件为例，DMA 作 DDD）。

（1）当股价经过一段很长时间的下跌行情后，DDD 线开始向上突破 AMA 线时，表明股市即将转强，股价跌势已经结束，将止跌朝上，可以开始买进股票，进行中长线建仓。这是 DMA 指标"黄金交叉"的一种形式（见图 60）。

（2）当股价经过一段时间的上升过程中的盘整行情后，DMA 线开始再次向上突破 AMA 线，成交量再度放出时，表明股市处于一种强势之中，股价将再次上涨，可以加码买进股票或持股待涨，这就是 DMA 指标"黄金交叉"的一种形式（见图 61）。

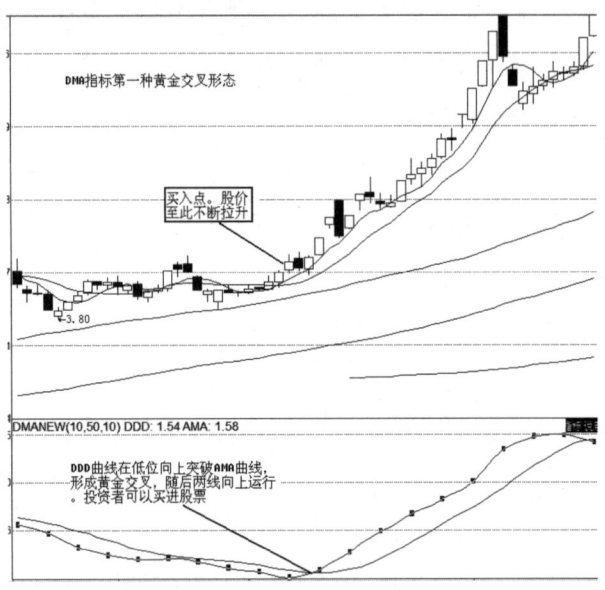

图60 DMA指标第一种黄金交叉形态图解

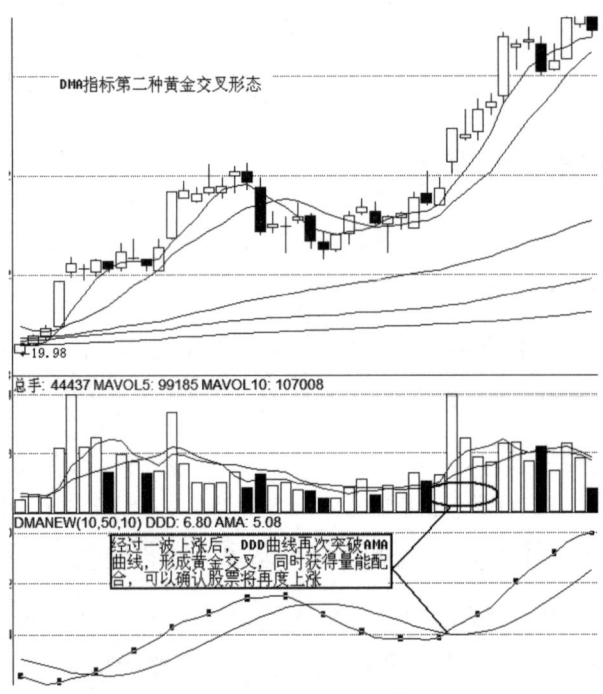

图61 DMA指标第二种类型黄金交叉图解

（3）当股价经过前期一段很长时间的上升行情后，股价涨幅已经很大的情况下，一旦 DMA 线向下突破 AMA 时，表明股市即将由强势转为弱势，股价将大跌，这时应卖出大部分股票而不能买股票，这就是 AMA 指标的"死亡交叉"的一种形式（见图 62）。

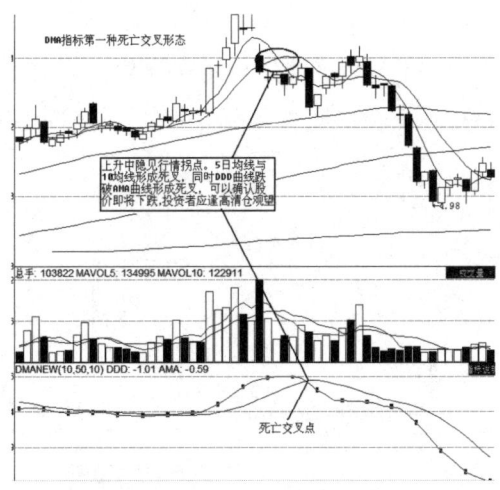

图 62　DMA 指标第一种死亡交叉形态图解

（4）当股价经过一段时间的下跌后，而股价上涨的动力缺乏，各种均线对股价形成较强的压力时，一旦 DMA 线再次向下跌破 AMA 线时，表明股市将再次进入极度弱市中，股价还将下跌，可以再卖出股票或观望，这是 AMA 指标"死亡交叉"的另一种形式（见图 63）。

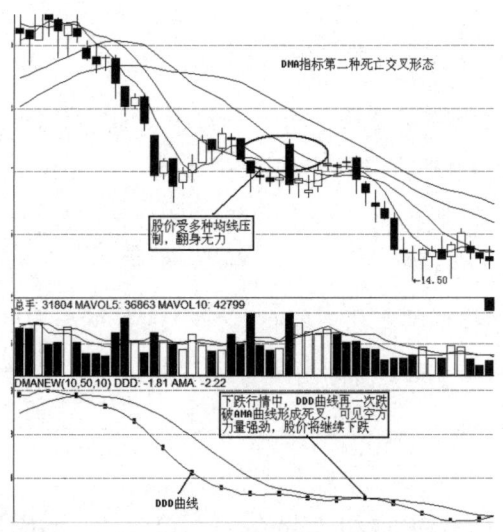

图 63　DMA 指标第二种类型死亡交叉图解

DMA 指标的背离形态

所谓 DMA 指标的背离就是指当 DMA 指标的曲线图的走势方向正好和 K 线图的走势方向相反，一般说来 DMA 指标的背离有顶背离和底背离两种。

当股价 K 线图上的股票走势一峰比一峰高，股价在一直向上涨，而 DMA 指标图上的 DMA 曲线和 AMA 曲线的走势是在高位一峰比一峰低，这叫顶背离现象。顶背离现象一般是股价将高位反转的信号，表明股价中短期内即将下跌，是卖出的信号（见图64）。

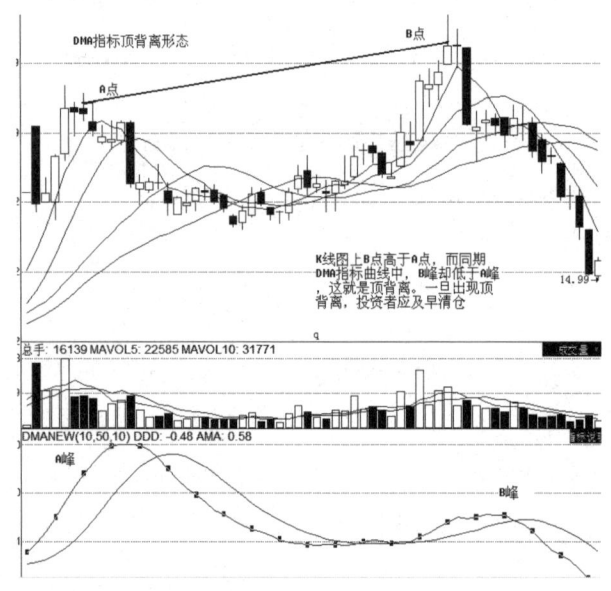

图64　DMA 指标顶背离图解

当股价 K 线图上的股票走势一峰比一峰低，股价在向下跌，而 DMA 指标图上的 DMA 曲线和 AMA 曲线的走势是在低位一底比一底高，这叫底背离现象。底背离现象一般是股价将低位反转的信号，表明股价中短期内即将上涨，是买入的信号（见图65）。

相比于其他技术指标的背离现象而言，DMA 指标出现的机会比较少，但如果在实际走势中，一旦 DMA 指标出现背离现象，它的准确性则更高，这点投资者应引起足够的重视。

M 头和三重顶

当 DMA 指标中的 DMA 线和 AMA 线在高位交叉并形成 M 头（见图66）或三重顶等高位反转形态时，意味着股价的上升动能已经衰竭，股价有可能出现

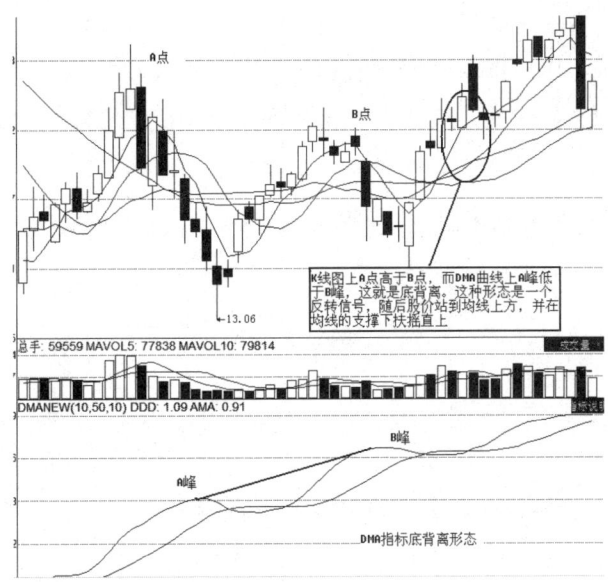

图 65　DMA 指标底背离形态图解

长期反转行情，投资者应及时地卖出股票。如果股价走势曲线也先后出现同样形态则更可确认，股价下跌的幅度和过程可参照 M 头或三重顶等顶部反转形态的研判。

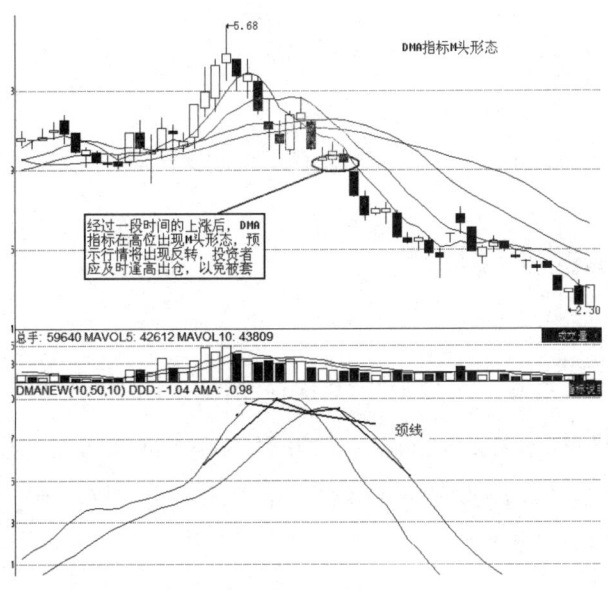

图 66　DMA 指标 M 头形态图解

W 底和三重底

当 DMA 指标中的 DMA 线和 AMA 线在低位交叉并形成 W 底（见图 67）或三重底等低位反转形态时，意味着股价的下跌动能已经减弱，股价有可能构筑中长期底部，投资者可逢低分批建仓。如果股价走势曲线也先后出现同样形态则更可确认，股价的上涨幅度及过程可参照 W 底或三重底等底部反转形态的研判。

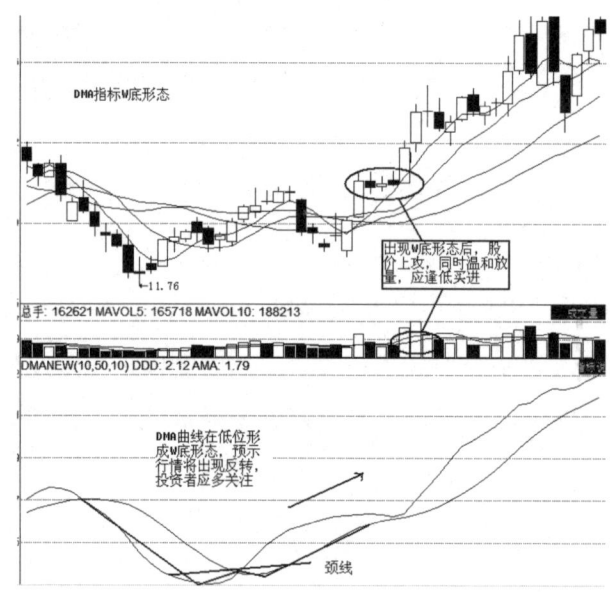

图 67　DMA 指标 W 底形态图解

DMA 指标的实战技巧

DMA 指标的实战技巧主要集中在 DMA 指标中的 DDD（即 DMA 曲线，下同）曲线和 AMA 曲线的交叉情况以及 DDD、AMA 曲线所处的位置和它们的运行方向等三个方面。下面以同花顺软件上的日参数为（10，50，10）为例。

一、买卖信号

（1）当 10 日 DDD 曲线和 50 日 AMA 曲线在 0 值线附近盘整了较长一段时间以后，一旦 10 日 DDD 曲线向上突破 50 日 AMA 曲线，并且股价也带量突破中长期均线时，表明股价的上涨动能开始强大，股价将进入快速拉升阶段，这是DMA指标发出的买入信号。此时，投资者应及时买入股票（见图68）。

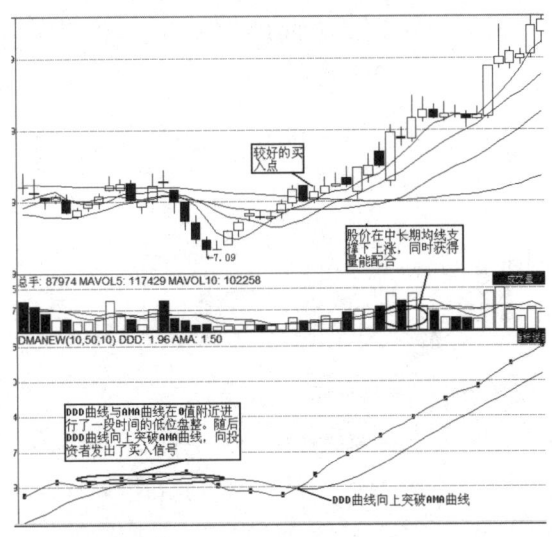

图68 DMA指标买入信号图解

（2）当10日DDD曲线和50日AMA曲线在0值线附近盘整了较长一段时间以后，一旦10日DDD曲线向下突破50日AMA曲线，并且股价也向下跌破中长期均线时，表明股价的下跌动能比较强大，股价将开始大跌，这是DMA指标发出的卖出信号。此时，投资者应及时卖出股票（见图69）。

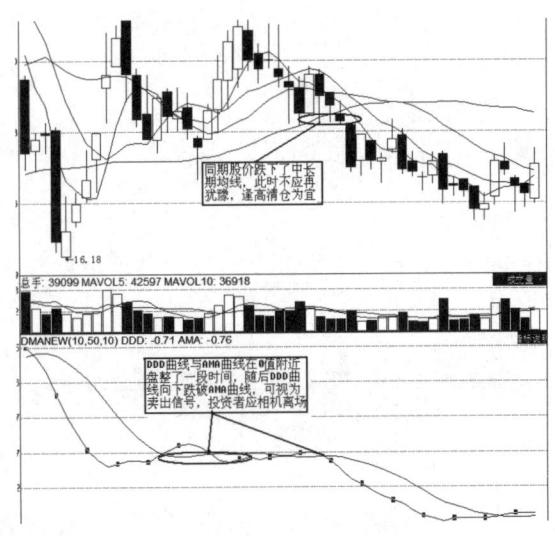

图69 DMA指标卖出信号图解

二、持股持币信号

（1）当 10 日 DDD 曲线向上突破 50 日 AMA 曲线以后，股价也依托中短期均线向上运行时，表明股价的上涨动能依然强大，股价将继续上涨，这是 DMA 指标发出的持股待涨信号。此时，投资者应坚决持股待涨（见图 70）。

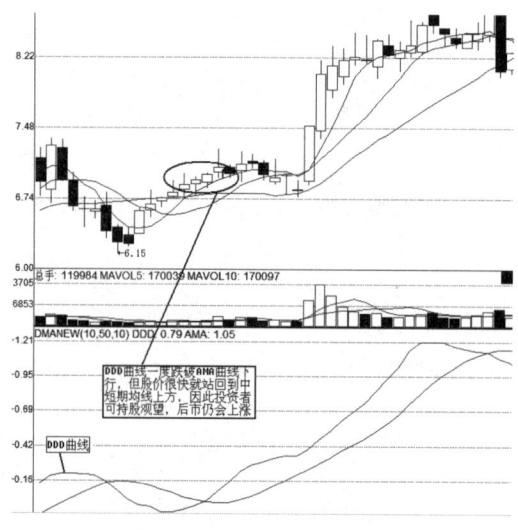

图 70　DMA 指标持股待涨图解

（2）当 10 日 DDD 曲线向下突破 50 日 AMA 曲线以后，股价也被中长期均线压制下行时，表明股价的下跌动能依然强大，股价将继续下跌，这是 DMA 指标发出的持币观望信号。此时，投资者应坚决持币观望（见图 71）。

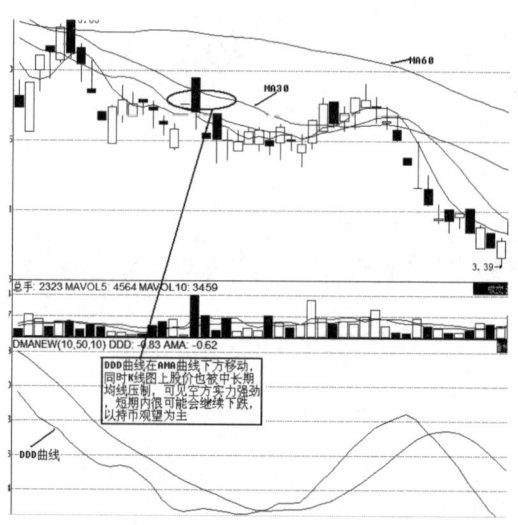

图 71　DMA 指标持币信号图解

下面让我们来看两个例子。

例1：商业城（600306）（见图72）为小盘商业类次新股，上市以后走势一直比较坚挺。在2001年6月29日DDD下穿AMA曲线，发出卖出信号。在很长时间内股价持续下跌，行情迟迟未能回暖。

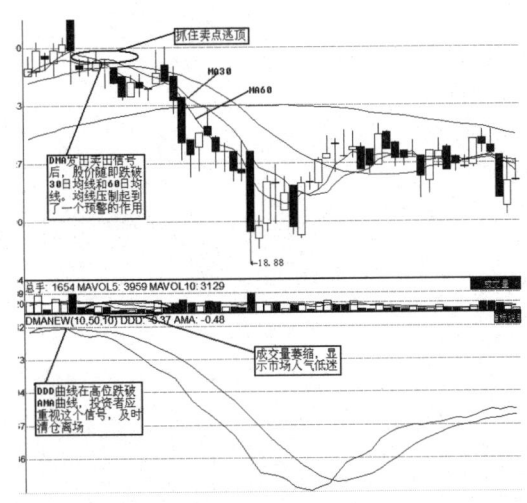

图72　商业城捕捉卖点图解

例2：洪都航空（600316）（见图73）属于军工板块，09年9月股价下挫，十月行情开始反转。10月22日，DMA指标发出了明确的买入信号，随后的一个月里，股价由26.77元一路升到39.58元，获利颇丰。

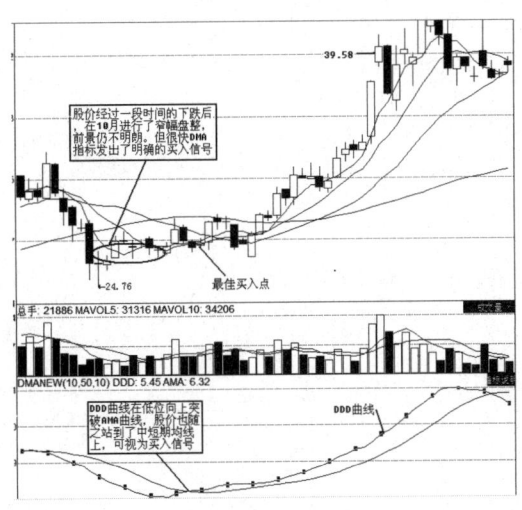

图73　洪都航空买点图解

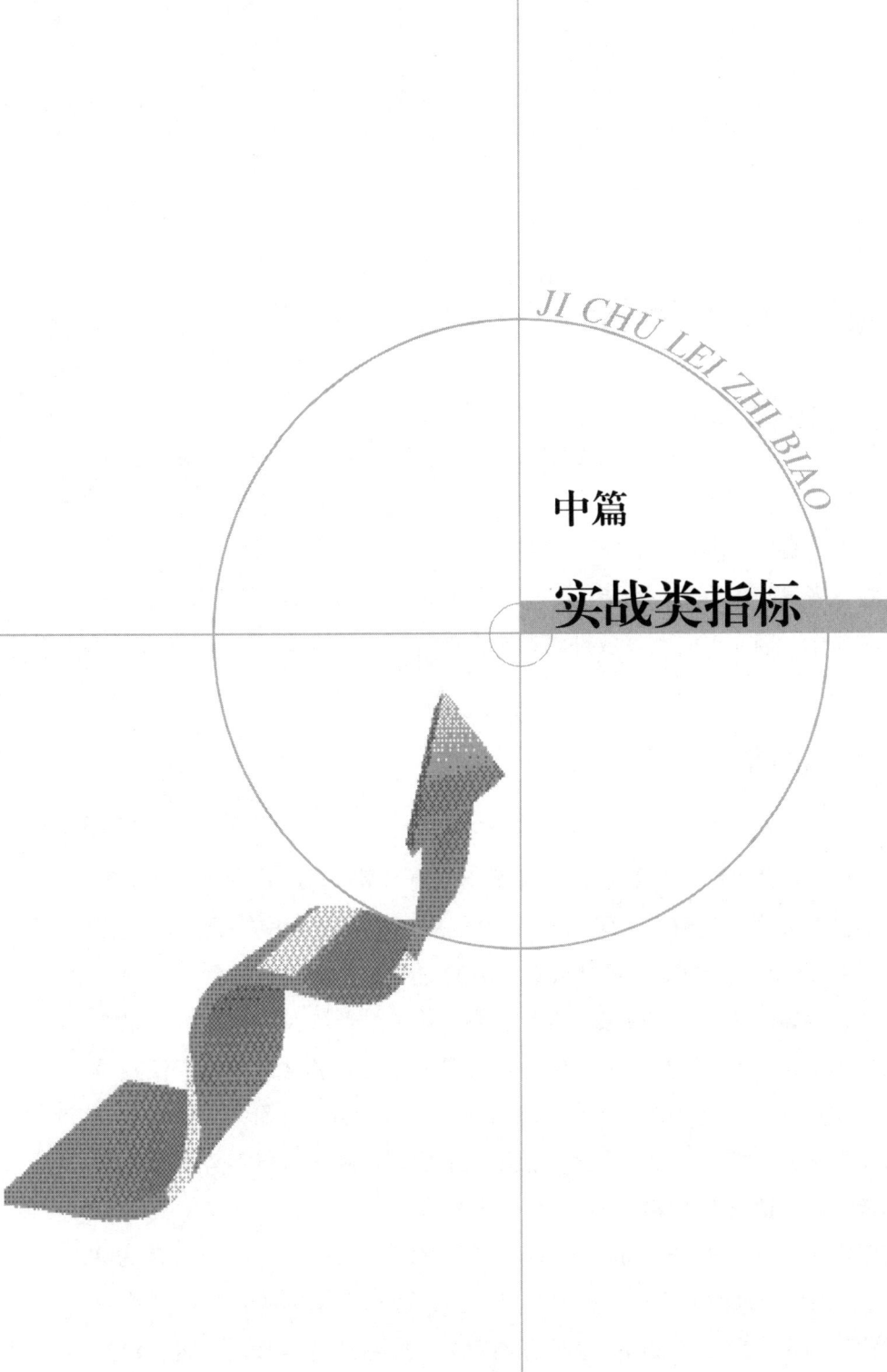

中篇

实战类指标

第七章　随机指标——KDJ

KDJ 指标又叫随机指标，是由乔治·蓝恩博士（George Lane）最早提出的，是一种相当新颖、实用的技术分析指标，它起先用于期货市场的分析，后被广泛用于股市的中短期趋势分析，是期货和股票市场上最常用的技术分析工具。它是投资者最常应用的一种指标，原因是它反应灵敏，有非常明确的买卖信号，简单易学，因而深受大多数投资者的喜爱。

KDJ 指标的原理解析

随机指标设计的思路与计算公式都起源于威廉（W%R）理论，但比 W%R 指标更具实用价值，其由 K、D、J 三条曲线组成，在设计中综合了动量指标、强弱指数和移动平均线的一些优点，在计算过程中主要研究高低价位与收盘价的关系，即通过计算当日或最近数日的最高价、最低价及收盘价等价格波动的真实波幅，充分考虑了价格波动的随机振幅和中短期波动的测算，使其短期测市功能比移动平均线更准确有效，在市场短期超买超卖方面，又比相对强弱指标 RSI 敏感，总之 KDJ 是一个随机波动的概念，反映了价格走势的强弱和波段的趋势，对于把握中短期的行情走势十分敏感。

随机指标 KDJ 一般是根据统计学的原理，通过一个特定的周期（常为 9 日、9 周等）内出现过的最高价、最低价及最后一个计算周期的收盘价及这三者之间的比例关系，来计算最后一个计算周期的未成熟随机值 RSV，然后根据平滑移动平均线的方法来计算 K 值、D 值与 J 值，并绘成曲线图来研判股票走势。

随机指标 KDJ 是以最高价、最低价及收盘价为基本数据进行计算，得出的 K 值、D 值和 J 值分别在指标的坐标上形成的一个点，连接无数个这样的点位，就形成了一个完整的、能反映价格波动趋势的 KDJ 指标。它主要是利用价格波动的真实波幅来反映价格走势的强弱和超买超卖现象，在价格尚未上升或下降之前发出买卖信号的一种技术工具。它在设计过程中主要是研究最高价、最低价和收盘价之间的关系，同时也融合了动量观念、强弱指标和移动平均线的一些优点，因此，能够比较迅速、快捷、直观地研判行情。

随机指标 KDJ 最早是以 KD 指标的形式出现，而 KD 指标是在威廉指标的基础上发展起来的。不过威廉指标只判断股票的超买超卖的现象，在 KDJ 指标中则融合了移动平均线速度上的观念，形成比较准确的买卖信号依据。在实践中，K 线与 D 线配合 J 线组成 KDJ 指标来使用。由于 KDJ 线本质上是一个随机波动的观念，故其对于掌握中短期行情走势比较准确。

一、KDJ 指标的计算方法

指标 KDJ 的计算比较复杂，首先要计算周期（n 日、n 周等）的 RSV 值，即未成熟随机指标值，然后再计算 K 值、D 值、J 值等。以日 KDJ 数值的计算为例，其计算公式为：

n 日 $RSV = (Cn - Ln) \div (Hn - Ln) \times 100$

式中，Cn 为第 n 日收盘价；Ln 为 n 日内的最低价；Hn 为 n 日内的最高价。RSV 值始终在 1 ~ 100 间波动。

其次，计算 K 值与 D 值：

当日 K 值 = 2/3 × 前一日 K 值 + 1/3 × 当日 RSV

当日 D 值 = 2/3 × 前一日 D 值 + 1/3 × 当日 K 值

若无前一日 K 值与 D 值，则可分别用 50 来代替。

以 9 日为周期的 KD 线为例。首先须计算出最近 9 日的 RSV 值，即未成熟随机值，计算公式为：

9 日 $RSV = (C - L9) \div (H9 - L9) \times 100$

式中，C 为第 9 日的收盘价；L9 为 9 日内的最低价；H9 为 9 日内的最高价。

K 值 = 2/3 × 前一日 K 值 + 1/3 × 当日 RSV

D 值 = 2/3 × 前一日 K 值 + 1/3 × 当日 RSV

若无前一日 K 值与 D 值，则可以分别用 50 代替。

需要说明的是，式中的平滑因子 1/3 和 2/3 是可以人为选定的，不过目前已经约定俗成，固定为 1/3 和 2/3。在大多数股市分析软件中，平滑因子已经被设定为 1/3 和 2/3，不需要做改动。另外，一般在介绍 KD 时，往往还附带一个 J 指标。

J 指标的计算公式为：

J = 3D − 2K

实际上，J 的实质是反映 K 值和 D 值的乖离程度，从而领先 KD 值找出头部或底部。J 值范围可超过 100。

J 指标是个辅助指标，最早的 KDJ 指标只有两条线，即 K 线和 D 线，指标也被称为 KD 指标，随着股市分析技术的发展，KD 指标逐渐演变成 KDJ 指标，从而提高了 KDJ 指标分析行情的能力。另外，在一些股市重要的分析软件上，KDJ 指标的 K、D、J 参数已经被简化成仅仅一个，即周期数（如日、周、月等），而且，随着股市软件分析技术的发展，投资者只需掌握 KDJ 形成的基本原理和计算方法，无须去计算 K、D、J 的值，更为重要的是利用 KDJ 指标去分析、研判股票行情。

和其他指标的计算一样，由于选用的计算周期的不同，KDJ 指标也包括日 KDJ 指标、周 KDJ 指标、月 KDJ 指标、年 KDJ 指标以及分钟 KDJ 指标等各种类型。经常被用于股市研判的是日 KDJ 指标和周 KDJ 指标。虽然它们的计算时的取值有所不同，但基本的计算方法一样。

二、KDJ 指标的应用原则

KDJ 指标是三条曲线，其中 K 值和 D 值的取值范围都是 0 ~ 100，而 J 值的取值范围可以超过 100 和低于 0，但在分析软件上 KDJ 的研判范围都是 0 ~ 100。通常就敏感性而言，J 值最强，K 值次之，D 值最慢，而就安全性而言，J 值最差，K 值次之，D 值最稳。

根据 KDJ 的取值，可将其划分为几个区域，即超买区、超卖区和徘徊区。

按一般划分标准，K、D、J 这三值在 20 以下为超卖区，是买入信号；K、D、J 这三值在 80 以上为超买区，是卖出信号；K、D、J 这三值在 20~80 之间为徘徊区，宜观望。

一般而言，当 K、D、J 三值在 50 附近时，表示多空双方力量均衡；当 K、D、J 三值都大于 50 时，表示多方力量占优；当 K、D、J 三值都小于 50 时，表示空方力量占优。

KDJ 常用的默认的参数是 9，而一些投资者也认为将短线参数改为 5，不但反应更加敏捷迅速准确，而且可以减少钝化现象，一般常用的 KDJ 参数有 5，9，19，36，45，73 等。实战中还应将不同的周期综合起来分析，短中长趋势便会一目了然，如出现不同周期共振现象，说明趋势的可靠度加大。KDJ 指标的应用原则主要有以下三点：

第一点，KDJ 曲线值的判断原则：

K 线是快速确认线——数值在 90 以上为超买，数值在 10 以下为超卖；

D 线是慢速主干线——数值在 80 以上为超买，数值在 20 以下为超卖；

J 线为方向敏感线，当 J 值大于 100，特别是连续 5 天以上，股价至少会形成短期头部，反之 J 值小于 0 时，特别是连续数天以上，股价至少会形成短期底部。

（1）当 K 值由较小逐渐大于 D 值，在图形上显示 K 线从下方上穿 D 线，显示目前趋势是向上的，所以在图形上 K 线向上突破 D 线时，即为买进的信号。

实战时，当 K、D 线在 20 以下交叉向上，此时的短期买入的信号较为准确；如果 K 值在 50 以下，由下往上接连两次上穿 D 值，形成右底比左底高的"W 底"形态时，后市股价可能会有相当的涨幅。

（2）当 K 值由较大逐渐小于 D 值，在图形上显示 K 线从上方下穿 D 线，显示目前趋势是向下的，所以在图形上 K 线向下突破 D 线时，即为卖出的信号。

实战时，当 K，D 线在 80 以上交叉向下，此时的短期卖出的信号较为准确；如果 K 值在 50 以上，由上往下接连两次下穿 D 值，形成右头比左头低的

"M 头"形态时，后市股价可能会有相当的跌幅。

（3）通过 KDJ 与股价背离的走势，判断股价顶底也是颇为实用的方法：

股价创新高，而 KD 值没有创新高，为顶背离，应卖出；

股价创新低，而 KD 值没有创新低，为底背离，应买入；

股价没有创新高，而 KD 值创新高，为顶背离，应卖出；

股价没有创新低，而 KD 值创新低，为底背离，应买入；

需要注意的是 KDJ 顶底背离判定的方法，只能和前一波高低点时 KD 值相比，不能跳过去相比较。

第二点，K、D、J 曲线运行的状态：

（1）当 J 曲线开始在底部（50 以下）向上突破 K 曲线时，说明股价的弱势整理格局可能被打破，股价短期将向上运动，投资者可以考虑少量长线建仓。

（2）当 J 曲线向上突破 K 曲线并迅速向上运动，同时曲线也向上突破 D 曲线，说明股价的中长期上涨行情已经开始，投资者可以加大买入股票的力度。

（3）当 K、D、J 曲线开始摆脱前期窄幅盘整的区间并同时向上快速运动时，说明股价已经进入短线强势拉升行情，投资者应坚决持股待涨。

（4）当 J 曲线经过一段快速向上运动的过程后开始在高位（80 以上）向下掉头时，说明股价短期上涨过快，将开始短线调整，投资者可以短线卖出股票。

（5）当 D 曲线也开始在高位向下掉头时，说明股价的短期上涨行情可能会结束，投资者应中线卖出股票。

（6）当 K 曲线也开始在高位向下掉头时，说明股价的中短期上涨行情已经结束，投资者应全部清仓离场。

（7）当 K、D、J 曲线从高位同时向下运动时，说明股价的下跌趋势已经形成，投资者应坚决持币观望。

第三点，KDJ 曲线与股价曲线的配合使用：

（1）当 KDJ 曲线与股价曲线从低位（KDJ 值均在 50 以下）同步上升，表明股价中长期趋势向好、短期内股价有望继续上涨趋势，投资者应继续持股或逢低买入。

（2）当 KDJ 曲线与股价曲线从高位（KDJ 值均在 50 以上）同步下降，表明短期内股价将继续下跌趋势，投资者应继续持币观望或逢高卖出。

（3）当 KDJ 曲线从高位回落，经过一段时间强势盘整后再度向上并创出新高，而股价曲线也在高位强势盘整后再度上升创出新高，表明股价的上涨动力依然较强，投资者可继续持股待涨。

（4）当 KDJ 曲线从高位回落，经过一段时间盘整后再度向上，但到了前期高点附近时却掉头向下、未能创出新高时，而股价曲线还在缓慢上升并创出新高，KDJ 曲线和股价曲线在高位形成了相反的走势，这可能就意味着股价上涨的动力开始减弱，KDJ 指标出现了顶背离现象。此时投资者应千万小心，一旦股价从下，应果断及时地离场。

（5）当 KDJ 曲线在长期弱势下跌过程中，经过一段时间弱势反弹后再度向下并创出新低，而股价曲线也在弱势盘整后再度向下创出新低，表明股价的下跌动能依然较强，投资者可继续持币观望。

（6）当 KDJ 曲线从低位向上反弹到一定高位、再度向下回落，但回调到前期低点附近时止跌企稳、未能创出新低时，而股价曲线还在缓慢下降并创出新低，KDJ 曲线和股价曲线在低位形成相反的走势，这可能就意味着股价下跌的动能开始衰弱，KDJ 指标出现了底背离现象。此时投资者也应密切关注股价动向，一旦股价向上就可以短线买入，等待反弹的出现。

此外，在实际操作中，一些做短平快的短线客常用分钟指标，来判断后市决定买卖时机，在 T+0 时代常用 15 分钟和 30 分钟 KDJ 指标，在 T+0 时代多用 30 分钟和 60 分钟 KDJ 来指导进出，几条经验规律总结如下：

（1）如果 30 分钟 KDJ 在 20 以下盘整较长时间，60 分钟 KDJ 也是如此，则一旦 30 分钟 K 值上穿 D 值并越过 20，可能引发一轮持续在 2 天以上的反弹行情；若日线 KDJ 指标也在低位发生金叉，则可能是一轮中级行情。但需注意

K 值与 D 值金叉后只有 K 值大于 D 值 20% 以上时，这种交叉才有效；

（2）如果 30 分钟 KDJ 在 80 以上向下掉头，K 值下穿 D 值并跌破 80，而 60 分钟 KDJ 才刚刚越过 20 不到 50，则说明行情会出现回档，30 分钟 KDJ 探底后，可能继续向上；

（3）如果 30 分钟和 60 分钟 KDJ 在 80 以上，盘整较长时间后 K 值同时向下死叉 D 值，则表明要开始至少 2 天的下跌调整行情；

（4）如果 30 分钟 KDJ 跌至 20 以下掉头向上，而 60 分钟 KDJ 还在 50 以上，则要观察 60 分钟 K 值是否会有效穿过 D 值（K 值大于 D 值 20%），若有效，表明将开始一轮新的上攻；若无效，则表明仅是下跌过程中的反弹，反弹过后仍要继续下跌；

（5）如果 30 分钟 KDJ 在 50 之前止跌，而 60 分钟 KDJ 才刚刚向上交叉，说明行情可能会再持续向上，目前仅属于回档；

（6）30 分钟或 60 分钟 KDJ 出现背离现象，也可作为研判大市顶底的依据，详见前面日线背离的论述；

（7）在超强市场中，30 分钟 KDJ 可以达到 90 以上，而且在高位屡次发生无效交叉，此时重点看 60 分钟 KDJ，当 60 分钟 KDJ 出现向下交叉时，可能引发短线较深的回档；

（8）在暴跌过程中 30 分钟 KDJ 可以接近 0 值，而大势依然跌势不止，此时也应看 60 分钟 KDJ，当 60 分钟 KDJ 向上发生有效交叉时，会引发极强的反弹。

三、KDJ 的分析周期

日、周、月、分钟（主要是 60 分钟）；

10 日以下为分析参数的 KDJ 的研判适用周期为 3 天左右（从金叉到死叉为 3 天时间）；

50 日以下为分析参数的 KDJ 的研判使用周期为 10 天左右；

50 日以上为分析参数的 KDJ 的研判适用周期为 20 天左右。

四、均线先行原则

股价一旦被长期均线压制，KDJ 再怎么样金叉一般也只能做短线操作，切莫做中长线投资。这是 KDJ 使用的前提。在长期均线下，且远离均线、KDJ 金叉时，股价有超跌反弹的可能则可做短线操作。

五、涨势的大体周期

日 KDJ 是短中期，最多维持 15 天~1 个月；

周 KDJ 是中期，维持时间为 1 个月~3 个月（一旦金叉，一个月内基本会涨，但涨幅不能确定）；

月 KDJ 是长期，维持时间一般为 3 个月~5 个月。

六、除权对 KDJ 指标的影响

除权后，KDJ 指标没有研判意义，起码要三个月以后才能重新研判。

KDJ 指标的形态图解

KDJ 曲线出现的各种形态是判断行情走势、决定买卖时机的一种分析方法。另外，KDJ 指标曲线还可以划趋势线、压力线和支撑线等（我们仅以同花顺软件为例，参数 9，3，3）。

（1）当 KDJ 曲线在 50 上方的高位时，如果 KDJ 曲线的走势形成 M 头（见图 74）或三重顶等顶部反转形态，可能预示着股价由强势转为弱势，股价即将大跌，应及时卖出股票。如果股价的曲线也出现同样形态则更可确认，其跌幅可以用 M 头或三重顶等形态理论来研判。

（2）当 KDJ 曲线在 50 下方的低位时，如果 KDJ 曲线的走势出现 W 底或三重底等底部反转形态，可能预示着股价由弱势转为强势，股价即将反弹向上，可以逢低少量吸纳股票。如果股价曲线也出现同样形态更可确认，其涨幅可以用 W 底或三重底形态理论来研判。

（3）KDJ 曲线的形态中 M 头和三重顶形态的准确性要大于 W 底和三重底。

KDJ 指标黄金交叉

（1）当股价经过一段很长时间的低位盘整行情，并且 K、D、J 三线都处于 50 线以下时，一旦 J 线和 K 线几乎同时向上突破 D 线时，表明股市即将转强，股价跌势已经结束，将止跌朝上，可以开始买进股票，进行中长线建仓。这是

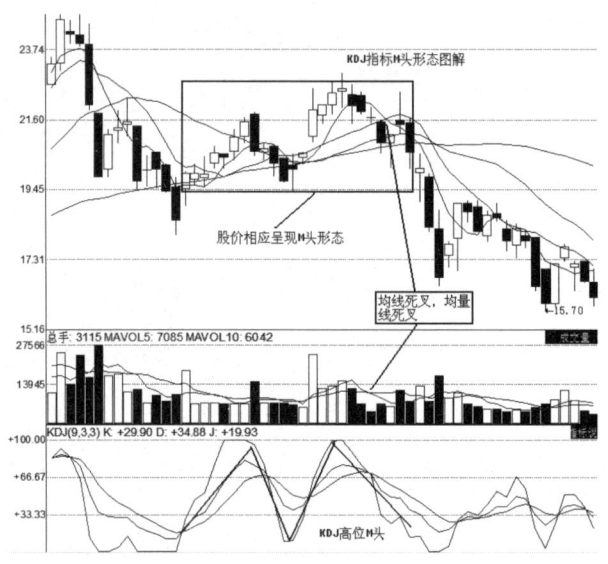

图 74　KDJ 指标 M 头形态图解

KDJ 指标"黄金交叉"的一种形式（见图 75）。

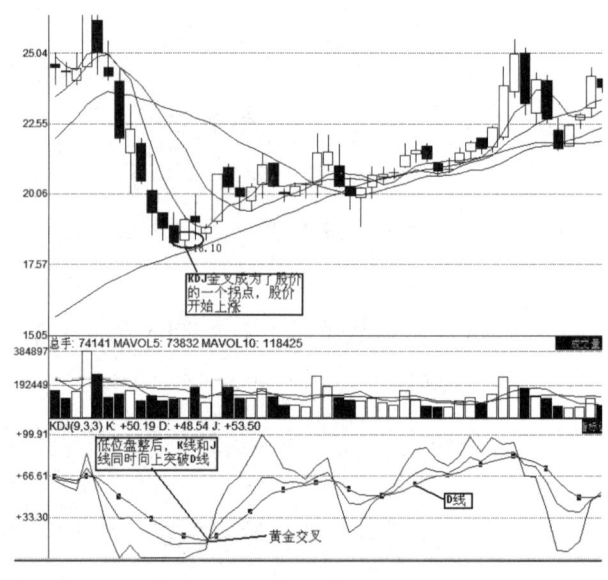

图 75　KDJ 指标第一种黄金交叉图解

（2）当股价经过一段时间的上升过程中的盘整行情，并且 K、D、J 线都处于 50 线附近徘徊时，一旦 J 线和 K 线几乎同时再次向上突破 D 线，成交量再度放出时，表明股市处于一种强势之中，股价将再次上涨，可以加码买进股票或持股待涨，这就是 KDJ 指标"黄金交叉"的一种形式（见图 76）。

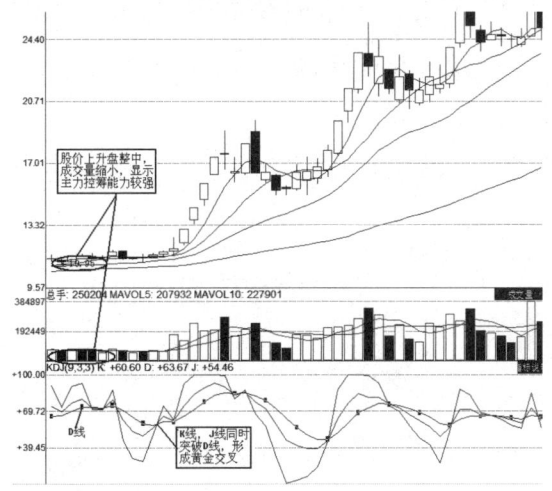

图 76　KDJ 指标第二种黄金交叉形态图解

KDJ 指标死亡交叉

（1）当股价经过前期一段很长时间的上升行情后，股价涨幅已经很大的情况下，一旦 J 线和 K 线在高位（80 以上）几乎同时向下突破 D 线时，表明股市即将由强势转为弱势，股价将大跌，这时应卖出大部分股票而不能买股票，这就是 KDJ 指标的"死亡交叉"的一种形式（见图 77）。

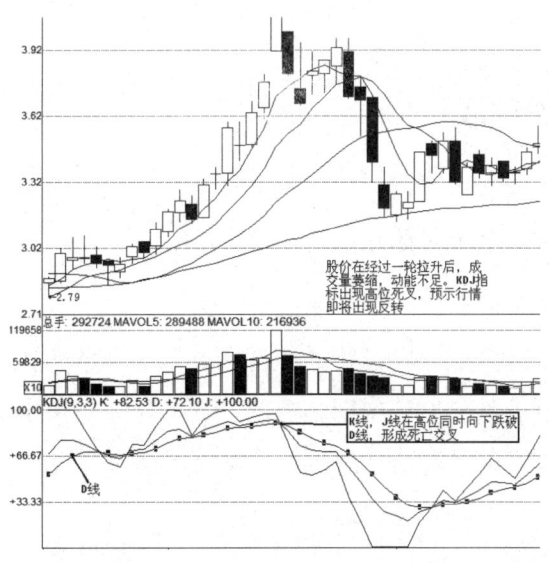

图 77　KDJ 指标第一种死亡交叉形态图解

（2）当股价经过一段时间的下跌后，而股价向上反弹的动力缺乏，各种均线对股价形成较强的压力时，KDJ 曲线在经过短暂的反弹到 80 线附近，但未能重返 80 线以上时，一旦 J 线和 K 线再次向下突破 D 线时，表明股市将再次进入极度弱市中，股价还将下跌，可以再卖出股票或观望，这是 KDJ 指标"死亡交叉"的另一种形式（见图 78）。

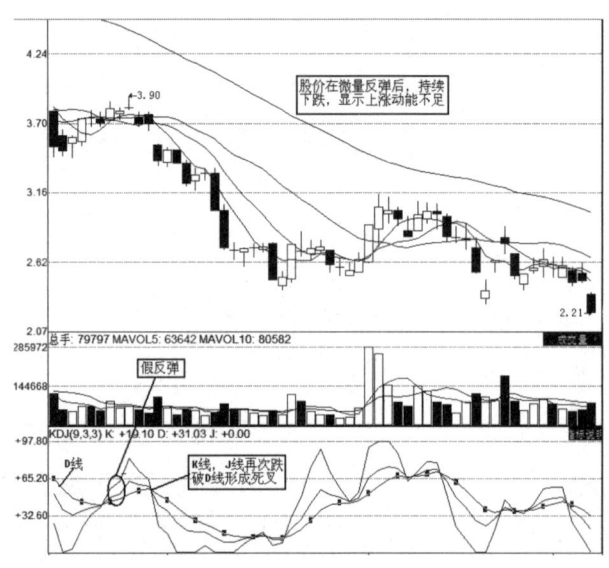

图 78　KDJ 指标第二种死亡交叉形态图解

KDJ 指标的实战技巧

在实战中，KDJ 指标主要用于中短线的操作。

一、9 周 KDJ 抄底选股技法

利用周线 KDJ 抄大底，在可比的底部区域做多是胜率极高的赢家之道。由于 9 周 KDJ 指标反映的是股价中期趋势的涨跌变化，其买卖信号的中线参考价值较高。但对于运用 9 周 KDJ 抄底的个股需要具备以下几个条件：

①个股股性活跃，震荡幅度大。
②近期顶部无明显逃庄行为。

③盘子适中，流通盘小于 9 000 万股（最好小于 6 500 万股）。

④自顶部累计下跌或中期单边急跌幅度较大。

符合上述条件的个股用 9 周 KDJ 抄底准确性极高，具体信号特征如下：

1. 9 周 KDJ 在 20 以下出现黄金交叉，往往是最佳的切入时间（见图 79）。一般中短线至少都有一定力度的反弹上扬行情。

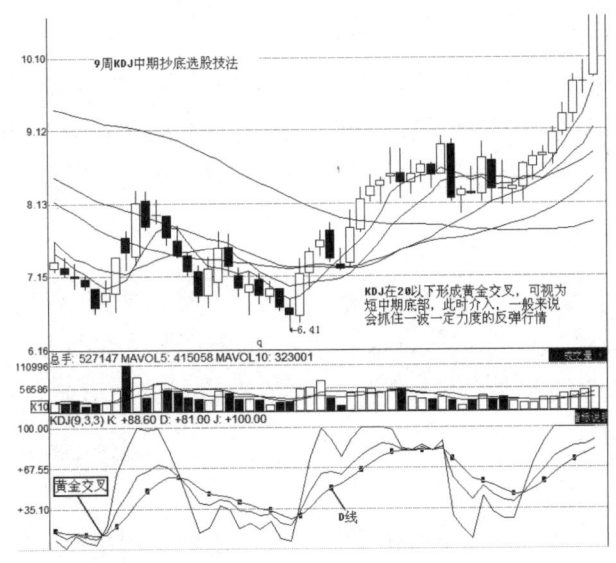

图 79　9 周 KDJ 抄底选股法图解

（2）KDJ 在 20 左右（可略高于 20）或在 50 左右发生金叉时，往往是中短期底部。只有当 KDJ 有较明显底背离（股价创新低，KD 指标拒绝创新低）信号时，以及低位双交叉或多次交叉时，才可认为是中期底部（或次中级底部）来临。

（3）J 线指标为负，出现 2 周以上（往往 3～5 周）。底部钝化，时常会引发低位反弹。投资者可以把此时看作中短期底部，但暂以快进快出、获利就跑的态度参与。除非出现 9 周 RSI，14 周 RSI 低于 20，或 KDJ 低位（20 左右）底背离及 KDJ 两次以上交叉等更为可靠的中长线信号时，才能转为抄底后中线持有。

二、持股待涨信号

（1）当 KDJ 曲线向上突破 80 以后，如果 KDJ 曲线一直运行在 80 以上区域，则意味股价处于强势上涨行情之中，这是 KDJ 指标发出的持股待涨信号，如果股价也同时依托中短期均线上行，这种持股信号更加明显。此时，投资者应坚决短线持股待涨。

（2）当 KDJ 曲线中的三条曲线同时向上运行，表明股价是处于强势上升行情之中，这也是 KDJ 发出的持股待涨信号。只要 KDJ 指标中的 K 线和 J 线不向下跌破 D 线，并且 D 线的运行方向始终朝上，投资者则可一路持股待涨。

三、持币观望信号

（1）当 KDJ 曲线向下突破 50 以后，如果 KDJ 曲线一直运行在 50 以下区域，则意味着股价处于弱势下跌行情之中，这是 KDJ 指标发出的持币待涨信号，如果股价也同时被中短期均线压制下行，这种持币观望信号更加明显。此时，投资者应坚决持币观望。

（2）当 KDJ 曲线在中高位（50 以上）死叉后，如果三条曲线同时向下发散，表示股价是处于弱势下跌行情之中，这也是 KDJ 指标发出的持币观望信号。此时，投资者应坚决持股观望。这种持股信号更加明显。此时，投资者应坚决短线持股待涨。

例 1：ST 香梨（600506）于 2008 年 4 月 23 日，J 值率先上穿 20，发出买入信号，在这之前的 7 个交易日中，K 值、D 值和 J 值始终小于 20，而且成交

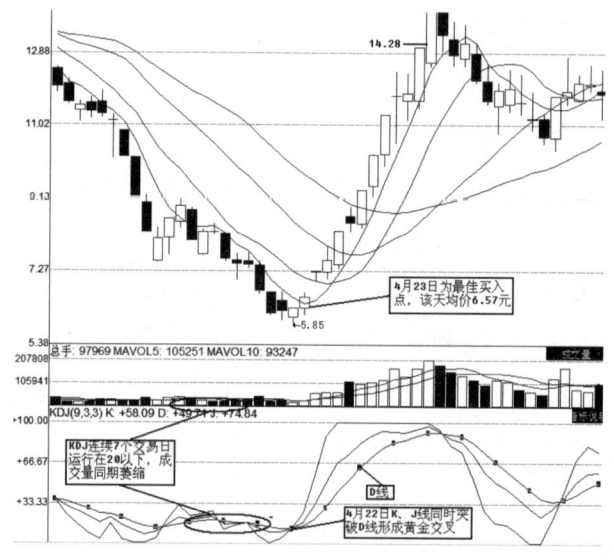

图 80　ST 香梨 KDJ 买点图解

量也一直处于萎缩状态中（见图 80）。4 月 22 日该股的 J 值同时上穿过 K 值和 D 值，并在 23 日突破成功 600506，发出买入信号当天的收盘价是 6.57 元，此后，直线上升，13 个交易日就涨到 14.28 元，涨幅超过 140%。

例 2：银鸽投资（600069）2006 年 4 月中报显示主营业务收入同比增长 44.63%，净利润同比增长 51.69%，发展前景看好。4 月 27KDJ 指标已金叉发出买入信号（见图 81），在 28 日以当天均价 3.19 元买入短线持有，8 个交易日后以均价 4.16 元卖出，每股赚 1 元。

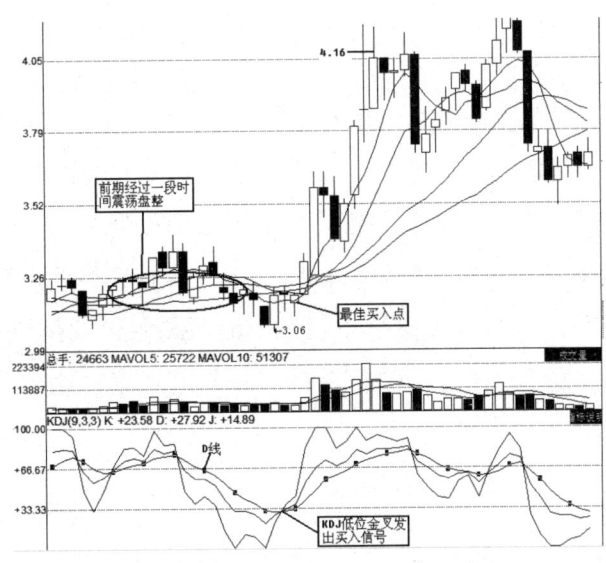

图 81　银鸽投资 KDJ 买入图解

第八章 布林线指标——BOLL

BOLL 指标又叫布林线指标，其英文全称是"Bolinger Bands"，是用该指标的创立人约翰·布林的姓来命名的，是研判股价运动趋势的一种中长期技术分析工具。直观地讲，布林线是围绕股价的上下波动而划出的一个通道，其目的就是对股价设定的一个相对高和相对低的界定。当股价靠近上轨线的时候，就显示股价偏高。反之，当股价靠近下轨线的时候，股价就偏低了。BOLL 指标是一种简单而有效的实战指标，如果你能灵活地掌握它，那么就可以大大提升获利的能力。

BOLL 指标的原理解析

BOLL 指标是美国股市分析家约翰·布林根据统计学中的标准差原理设计出来的一种非常简单实用的技术分析指标。一般而言，股价的运动总是围绕某一价值中枢（如均线、成本线等）在一定的范围内变动，布林线指标指标正是在上述条件的基础上，引进了"股价通道"的概念，其认为股价通道的宽窄随着股价波动幅度的大小而变化，而且股价通道又具有变异性，它会随着股价的变化而自动调整。正是由于它具有灵活性、直观性和趋势性的特点，BOLL 指标渐渐成为投资者广为应用的热门指标。

在众多技术分析指标中，BOLL 指标属于比较特殊的一类指标。绝大多数技术分析指标都是通过数量的方法构造出来的，它们本身不依赖趋势分析和形态分析，而 BOLL 指标却与股价的形态和趋势有着密不可分的联系。BOLL 指标中的"股价通道"概念正是股价趋势理论的直观表现形式。BOLL 是利用"股价通道"来显示股价的各种价位，当股价波动很小，处于盘整时，股价通道就会变窄，这可能预示着股价的波动处于暂时的平静期；当股价波动超出狭窄的股价通道的上轨时，预示着股价异常激烈的向上波动即将开始；当股价波动超出狭窄的股价通道的下轨时，同样也预示着股价异常激烈的向下波动将开始。

投资者常常会遇到两种最常见的交易陷阱，一是买低陷阱，投资者在所谓的低位买进之后，股价不仅没有止跌反而不断下跌；二是卖高陷阱，股票在所谓的高点卖出后，股价却一路上涨。布林线特别运用了爱因斯坦的相对论，认为各类市场间都是互动的，市场内和市场间的各种变化都是相对性的，是不存在绝对性的，股价的高低是相对的，股价在上轨线以上或在下轨线以下只反映该股股价相对较高或较低，投资者作出投资判断前还须综合参考其他技术指标，包括价量配合，心理类指标，类比类指标，市场间的关联数据等。

总之，BOLL 指标中的股价通道对预测未来行情的走势起着重要的参考作用，它也是布林线指标所特有的分析手段。

一、BOLL 指标的计算方法

在所有的指标计算中，BOLL 指标的计算方法是最复杂的之一，其中引进了统计学中的标准差概念，涉及中轨线（MB）、上轨线（UP）和下轨线（DN）的计算。另外，和其他指标的计算一样，由于选用的计算周期的不同，BOLL 指标也包括日 BOLL 指标、周 BOLL 指标、月 BOLL 指标、年 BOLL 指标以及分钟 BOLL 指标等各种类型。经常被用于股市研判的是日 BOLL 指标和周 BOLL 指标。虽然它们的计算时的取值有所不同，但基本的计算方法一样。

以日 BOLL 指标计算为例，其计算方法如下：

1. 日 BOLL 指标的计算公式

中轨线 = N 日的移动平均线

上轨线 = 中轨线 + 两倍的标准差

下轨线 = 中轨线 − 两倍的标准差

2. 日 BOLL 指标的计算过程

（1）计算 MA：

MA = N 日内的收盘价之和 ÷ N

（2）计算标准差 MD：

MD = 平方根 N 日的（C − MA）的二次方之和除以 N

（3）计算 MB、UP、DN 线：

MB =（N − 1）日的 MA

UP = MB + 2 × MD

DN = MB − 2 × MD

在股市分析软件中，BOLL 指标一共由四条线组成，即上轨线 UP、中轨线 MID、下轨线 DN（在部分软件中以 LOWER 表示）和价格线。其中上轨线 UP 是 UP 数值的连线；中轨线 MB 是 MB 数值的连线；下轨线 DN 是 DN 数值的连线；价格线以美国线表示。和其他技术指标一样，在实战中，投资者不需要进行 BOLL 指标的计算，主要是了解 BOLL 的计算方法和过程，以便更加深入地掌握 BOLL 指标的实质，为运用指标打下基础。

二、BOLL 指标的应用原则

BOLL 指标中的上、中、下轨线的意义

（1）BOLL 指标中的上、中、下轨线所形成的股价通道的移动范围是不确定的，通道的上下限随着股价的上下波动而变化。在正常情况下，股价应始终处于股价通道内运行。如果股价脱离股价通道运行，则意味着行情处于极端的状态下。

（2）在 BOLL 指标中，股价通道的上下轨是显示股价安全运行的最高价位和最低价位。上轨线、中轨线和下轨线都可以对股价的运行起到支撑作用，而上轨线和中轨线有时则会对股价的运行起到下压作用。

（3）一般而言，当股价在布林线的中轨线上方运行时，表明股价处于强势趋势；当股价在布林线的中轨线下方运行时，表明股价处于弱势趋势。

BOLL 指标中的上、中、下轨线之间的关系

（1）当布林线的上、中、下轨线同时向上运行时，表明股价强势特征非常明显，股价短期内将继续上涨，投资者应坚决持股待涨或逢低买入。

（2）当布林线的上、中、下轨线同时向下运行时，表明股价的弱势特征非常明显，股价短期内将继续下跌，投资者应坚决持币观望或逢高卖出。

（3）当布林线的上轨线向下运行，而中轨线和下轨线却还在向上运行时，表明股价处于整理态势之中。如果股价是处于长期上升趋势时，则表明股价是上涨途中的强势整理，投资者可以持股观望或逢低短线买入；如果股价是处于长期下跌趋势时，则表明股价是下跌途中的弱势整理，投资者应以持币观望或逢高减仓为主。

（4）布林线的上轨线向上运行，而中轨线和下轨线同时向下运行的可能性非常小，这里就不作研判。

（5）当布林线的上、中、下轨线几乎同时处于水平方向横向运行时，则要看股价目前的走势处于什么样的情况下来判断。

①当股价前期一直处于长时间的下跌行情后开始出现布林线的三条线横向移动时，表明股价是处于构筑底部阶段，投资者可以开始分批少量建仓。一旦三条线向上发散则可加大买入力度。

②当股价前期是处于小幅的上涨行情后开始出现布林线的三条线横向移动，表明股价是处于上升阶段的整理行情，投资者可以持股待涨或逢低短线吸纳，一旦三条线向上发散则可短线加码买入。

③当股价刚刚经历一轮大跌行情时开始出现布林线的三条线横向移动，表明股价是处于下跌阶段的整理行情，投资者应以持币观望和逢高减磅为主，一旦三条线向下发散则坚决清仓离场。

④布林线三条线在顶部横向运动的可能性极小，这里也不作研判。

美国线（或 K 线，下同）和布林线上、中、下轨之间的关系

（1）当美国线从布林线的中轨线以下向上突破布林线中轨线时，预示着股价的强势特征开始出现，股价将上涨，投资者应以中长线买入股票为主。

（2）当美国线从布林线的中轨线以上向上突破布林线上轨时，预示着股价的强势特征已经确立，股价将可能短线大涨，投资者应以持股待涨或短线买入为主。

（3）当美国线向上突破布林线上轨以后，其运动方向继续向上时，如果布

林线的上、中、下轨线的运动方向也同时向上，则预示着股市的强势特征依旧，股价短期内还将上涨，投资者应坚决持股待涨，直到美国线的运动方向开始有掉头向下的迹象时才密切注意行情是否转势。

（4）当美国线在布林线上方向上运动了一段时间后，如果美国线的运动方向开始掉头向下，投资者应格外小心，一旦美国线掉头向下并突破布林线上轨时，预示着股价短期的强势行情可能结束，股价短期内将大跌，投资者应及时短线卖出股票、离场观望。特别是对于那些短线涨幅很大的股票。

（5）当美国线从布林线的上方、向下突破布林线上轨后，如果布林线的上、中、下轨线的运动方向也开始同时向下，预示着股价的短期强势行情即将结束，股价的短期走势不容乐观，投资者应以逢高减磅为主。

（6）当美国线从布林线中轨上方、向下突破布林线的中轨时，预示着股价前期的强势行情已经结束，股价的中期下跌趋势已经形成，投资者应中线及时卖出股票。如果布林线的上、中、下线也同时向下则更能确认。

（7）当美国线向下跌破布林线的下轨并继续向下时，预示着股价处于极度弱势行情，投资者应坚决以持币观望为主，尽量不买入股票。

（8）当美国线在布林线下轨运行了一段时间后，如果美国线的运动方向有掉头向上的迹象时，表明股价短期内将止跌企稳，投资者可以少量逢低建仓。

（9）当美国线从布林线下轨下方、向上突破布林线下轨时，预示着股价的短期行情可能回暖，投资者可以及时适量买进股票，作短线反弹行情。

（10）当美国线一直处于中轨线上方，并和中轨线一起向上运动时，表明股价处于强势上涨过程中，只要美国线不跌破中轨线，投资者可坚决一路持股。

（11）当美国线一直处于中轨线下方，并和中轨线一起向下运动时，表明股价处于弱势下跌过程中，只要美国线不向上反转突破中轨线，稳健的投资者都可一路观望。

BOLL 指标的研判标准

一、BOLL 指标喇叭口研判

布林线"喇叭口"的研判是 BOLL 指标所独有的研判手段。所谓布林线

"喇叭口"是指在股价运行的过程中，布林线的上轨线和下轨线分别从两个相反的方向与中轨线大幅扩张或靠拢而形成的类似于喇叭口的特殊形状。

开口型喇叭口

当股价经过长时间的底部整理后，布林线的上轨线和下轨线逐渐收缩，上下轨线之间的距离越来越小，随着成交量的逐渐放大，股价突然出现向上急速飙升的行情，此时布林线上轨线也同时急速向上扬升，而下轨线却加速向下运动，这样布林线上下轨之间的形状就形成了一个类似于大喇叭的特殊形态，我们把布林线的这种喇叭口称为开口型喇叭口（见图82）。

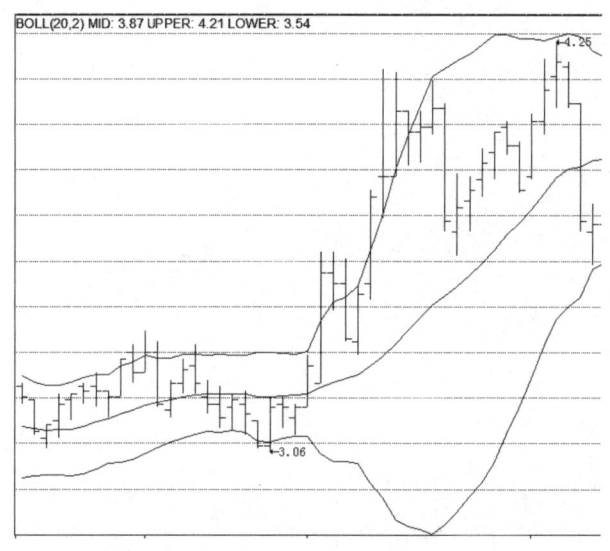

图 82　BOLL 开口喇叭形态

开口型喇叭口是一种显示股价短线大幅向上突破的形态。它是形成于股价经过长时间的低位横盘筑底后，面临着向上变盘时所出现的一种走势。布林线的上、下轨线出现方向截然相反而力度却很大的走势，预示着多头力量逐渐强大而空头力量逐步衰竭，股价将处于短期大幅拉升行情之中。

开口型喇叭口形态的形成必须具备两个条件。其一，是股价要经过长时间的中低位横盘整理，整理时间越长、上下轨之间的距离越小，则未来涨升的幅度越大；其二，布林线开始开口时，要有明显变大的成交量出现。

开口喇叭口形态的确立是以美国线（或 K 线）向上突破上轨线、股价带量向上突破中长期均线为准。对于开口喇叭口形态的出现，投资者如能及时短线买进定会获利丰厚。

收口型喇叭口

当股价经过短时间的大幅拉升后，布林线的上轨线和下轨线逐渐扩张，上下轨线之间的距离越来越大，随着成交量的逐步减少，股价在高位出现了急速下跌的行情，此时布林线的上轨线开始急速掉头向下，而下轨线还在加速上升，这样布林线上下轨之间的形状就变成一个类似于倒的大喇叭的特殊形态，我们把布林线的这种喇叭口称为收口型喇叭口（见图83）。

图83　BOLL 收口喇叭形态

收口型喇叭口是一种显示股价短线大幅向下突破的形态。它是形成于股价经过短时期的大幅拉升后，面临着向下变盘时所出现的一种走势。布林线的上下轨线出现方向截然相反而力度很大的走势，预示着空头力量逐渐强大而多头力量开始衰竭，股价将处于短期大幅下跌的行情之中。

收口型喇叭口形态的形成虽然对成交量没有要求，但它也必须具备一个条件，即股价经过前期大幅的短线拉升，拉升的幅度越大、上下轨之间的距离越大则未来下跌幅度越大。

收口型喇叭口形态的确立是以股价的上轨线开始掉头向下、股价向下跌破短期均线为准。对于收口型喇叭口形态的出现，投资者如能及时卖出则能保住收益、减少较大的下跌损失。

紧口型喇叭口

当股价经过长时间的下跌后，布林线的上下轨向中轨逐渐靠拢，上下轨之间的距离越来越小，随着成交量的越来越小，股价在低位的反复振荡，此时布林线的上轨还在向下运动，而下轨线却在缓慢上升。这样布林线上下轨之间的形状就变成一个类似于倒的小喇叭的特殊形态，我们把布林线的这种喇叭口称为紧口型喇叭口（见图84）。

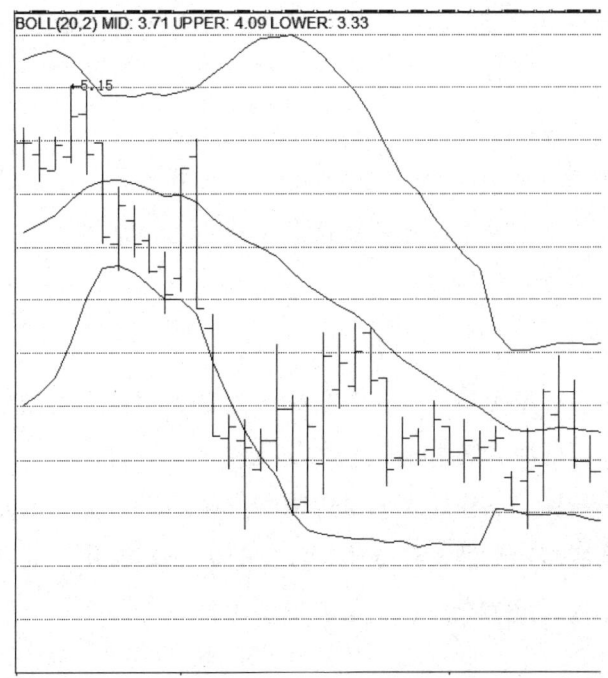

图 84　BOLL 紧口喇叭形态

紧口型喇叭口是一种显示股价将长期小幅盘整筑底的形态。它是形成于股价经过长期大幅下跌后。面临着长期调整的一种走势。布林线的上下轨线的逐步小幅靠拢，预示着多空双方的力量逐步处于平衡，股价将处于长期横盘整理的行情中。

紧口型喇叭口形态的形成条件和确认标准比较宽松，只要股价经过较长时间的大幅下跌后，成交极度萎缩，上下轨之间的距离越来越小的时候就可认定紧口型喇叭初步形成。当紧口型喇叭口出现后，投资者既可以观望等待，也可以少量建仓。

二、中轨的买卖标志

（1）当美国线（或 K 线）向上突破布林线中轨时，如果股价也放量突破股价中期均线，则意味着股价中短期向上扬升趋势开始形成，这是布林线指标揭示的中短期买入标志。

（2）当美国线（或 K 线）向上突破布林线中轨后，如果股价依托布林线中轨向上攀升时，则意味着股价的中短期向上趋势已经形成，这是布林线指标揭示的逢低买入或持股标志。

（3）当美国线（或 K 线）向下跌破布林线中轨时，如果股价也先后跌破中短期均线，则意味着股价的中短期向下阴跌趋势开始形成，这是布林线指标揭示的中短期卖出标志。

（4）当美国线（或 K 线）向上突破布林线中轨后，如果股价被布林线中轨压制下行时，则意味着股价的中短期下降趋势已经形成，这是布林线指标揭示的持币观望标志。

三、BOLL 指标与 KDJ 指标的配合使用

KDJ 指标是超买超卖类指标，而布林线则是支撑压力类指标。两者结合在一起的好处是：可以使 KDJ 指标的信号更为精准，同时，由于价格日 K 线指标体系中的布林线指标，往往反映的是价格的中期运行趋势，因此利用这两个指标来判定价格到底是短期波动还是中期波动具有一定作用，尤其适用于判断价格到底是短期见顶（底），还是进入了中期上涨（下跌），具有比较好的研判效果。

我们知道，布林线中的上轨有压力作用，中轨和下轨有支撑（压力）作用，因此当价格下跌到布林线中轨或者下档时，可以不理会 KDJ 指标所发出的信号而采取操作。当然，如果 KDJ 指标也走到了低位，那么应视作短期趋势与中期趋势相互验证的结果，而采取更为积极的操作策略。但要注意的是，当价格下跌到布林线下轨时，即使受到支撑而出现回稳，KDJ 指标也同步上升，可趋势转向的信号已经发出，所以至多只能抢一次反弹。而当 KDJ 指标走上 80 高位时，采取卖出行动就较为稳妥，因为当股价跌破布林线中轨后将引发布林线开口变窄，此时要修复指标至少需要进行较长时间的盘整，所以说无论从防

范下跌风险，还是从考虑持有的机会成本来看，都不宜继续持有。

BOLL 指标的实战技巧

BOLL 指标的实战技巧主要集中在股价 K 线（或美国线）与 BOLL 指标的上、中、下轨之间的关系及布林线的开口和收口的状况等方面。由于在部分软件上 BOLL 指标是在主图上，为了更准确地研判行情，我们可以采用 BOLL 指标和 TRIX 指标相结合来研判行情。下面以分析家上的 BOLL 指标为例，来揭示其买卖和观望功能。（注：在大部分软件上，BOLL 指标的参数一般不作修改）。

一、BOLL 线寻找黑马股

实际操作中，我们可以应用 BOLL 寻找黑马股。对于经过布林带宽持久收缩而刚刚张口的启动黑马，以及对于布林出轨后能够连续在布林上轨运行的非常黑马，投资者可依托中轨，及 3 天、7 天、21 天中短均线助涨，以及价量盘口力道买入并守仓。以 3、7、21 天线死叉，布林中轨失守作为黑马的第二止赢点、清仓点。

我们来看一个例子。深深房（000029）（见图 85）2002 年三月发动了一波非常黑马行情，从布林张口发出买入信号，一路冲出上轨连续单边走强，3 月

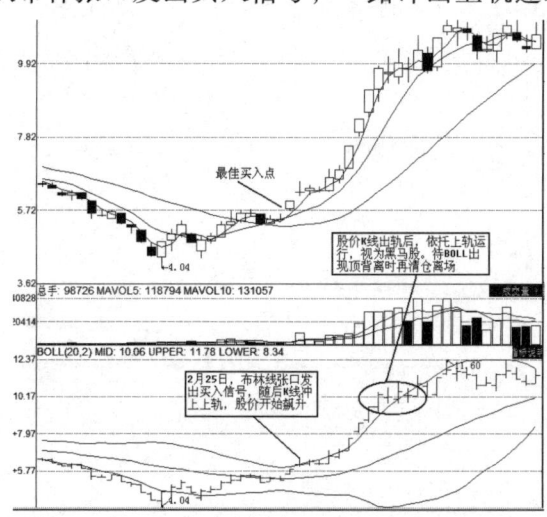

图 85　深深房 BOLL 捕捉黑马图解

19 日冲上轨后，短线获利颇丰。

二、BOLL 提供买卖信号

（1）当股价 K 线带量向上突破布林线的上轨，并且 TRIX 指标也已经发出底位"金叉"时，说明股价即将进入一个中长期上升通道之中，这是 BOLL 指标发出的买入信号。此时，投资者应及时地买入股票。

（2）当布林线轨道经过很长一段时间的底位窄幅水平运动后，一旦股价 K 线带量向上突破布林线的上轨，同时原本狭窄的布林线通道突然开口向上时，说明股价即将脱离原来的水平运行通道，进入新的上升通道之中，这也是 BOLL 指标发出的买入信号。

（3）当股价 K 线向下突破布林线的中轨，并且 TRIX 指标也在已经发出高位"死叉"时，说明股价即将进入一个中长期下降通道之中，这是 BOLL 指标发出的卖出信号。此时，投资者应尽早清仓离场。

（4）当布林线轨道经过很长一段时间的高位窄幅水平运动后，一旦股价 K 线向下突破布林线的下轨，同时原本狭窄的布林线通道突然开口向下时，说明股价即将脱离原来的水平运行通道，进入新的下降通道之中，这也是 BOLL 指标发出的卖出信号。

例1：2001 年 6 月 5 日，科学城（000975）（见图 86）的庄家破土而出，

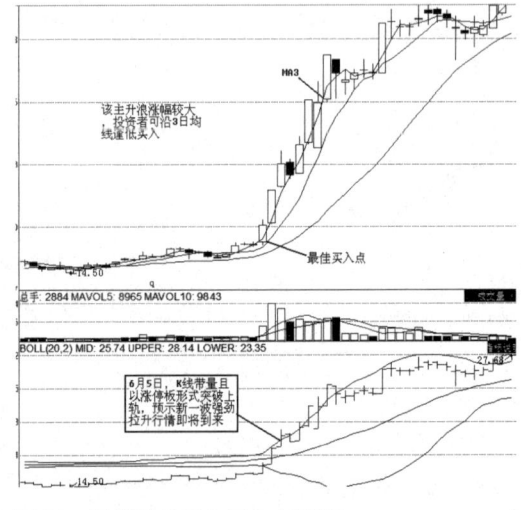

图 86　科学城 BOLL 买入点图解

正式开口向市场要钱。该股以涨停板的方式一举击穿 BOLL 指标的上轨，从而导致了该指标快速张口，随着股价的进一步强劲上扬，BOLL 指标的口也越张越大，说明该股正处于主升浪之中。这时候，投资者可积极地逢低介入，第一个买入良机为 K 线击穿上轨之时，之后可以沿着 3 天均线分批介入。

例 2：2000 年 10 月 20 日，上海邮通（现名上海普天）（600680）的股价开始沿着通道上轨运行，一直持续到 11 月 9 日，股价每天均以小阳线的方式直达前期箱顶——18 元附近，然后便加速上扬，仅花了几个交易日时间，股价就大涨 30% 左右（见图 87）。可见，BOLL 指标对于箱形调整的个股的买卖点提示和股价的突破有很强的预报作用，大家对此应该多加注意。

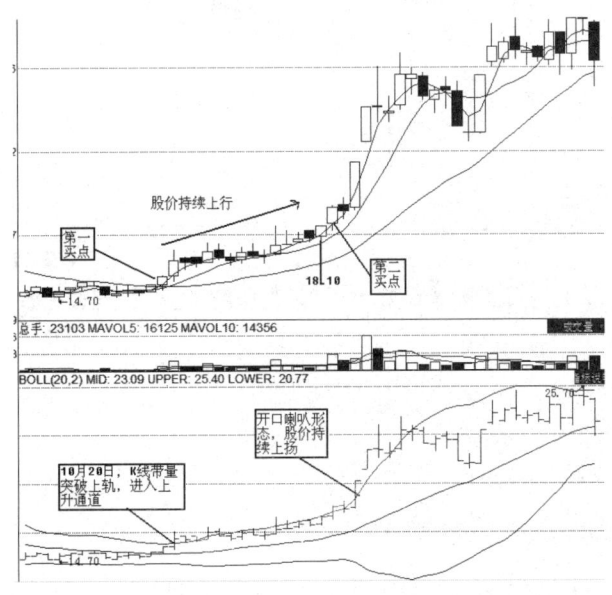

图 87　上海邮通 BOLL 买入点图解

三、持股持币信号

（1）当布林线开口向上后，只要股价 K 线始终运行在布林线的中轨上方的时候，说明股价一直处在一个中长期上升轨道之中，这是 BOLL 指标发出的持股待涨信号，如果 TRIX 指标也是发出持股信号时，这种信号更加准确。此时，投资者应坚决持股待涨。

（2）当布林线开口向下后，只要股价 K 线始终运行在布林线的中轨下方的时候，说明股价一直处在一个中长期下降轨道之中，这是 BOLL 指标发出的持币观望信号，如果 TRIX 指标也是发出持币信号时，这种信号更加准确。此时，投资者应坚决持币观望。

例：深宝安（000009）（现名中国宝安）该股在 2008 年 11 月 7 日探底 3.41 元后返身向上，由下向上穿越下轨 LOWER 线，可以初步认定为反转成立，激进型投资者此时便可以介入，谨慎型投资者可待其穿越中轨 MID 线时再行介入。一路持股至滞涨，获利可达 40% 以上（见图 88）。

图 88　中国宝安 BOLL 买入图解

第九章　相对强弱指标——RSI

相对强弱指标 RSI 又叫力度指标，其英文全称为"Relative Strength Index"，由威尔斯·魏尔德（Welles Wilder）所创造的，是目前股市技术分析中比较常用的中短线指标。事实上，强弱指标最早被应用于期货买卖，后来人们发现在众多的图表技术分析中，强弱指标的理论和实践极其适合于股票市场的短线投资，于是被用于股票升跌的测量和分析中。RSI 指标实用性很强，具有可以领先其他技术指标提前发出买入或卖出信号等诸多优势，是中国股市中最具实战性的指标之一。

RSI 指标的原理解析

相对强弱指标 RSI 是根据股票市场上供求关系平衡的原理，通过比较一段时期内单个股票价格的涨跌的幅度或整个市场的指数的涨跌的大小来分析判断市场上多空双方买卖力量的强弱程度，从而判断未来市场走势的一种技术指标。说得再简单一点，RSI 指标就是以数字计算的方法求出买卖双方的力量对比，譬如有 100 个人面对一件商品，如果 50 个人以上要买，竞相抬价，商品价格必涨。相反，如果 50 个人以上争着卖出，价格自然下跌。

从它构造的原理来看，与 MACD、TRIX 等趋向类指标相同的是，RSI 指标是对单个股票或整个市场指数的基本变化趋势做出分析，而与 MACD、TRIX 等不同的是，RSI 指标是先求出单个股票若干时刻的收盘价或整个指数若干时刻收盘指数的强弱，而不是直接对股票的收盘价或股票市场指数进行平滑处理。

相对强弱指标 RSI 是一定时期内市场的涨幅与涨幅加上跌幅的比值。它是买卖力量在数量上和图形上的体现，投资者可根据其所反映的行情变动情况及轨迹来预测未来股价走势。在实践中，人们通常将其与移动平均线相配合使用，借以提高行情预测的准确性。

一、RSI 指标的计算方法

相对强弱指标 RSI 的计算公式有两种。

其一：

假设 A 为 N 日内收盘价的正数之和，B 为 N 日内收盘价的负数之和乘以（－1）。

这样，A 和 B 均为正，将 A、B 代入 RSI 计算公式，则：

RSI（N）＝A÷（A＋B）×100

其二：

RS（相对强度）＝N 日内收盘价涨数和之均值÷N 日内收盘价跌数和之均值

RSI（相对强弱指标）＝100－100÷（1＋RS）

这两个公式虽然有些不同，但计算的结果一样。

以 14 日 RSI 指标为例，从当起算，倒推包括当日在内的 15 个收盘价，以每一日的收盘价减去上一日的收盘价，得到 14 个数值，这些数值有正有负。这样，RSI 指标的计算公式具体如下：

A＝14 个数字中正数之和

B＝14 个数字中负数之和乘以（－1）

RSI（14）＝A÷（A＋B）×100

式中：A 为 14 日中股价向上波动的大小；

B 为 14 日中股价向下波动的大小；

A＋B 为股价总的波动大小。

RSI 的计算公式实际上就是反映了某一阶段价格上涨所产生的波动占总的波动的百分比率，百分比越大，强势越明显；百分比越小，弱势越明显。RSI 的取值介于 0~100 之间。在计算出某一日的 RSI 值以后，可采用平滑运算法计算以后的 RSI 值，根据 RSI 值在坐标图上连成的曲线即为 RSI 线。

以日为计算周期为例，计算 RSI 值一般是以 5 日、10 日、14 日为一周期。另外也有以 6 日、12 日、24 日为计算周期。一般而言，若采用的周期的日数短，RSI 指标反应可能比较敏感；日数较长，可能反应迟钝。目前，沪深股市中 RSI 所选用的基准周期为 6 日和 12 日。

和其他指标的计算一样，由于选用的计算周期的不同，RSI 指标也包括日 RSI 指标、周 RSI 指标、月 RSI 指标、年 RSI 指标以及分钟 RSI 指标等各种类型。经常被用于股市研判的是日 RSI 指标和周 RSI 指标。虽然它们的计算时的取值有所不同，但基本的计算方法一样。另外，随着股市软件分析技术的发展，投资者只需掌握 RSI 形成的基本原理和计算方法，无须去计算指标的数值，更为重要的是利用 RSI 指标去分析、研判股票行情。

二、RSI 指标的应用原则

第一，RSI 取值的大小：

RSI 的变动范围在 0～100 之间，强弱指标值一般分布在 20～80。如表所示。

RSI 值	市场特征	投资操作
80～100	极强	卖出
50～80	强	买入
20～50	弱	观望
0～20	极弱	买入

这里的"极强""强""弱""极弱"只是一个相对的分析概念，是一个相对的区域。有的投资者也把它们取值为 30、70 或 15、85。另外，对于所取的 RSI 的参数的不同以及股票的不同，RSI 的取值大小的研判也会不同，在下面部分再详加介绍。

第二，RSI 数值的超买超卖：

一般而言，RSI 的数值在 80 以上和 20 以下为超买超卖区的分界线。

（1）当 RSI 值超过 80 时，则表示整个市场力度过强，多方力量远大于空方力量，双方力量对比悬殊，多方大胜，市场处于超买状态，后续行情有可能出现回调或转势，此时，投资者可卖出股票。

（2）当 RSI 值低于 20 时，则表示市场上卖盘多于买盘，空方力量强于多方力量，空方大举进攻后，市场下跌的幅度过大，已处于超卖状态，股价可能出现反弹或转势，投资者可适量建仓、买入股票。

（3）当 RSI 值处于 50 左右时，说明市场处于整理状态，投资者可观望。

（4）对于超买超卖区的界定，投资者应根据市场的具体情况而定。一般市场中，RSI 数值在 80 以上就可以称为超买区，20 以下就可以称为超卖区。但有时在特殊的涨跌行情中，RSI 的超卖超买区的划分要视具体情况而定。比如，在牛市中或对于牛股，超买区可定为 90 以上，而在熊市中或对于熊股，超卖区可定为 10 以下（对于这点是相对于参数设置小的 RSI 而言的，如果参数设置大，则 RSI 很难到达 90 以上和 10 以下）。

第三，长短期 RSI 线的交叉情况：

短期 RSI 是指参数相对小的 RSI，长期 RSI 是指参数相对较大的 RSI。比如，6 日 RSI 和 12 日 RSI 中，6 日 RSI 即为短期 RSI，12 日 RSI 即为长期 RSI。长短期 RSI 线的交叉情况可以作为我们研判行情的方法。

（1）当短期 RSI > 长期 RSI 时，市场则属于多头市场；

（2）当短期 RSI < 长期 RSI 时，市场则属于空头市场；

（3）当短期 RSI 线在低位向上突破长期 RSI 线时，一般为 RIS 指标的"黄金交叉"，为买入信号；

（4）当短期 RSI 线在高位向下突破长期 RSI 线时，一般为 RSI 指标的"死亡交叉"，为卖出信号。

三、RSI 参数的修改

从 RSI 指标的计算方法中可以看出 RSI 指标是以时间为参数，构成参数的时间周期可以是日、月或周、年、分钟等，而这些时间周期又根据股票上市时间的长短和投资者的取舍，理论上可以采取任意的时间长度，但在大多数股市分析软件上，各种时间周期的变动范围又大多数都被限定在 1 ~ 99 内，如 1

日～99 日、1 周～99 周等。

从 RSI 指标的实际运用来看，大多数投资者所选择的时间周期参数为日，而日 RSI 指标参数的使用，又大多局限在 6 日和 12 日等少数几个参数上。如果按照这些短期时间参数来分析股票走势，其 RSI 指标所得出的数值的变动范围大部分是在 40～80 之间，而且波动频率过于繁琐。在这么一个狭小空间里想用 RSI 曲线来比较准确地研判行情走势实属不易，因此，投资者应充分利用各类炒股软件上所提供的各种短中长期日参数，结合 K 线、均线等股市理论来综合研判股票走势。

RSI 指标的形态图解

一、RSI 曲线高位反转形态

当 RSI 曲线在高位（50 以上）形成 M 头或三重顶等高位反转形态时（见图 89），意味着股价的上升动能已经衰竭，股价有可能出现长期反转行情，投资者应及时地卖出股票。如果股价走势曲线也先后出现同样形态则更可确认，股价下跌的幅度和过程可参照 M 头或三重顶等顶部反转形态的研判。

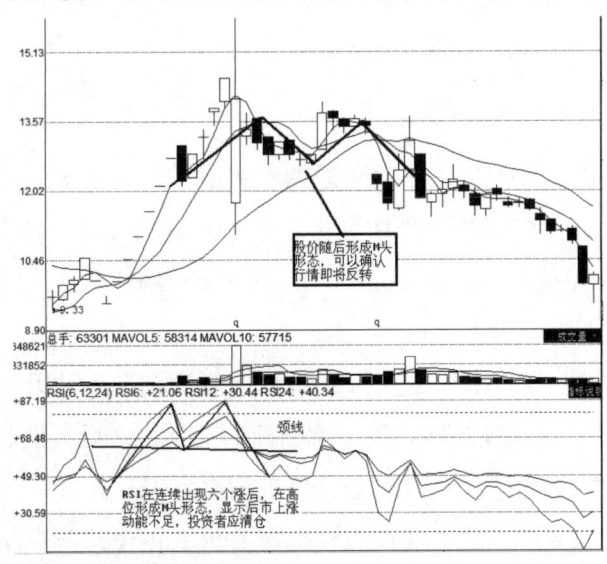

图 89　RSI 曲线 M 头形态图解

二、RSI 曲线低位反转形态

当 RSI 曲线在低位（50 以下）形成 W 底或三重底等低位反转形态时（见图 90），意味着股价的下跌动能已经减弱，股价有可能构筑中长期底部，投资者可逢低分批建仓。如果股价走势曲线也先后出现同样形态则更可确认，股价的上涨幅度及过程可参照 W 底或三重底等底部反转形态的研判。RSI 曲线顶部反转形态对行情判断的准确性要高于底部形态。

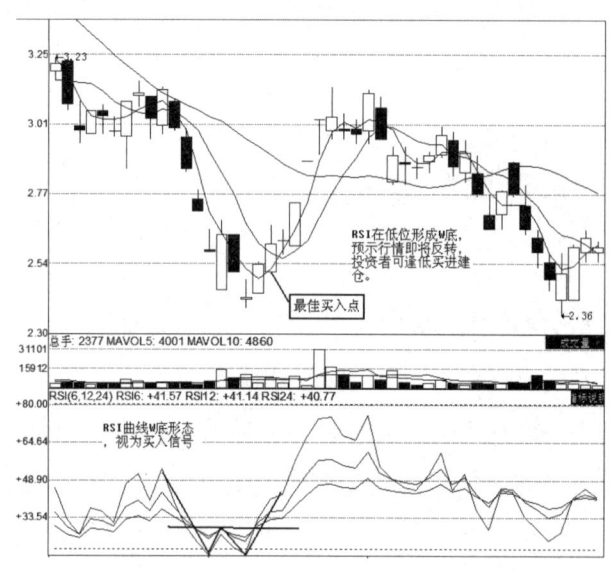

图 90　RSI 曲线 W 底形态图解

三、RSI 曲线顶背离

当 RSI 处于高位，但在创出 RSI 近期新高后，反而形成一峰比一峰低的走势，而此时 K 线图上的股价却再次创出新高，形成一峰比一峰高的走势，这就是顶背离。顶背离现象一般是股价在高位即将反转的信号，表明股价短期内即将下跌，是卖出信号（见图 91）。

在实际走势中，RSI 指标出现顶背离是指股价在进入拉升过程中，先创出一个高点，RSI 指标也相应在 80 以上创出新的高点，之后，股价出现一定幅度的回落调整，RSI 也随着股价回落走势出现调整。但是，如果股价再度向上并超越前期高点创出新的高点时，而 RSI 随着股价上扬也反身向上但没有冲过前期高点就开始回落，这就形成 RSI 指标的顶背离。RSI 出现顶背离后，股价见

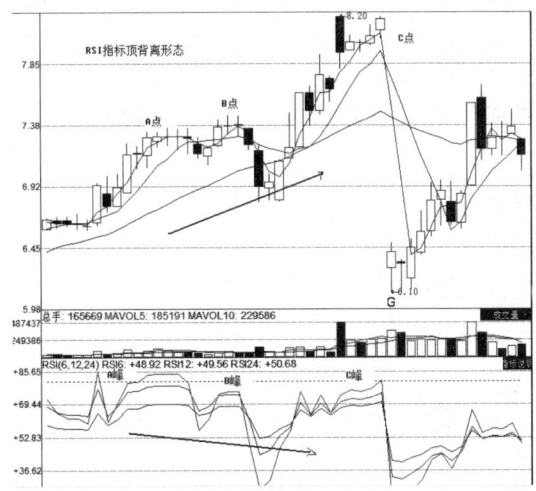

图 91　RSI 曲线顶背离形态图解

顶回落的可能性较大，是比较强烈的卖出信号。

四、RSI 曲线底背离

RSI 的底背离一般是出现在 20 以下的低位区。当 K 线图上的股价一路下跌，形成一波比一波低的走势，而 RSI 线在低位却率先止跌企稳，并形成一底比一底高的走势，这就是底背离。底背离现象一般预示着股价短期内将可能反弹，是短期买入的信号（见图 92）。

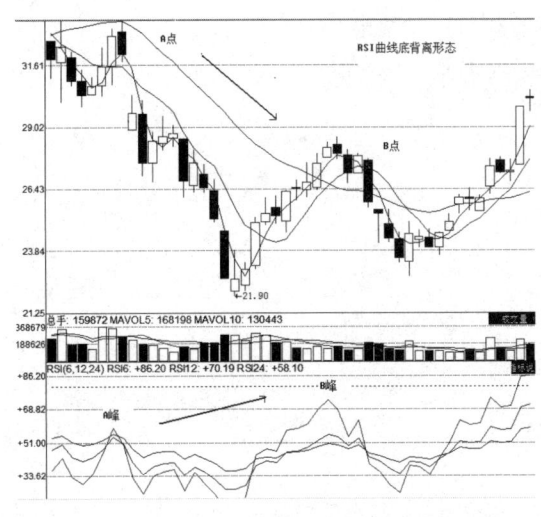

图 92　RSI 曲线底背离形态图解

与 MACD、RSI 等指标的背离现象研判一样，RSI 的背离中，顶背离的研判准确性要高于底背离。当股价在高位，RSI 在 80 以上出现顶背离时，可以认为股价即将反转向下，投资者可以及时卖出股票；而股价在低位，RSI 也在低位出现底背离时，一般要反复出现几次底背离才能确认，并且投资者只能做战略建仓或做短期投资。

RSI 指标的实战技巧

一、RSI 指标选股技巧

首先将参数调整为 6，13，34（见图 93）。

（1）RSI34 为多空双方的分水岭；

（2）RSI6 和 RSI13 在 RSI34 上方运行表示强势；

（3）一旦 RSI6 和 RSI13 下穿 RSI34 说明涨势弱化，空方占据主动；

（4）股价连创新低，但 RSI 却不创新低（出现背离走势），应择机买入。

图 93　RSI 指标选股技法图解

二、RSI 指标买卖信号

（1）当 RSI 曲线在 50 数值下方，几乎同时向上突破 50 数值这条 RSI 指标的多空平衡线时，表明股票的多头力量开始增强，股价将向上攀升，这也是 RSI 指标所指示的中线买入信号。特别是当前期股价经过了在一段狭小的价位区间整理，然后带量突破时，这种买入信号比较准确。此时，投资者应及时买入股票。

（2）当 RSI 曲线在 80 数值上方运行时，一旦 RSI 曲线几乎同时向下突破 80 这条线时，表明股票的多头力量开始衰弱，股价面临向下调整的压力，这是 RSI 指标所指示的短线卖出信号。特别是对于那些短期涨幅较大的股票，这种卖出信号更加强烈。此时，投资者应及时短线离场观望。

（3）当 RSI 曲线从高位回落到 50 附近时后，如果 RSI 短期内不能再度返身向上，一旦 RSI 曲线向下突破 50，就意味空头力量开始强大，股价将面临大幅下跌的可能，这也是 RSI 指标所指示的中线卖出信号。特别是对于那些高位盘整的股票，这种卖出信号更加强烈。此时，投资者也应中线离场观望。

例1：广电电子（600602）（见图94）RSI 曲线在低位运行了相当长的一段时间，股价持续下跌，成交量萎靡。在 2008 年 11 月 7 日，RSI 形成金叉并开

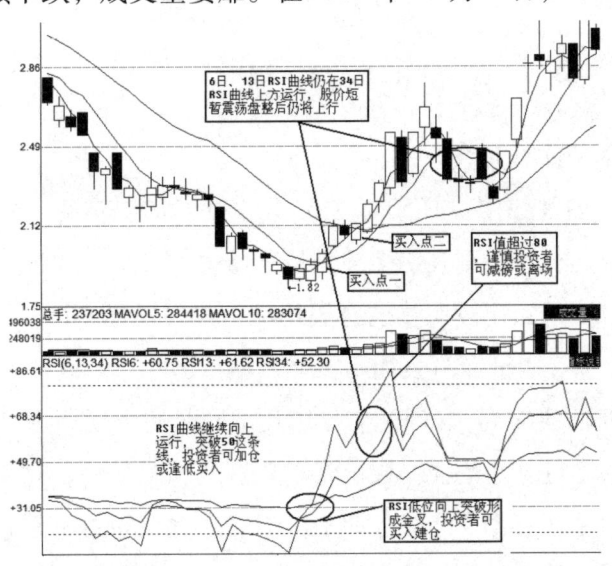

图94　广电电子 RSI 指标买卖图解

始向上突破 50 这条线，成交量亦温和放量。在 8 日这天以均量 1.86 元买入该股，8 个交易日后，以 2.77 元卖出，每股赚 0.9 元。

例 2：鼎立股份（600614）（见图 95）A 区域 RSI 指标出现超买，股价随之回调，B 区域 BSI 指标围绕 50 中轴上下震荡，股价也横盘整理，此时静待方向明确，不应轻易介入。C 区域再次出现超买，股价迅速回落，并使 RSI 进入超卖区，可以看出主力不急于拉升，依然维持震荡洗盘格局。可待 RSI 曲线向上突破时买入，等待主力拉升。

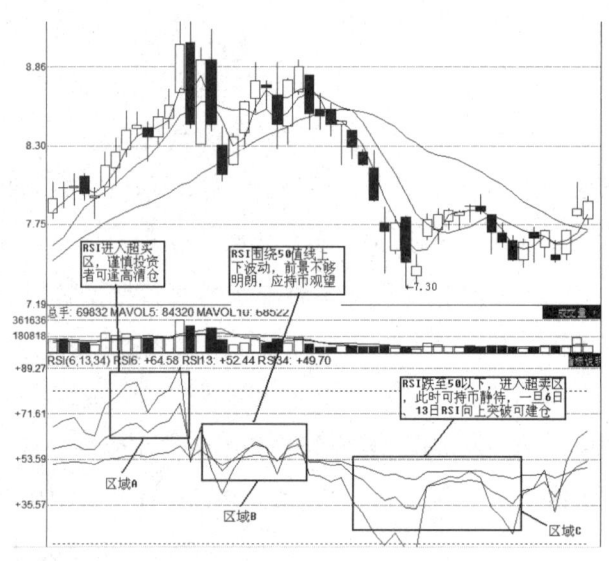

图 95　鼎立股份 RSI 买卖图解

三、持股持币信号

（1）当 RSI 曲线在中位（50 左右）几乎同时向上运行，并且股价也依托中短期均线向上运行时，则表明多头力量开始占主导地位，股价将展开一轮上升行情，这是 RSI 指标比较明显的持股待涨信号（见图 96）。此时，投资者应坚决持股待涨，直至 RSI 指标发出短线卖出信号。

（2）当 RSI 曲线在高位（80 左右）几乎同时向下运行时，表明多头力量有所衰弱、空头力量开始增强，股价将出现短线调整行情，这是 RSI 指标所指示的持币观望信号（见图 97）。特别是对于那些近期短线涨幅过大的股票，这种短期内持币观望的信号更加明显。

（3）当 RSI 曲线在 50 附近时，如果 RSI 曲线几乎同时跌破 50、并向下运

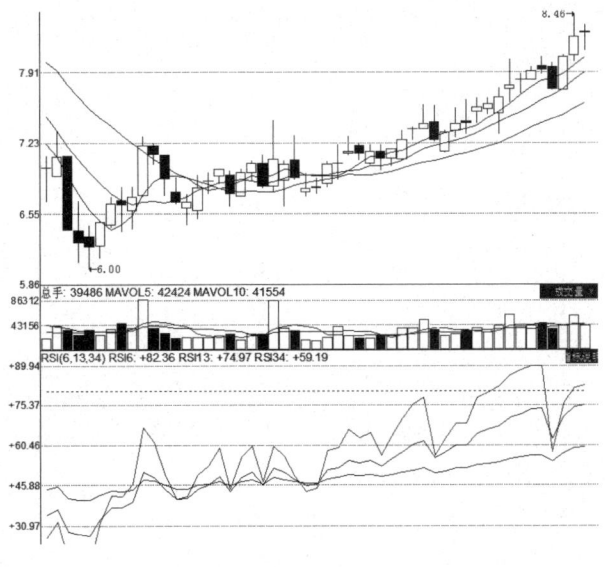

图96　RSI 指标持股信号图

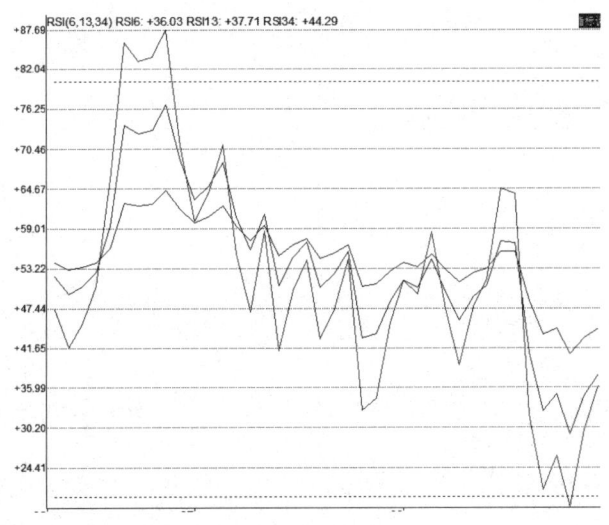

图97　RSI 指标 80 值线下持币信号图

行时，表明空头力量占绝对优势，股价将继续下跌，这也是 RSI 指标所指示的
持币观望信号（见图98）。特别是对于那些前期涨幅过大的股票，这种信号更
加明显。此时，投资者应坚决持币观望。

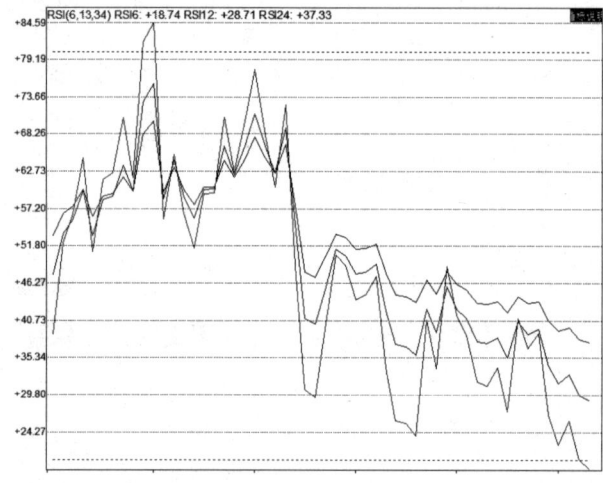

图 98　RSI 曲线 50 值线下持币信号图

第十章　威廉指标——W％R

威廉指标（W％R）又叫威廉超买超卖指标，简称（威廉指标），是由拉瑞·威廉（Larry William）在 1973 年发明的，是目前股市技术分析中比较常用的短期研判指标。对于投资者而言，威廉指标是一个简单实用的技术指标：它及时准确地选择出市场中股价异动前的瞬间，既能选择出加速下跌的瞬间，也能选择出涨升启动前的最佳入市时机。

W％R 指标的原理解析

威廉指标主要是通过分析一段时间内股价最高价、最低价和收盘价之间的关系，来判断股市的超买超卖现象，预测股价中短期的走势。它主要是利用振荡点来反映市场的超买超卖行为，分析多空双方力量的对比，从而提出有效的信号来研判市场中短期行为的走势。

威廉指标是属于研究股价波幅的技术分析指标，在公式设计上和随机指标的原理比较相似，两者都是从研究股价波幅出发，通过分析一段时间的股票的最高价、最低价和收盘价等这三者关系，来反映市场的买卖气势的强弱，借以考察阶段性市场气氛、判断价格和理性投资价值标准相背离的程度。

和股市其他技术分析指标一样，威廉指标可以运用于行情的各个周期的研判，大体而言，威廉指标可分为日、周、月、年、5 分钟、15 分钟、30 分钟、60 分钟等各种周期。虽然各周期的威廉指标的研判有所区别，但基本原理相差不多。如日威廉指标是表示当天的收盘价在过去的一段日子里的全部价格范围内所处的相对位置，把这些日子里的最高价减去当日收市价，再将其差价除以这段日子的全部价格范围就得出当日的威廉指标。

威廉指标在计算时首先要决定计算参数，此数可以采取一个买卖循环周期的半数。以日为买卖的周期为例，通常所选用的买卖循环周期为 8 日、14 日、28 日或 56 日等，扣除周六和周日，实际交易日为 6 日、10 日、20 日或 40 日等，取其一半则为 3 日、5 日、10 日或 20 日等。

一、W%R 指标的计算方法

W%R 指标的计算主要是利用分析周期内的最高价、最低价及周期结束的收盘价等三者之间的关系展开的。以日威廉指标为例，其计算公式为：

W%R ＝（Hn－C）÷（Hn－Ln）×100

式中：C 为计算日的收盘价，Ln 为 N 周期内的最低价，Hn 为 N 周期内的最高价，公式中的 N 为选定的计算时间参数，一般为 4 或 14。

以计算周期为 14 日为例，其计算过程如下：

W%R（14 日）＝（H14－C）÷（H14－L14）×100

式中，C 为第 14 天的收盘价，H14 为 14 日内的最高价，L14 为 14 日内的最低价。

威廉指标是表示当天的收盘价在过去一段时间里的全部价格范围内所处的相对位置，因此，计算出的 W%R 值位于 0～100 之间。越接近 0 值，表明目前的价位越接近过去 14 日内的最低价；越接近 100 值，表明目前的价位越接近过去 14 日内的最高价，从这点出发，对于威廉指标的研判可能更容易理解。

由于计算方法的不同，威廉指标的刻度在有些书中与随机指标 W%R 和相对强弱指标 RSI 一样，顺序是一样的，即上界为 100、下界为 0。为方便投资者，这里介绍的 W%R 的刻度上界为 100、下界为 0。

另外，和其他指标的计算一样，由于选用的计算周期的不同，W%R 指标也包括日 W%R 指标、周 W%R 指标、月 W%R 指标、年 W%R 指标以及分钟 W%R 指标等各种类型。经常被用于股市研判的是日 W%R 指标和周 W%R 指标。虽然它们的计算时的取值有所不同，但基本的计算方法一样。

二、W%R 指标的应用原则

W%R 数值的大小

和 KDJ 指标一样，W%R 的数值范围为 0 ~ 100。不同的是 W%R 指标是以 0 为顶部，以 100 为底部。

（1）当 W%R 在 20 ~ 0 区间时，是 W%R 指标的超买区，表明市场处于超买状态，股票价格已进入顶部，可考虑卖出。W%R = 20 这一横线，一般视为卖出线。

（2）当 W%R 进入 80 ~ 100 区间时，是 W%R 指标的超卖区，表明市场处于超卖状态，股票价格已近底部，可考虑买入。W%R = 80 这一横线，一般视为买入线。

（3）当 W%R 在 20 ~ 80 区间时，表明市场上多空暂时取得平衡，股票价格处于横盘整理之中，可考虑持股或持币观望。

（4）在具体实战中，当威廉曲线向上突破 20 超买线而进入超买区运行时，表明股价进入强势拉升行情，这是提醒投资者要密切关注行情的未来走势，只有当 W%R 曲线再次向下突破 20 线时，才为投资者提出预警，为投资者买卖决策提供参考。同样，当威廉曲线向下突破 80 超卖线而进入超卖区运行时，表明股价的强势下跌已经缓和，这也是提醒投资者可以为建仓作准备，而只有当 W%R 曲线再次向上突破 80 线时，投资者才真正短线买入。

W%R 曲线的形状

（1）当 W%R 曲线从超卖区开始向上爬升，超过 80 这条买入线时，说明行情可能向上突破，是开始买入的信号。

（2）当 W%R 曲线从超买区开始向下回落，跌破 20 这条卖出线时，说明行情可能向下反转，是开始卖出的信号。

（3）当 W%R 曲线由超卖区向上突破 50 这条多空平衡线时，说明股价涨势较强，可考虑短线加码买入。

（4）当 W%R 曲线由超买区向下突破 50 这条多空平衡线时，说明股价跌势较强，可考虑短线加码卖出。

W%R 指标最佳参数的探讨及买卖决策

（1）如果取 6 日为短期 W%R 指标的参数，则当 W%R 指标数值小于 15 时，就可归为 W%R 指标的短期超买，是短线卖出信号。

（2）如果取 6 日为短期 W%R 指标的参数，则当 W%R 指标数值大于 85 时，就可归为 W%R 指标的短期超卖，是短线买入信号。

（3）如果取 20 日为中期 W%R 指标的参数，则当 W%R 指标数值小于 20 时，就可归为 W%R 指标的中期超买，是中线卖出信号。

（4）如果取 20 日为中期 W%R 指标的参数，则当 W%R 指标数值大于 80 时，就可归为 W%R 指标的中期超卖，是中线买入信号。

（5）如果取 70 日为长期 W%R 指标的参数，则当 W%R 指标数值小于 10 时，就可归为 W%R 指标的长期超买，是长线卖出信号。

（6）如果取 70 日为长期 W%R 指标的参数，则当 W%R 指标数值大于 90 时，就可归为 W%R 指标的长期超卖，是长线买入信号。

W%R 指标的形态图解

顶背离

当股价 K 线图上的股票走势一峰比一峰高，股价在一直向上涨，而 W%R 指标图上的 W%R 曲线的走势是在高位一峰比一峰低，这叫顶背离现象（见图 99）。顶背离现象一般是股价将高位反转的信号，表明股价短期内即将下跌，是比较强烈的卖出信号。

底背离

当股价 K 线图上的股票走势一峰比一峰低，股价在向下跌，而 W%R 指标图上的 W%R 曲线的走势是在低位一底比一底高，这叫底背离现象（见图 100）。底背离现象一般是股价将低位反转的信号，表明股价短期内即将上涨，是比较强烈的买入信号。

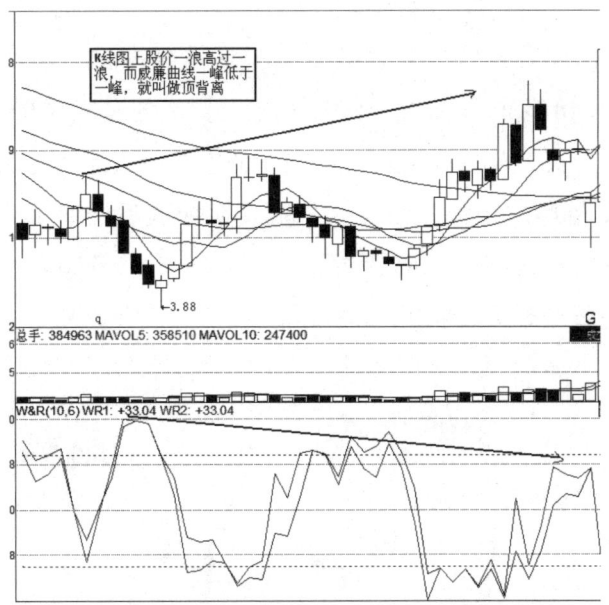

图 99 W%R 指标顶背离形态图解

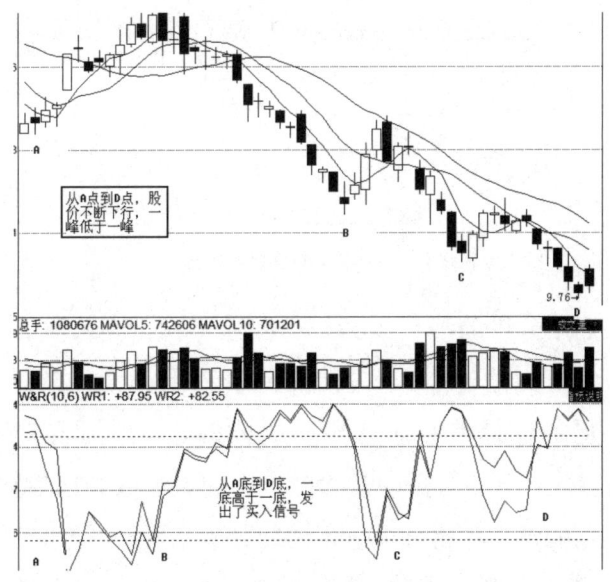

图 100 W%R 指标底背离形态图解

　　指标背离一般出现在强势行情中比较可靠。即股价在高位时，通常只需出现一次顶背离的形态即可确认行情的顶部反转，而股价在低位时，一般要反复出现多次底背离后才可确认行情的底部反转。

指标撞底

W％R 指标撞底是指 W％R 曲线从高位回涨到指标的超卖区（80～100）后，经过一段时间的运行，曲线连续几次撞及指标的底部（100 线）时，会局部形成多重底的形态，从而构成一个相当好的中短线买点（见图 101）。这时投资者应密切注意指标的走势，当曲线完成几次撞底后开始上升，并向上突破 W％R 指标的重要买卖线之一的超买线（80 线）时，预示着股价可能短线上升，投资者应短线及时买入股票。

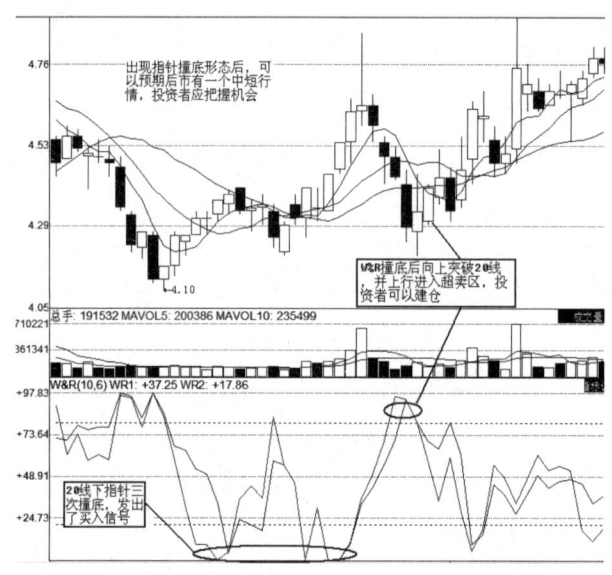

图 101　W％R 指标指针撞底形态图解

一般来说，运用分析的 W％R 指标的参数不同，应采取不同的分析方法。参数越大，撞底的可能性越小，次数也越少；参数越大，撞底的可能性越大，次数也越多。不同的选择参数应有不同的分析。一般而言，从实战中来看，W％R 指标研究参数可分为：短期日参数、中期日参数和周参数三种有效研判参数。这三种参数的 W％R 指标又有不同的分析意义。

a. 短期日参数的分析。

W％R 指标的短期日参数主要是指 10 日以下的分析参数，如 3 日、6 日、9 日等。短期日参数的 W％R 指标一般适用于"四次撞底"的研判。

以 6 日 W％R 参数为例。当 W％R 曲线在超买区内四次撞及 0 线，并局部形成四重底的形态以后，当 W％R 曲线向下突破超卖线时，投资者应及时关注。

b.　中期日参数的分析。

W％R 指标的中期日参数主要是指 20 日以下的分析参数，如 12 日、14 日、20 日等。中期日参数的 W％R 指标一般适用于"两次撞底"（最多三次撞底）的研判。

c.　周参数的分析。

W％R 指标的周参数主要是指 10 周以下的分析参数，如 3 周、6 周、9 周等。W％R 指标的周参数不能取得过大，因为一周交易一般包含 5 个交易日，因此，N 周参数就相当于 5N 日参数，如 3 周就是 15 日，而 W％R 指标的选择参数过大，W％R 指标的信号就过于迟钝，就无法起到预示短期顶部的功能。而且，W％R 指标的选择参数过大，W％R 曲线就存在没撞底就回头向上的可能，从而，W％R 指标的撞底的研判就会失去意义。

W％R 指标的实战技巧

和其他指标相比，W％R 指标比较适合用于股票中短线投资的研判，它的构造也比较简单，在股市分析软件上，有的是由短、长等 2 条不同周期的曲线组成，有的是由 1 条 W％R 曲线组成。在这里，我们就以同花顺软件指标为例来分析，来揭示 W％R 指标的买卖和观望功能。（注：W％R 指标在钱龙软件和分析家软件上指标参数选取及使用方法一样）。

一、买卖信号

（1）当 W％R 曲线在 50 附近盘整了较长一段时间以后，一旦 W％R 曲线由下向上突破 50 这条线，同时股价也放量突破中长期均线，则意味股票中期强势行情即将开始，这是 W％R 指标发出的中线买入信号。此时，投资者可以开始买进股票。

（2）当 W％R 曲线从 50（或 40）附近快速向上飘升、股价也依托短期均线向上扬升，一旦 W％R 曲线向上突破 80 这条线，则意味着股票短期强势行情即将开始,这是 W%R 指标发出的短线买入信号。此时,投资者可以短线买进股票。

(3)当 W%R 曲线从 20 上方向下滑落,一旦 W%R 曲线接着向下又突破了 40 以后,如果股价同时也跌破中长期均线,则意味着股票的短期强势行情可能将结束,这是 W%R 曲线发出的短线卖出信号。此时,投资者应及时卖出股票。

(4)当 W%R 曲线从上向下缓慢跌破 50 这条线时,如果股价也同时跌破了中期均线,则意味股票的中期行情弱势行情已经开始,这是 W%R 指标发出的中线卖出信号。如果股价是前期大涨过的股票,这种卖出信号更加准确。

例1:上海机场(600009)(见图 102):2003 年 4 月 14 日威廉(W%R)指标俯冲至 +0 位置,次日股价略上冲,成交量放大,而威廉(W%R)指标出现拐头向下,此时是最佳卖出时机,之后股价出现连续下跌,最大跌幅达 16.97%,而且出现近三个月的调整。7 月 17 日该股又一次出现类似情况,在该日离场也会卖出在高点区域。

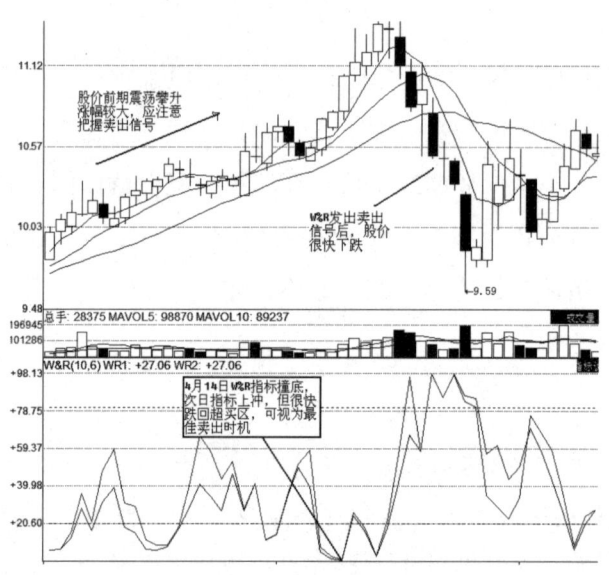

图 102 上海机场 W%R 指标卖出信号图解

在 W%R 发出卖出信号时,为了提高信号的准确性,特别提请投资者要注意以下几个问题:

（1）个股必须是走在上升通道中，越陡峭越好；

（2）个股必须经过多次震荡向上过程或较长时间横盘震荡整理；

（3）股价经过连续的大幅拉升之后，价位已脱离箱体上部较远区域；

（4）K线图上拉出长阳，成交量同比放大，当日较高点收盘，次日开盘较短时间内冲高是卖出的最佳时机；

（5）次日股价冲高时往往是威廉（W%R）指标拐头向下运行；

（6）按上述条件使用威廉（W%R）指标成功概率较高，当然同时应参考其他指标。

例2：华鲁恒升（600426）（见图103）：该股2008年11月在经过两次指针探底后，翻身上冲，股价带量上涨，进入强势行情。在11月20日以9.70元买进，10个交易日后以10.73元卖出，每股赚2元。

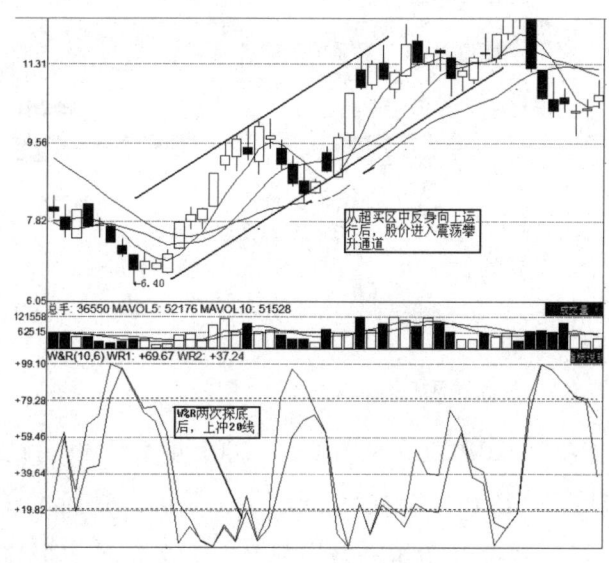

图103 华鲁恒升 W%R 买入信号图解

二、持股持币信号

（1）当W%R曲线一直运行在20线上方，同时股价也依托中短期均线强势上攻时，则表明股价是处于极强势的上涨行情，这是W%R指标发出的短线持股看涨信号，投资者应坚决持股待涨。

（2）当 W%R 曲线向下突破 50 线以后，一直运行在 50 线下方，同时股价也被中短期均线压制下行时，则表明股价的中期弱势趋势形成，这是 W%R 指标发出的持币待涨信号。此时，投资者应坚决持币观望。

例 1：片仔癀（600436）（见图 104）2009 年 1 月报表显示业绩稳定，而行情也即将进入反弹阶段。从技术分析图上我们可以看到，W%R 指标一直运行在 20 线上方，同时股价也依托中长期均线上行，在 1 月 22 日以均价 19.77 元买入股票，10 个交易日后股价升至 25.70 元，累积涨幅达到 29%。

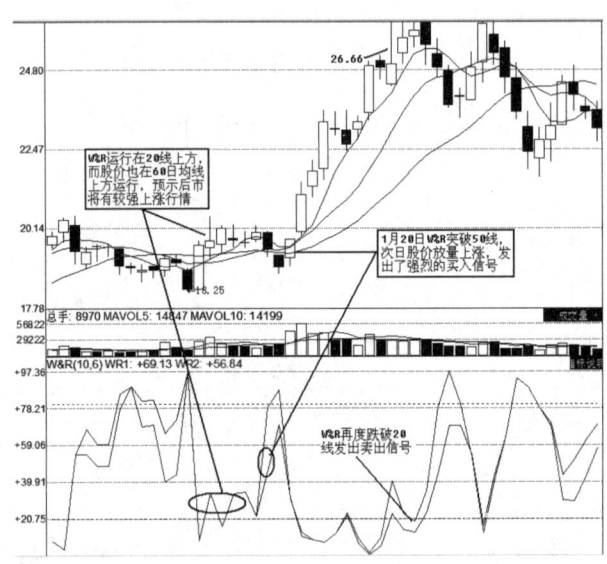

图 104　片仔癀 W%R 持股待涨信号图解

例 2：汇通能源（600605）（见图 105）2001 年 5 月 30 日跌破 50 线后，在接下来的几个交易日内始终徘徊在 50 线以下，股价也受到 5 日、20 日均线压制，进入弱势行情。后市开始了一波下跌，8 个交易日后股价由 23.40 跌至 19.50 元。

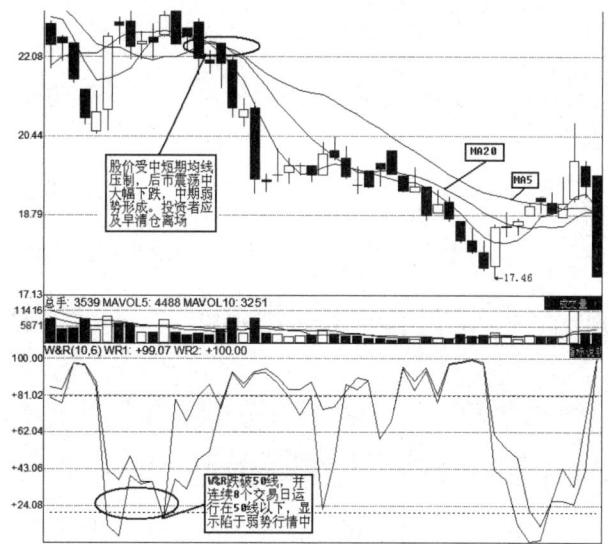

图 105 汇通能源 W%R 持币信号图解

第十一章 变动速率指标——ROC

ROC 指标又叫变动速率指标，其英文全称是"Rate of Change"，是由查拉尔·阿佩尔（Gerald Apple）和福雷德·海切尔（Fred Hitschler）共同创造的，是一种重点研究股价变动动力大小的中短期技术分析工具。大多数的书籍上把 ROC 叫作变动速度指标或变化速率指标，从英文原文直译应该是变化率。ROC 指标是由当天的股价与一定的天数之前的某一天股价比较，以其变动速度的大小，来反映股票市变动的快慢程度。或许你对 ROC 指标应用得还比较少，但是它在实战中常会有出奇制胜的效用，因此是每一个投资者都应该掌握的。

ROC 指标的原理解析

ROC 指标是查拉尔和福雷德两人在"Stock Market Trading Systems"一书中最先提出的，它结合了 RSI、W%R、KDJ、CCI 等指标的特点，同时监测股价的常态性和极端性两种走势，从而比较准确把握买卖时机。

ROC 指标是利用物理学上的加速度原理，以当前周期的收盘价和 N 周期前的收盘价做比较，通过计算股价在某一段时间内收盘价变动的速率，应用价格的波动来测量股价移动的动量、衡量多空双方买卖力量的强弱，达到分析预测股价的趋势及是否有转势的意愿的目的。

一、ROC 指标的计算方法

由于选用的计算周期的不同，ROC 指标包括日 ROC 指标、周 ROC 指标、月 ROC 指标、年 ROC 指标以及分钟 ROC 指标等各种类型。经常被用于股市研判的是日 ROC 指标和周 ROC 指标。虽然它们的计算时的取值有所不同，但基本的计算方法一样。

以日 ROC 指标为例，其计算公式有两种：

其一为：

ROC（N 日）＝AX÷BX

式中，

AX＝今日的收盘价－N 日前的收盘价；

BX＝N 日前的收盘价；

N 为计算参数，日原始参数为 10 日。

其二为：

ROC＝［C（I）－C（I－N）］÷C（I－N）×100%

式中，C（I）表示当日收盘价；

C（I－N）表示 N 日前的收盘价；

N 为计算参数，日原始参数为 10 日。

上述两式的描述不一样，但结果和过程都是相同的。

二、ROC 指标的应用原则

ROC 指标用来测量价位动量，可以同时监视常态性和极端性两种行情。ROC 以 0 为中轴线，可以上升至正无限大，也可以下跌至负无限小。以 0 轴到第一条超买或超卖线的距离，往上和往下拉一倍、两倍的距离，再画出第二条、第三条超买超卖线，则图形上就会出现上下各三条的天地线。

（1）ROC 波动于"常态范围"内，而上升至第一条超买线时，应卖出股票。

（2）ROC 波动于"常态范围"内，而下降至第一条超卖线时，应买进股票。

（3）ROC 向上突破第一条超买线后，指标继续朝第二条超买线涨升的可能性很大，指标碰触第二条超买线时，涨势多半将结束。

（4）ROC 向下跌破第一条超卖线后，指标继续朝第二条超卖线下跌的可能性很大，指标碰触第二条超卖线时，跌势多半将停止。

（5）ROC向上穿越第三条超买线时，属于疯狂性多头行情，涨涨涨！回档之后还要涨，应尽量不轻易卖出持股。

（6）ROC向上穿越第三条超卖线时，属于崩溃性空头行情，跌跌跌！反弹之后还要跌，应克制不轻易买进股票。

根据ROC曲线角度变化，另有不同的应用原则：

（1）当ROC曲线从上向下突破0值线以后，如果ROC曲线向下运行的角度大于45度时，说明空方力量比较强大，股价的跌势比较迅猛，股价还将继续下跌。此时，投资者应坚决持币观望，不宜轻易抢反弹。

（2）当ROC曲线向上运行的角度大于45度时，如果ROC曲线刚刚突破0值线向上运行，说明多方力量开始积聚，股价将继续向上攀升。此时，投资者应坚决持股待涨。

（3）当ROC曲线向上运行的角度大于45度时，如果ROC曲线在突破0值线后已经向上运行了很长一段时间，并且股价短期内涨幅过大时，说明多方力量消耗过大，股价将随时可能反转向下。此时，投资者应密切关注ROC曲线的走势，一旦ROC指标发出明显的卖出信号就应坚决清仓离场。

（4）当ROC曲线向下运行的角度小于45度时，如果ROC曲线在向下突破0值线后，在远离0值线的低位持续运行了很长一段时间以后（最少3个月以上），一旦ROC曲线向上勾头，则表明股价的中长期下跌趋势可能结束，投资者可以开始逢低买入股票。

（5）当ROC曲线向上突破0值线以后，如果ROC曲线在0值线附近经过一段时间的中位盘整（一般1个月左右），然后，再向上突破时，说明多方的力量开始加强，股价的一轮新的涨升行情已经展开，股价将继续上涨。此时，投资者应坚决持股待涨。

此外，ROC指标的一般应用原则主要集中在0值线的重要参考作用、ROC指标的超买超卖现象、ROC曲线的形态、ROC曲线与股价曲线的配合使用等方面进行分析。以75日ROC指标为例，具体分析如下：

（1）ROC指标的数值是以0值线为中轴线，理论上可以上升到正的无限大和负的无限小，但在实际行情走势中，ROC线主要是围绕着0值线上下波动，因此，0值线是ROC指标的一条重要生命线，具有较强的参考作用。

（2）当ROC线从下向上突破0线时，表明股价的变动动力由下跌动力转变为上升动力，多方力量开始强于空方力量，股价将进入强势区域，是较强的中线买入信号。

（3）当ROC线在0值线上方并继续向上攀升，表明股价的上涨动力继续增加，多方力量占据比较大的优势，股价将继续上涨，是较强的持股待涨的信号。

（4）当ROC线在0值线上面较远地方的时候，如果ROC线开始调头朝下，表明股价的上涨动力开始枯竭，股价将短线见顶回落，是短线卖出信号。

（5）当ROC线从上向下突破0值线时，表明股价的变动动力由上涨动力转变为下跌动力，空方力量开始强于多方力量，股价将进入弱势区域，是较强的中线卖出信号。

（6）当ROC线在0线以下并继续向下滑落，表明股价的下跌动力继续增强，空方力量占据比较大的优势，股价将继续下跌，是较强的持币观望的信号。

（7）当ROC线在0线下方并远离0线，而且ROC线有企稳向上的迹象时，表明股价的下跌动力开始衰竭，股价将见底回升。

（8）当ROC从0值线下方开始向上攀升时，表明股价的上升动力开始积聚，多方力量开始加强，股价将上升，是逢低吸纳股票的信号。

ROC指标的特殊分析

1. ROC指标买卖信号分析

①当ROC向上则表示强势，以100为中心线，由中心线下上穿大于100时为买入信号。

②当 ROC 向下则表示弱势，以 100 为中心线，由中心线上下穿小于 100 时为卖出信号。

③当股价创新高时，ROC 未能创新高，出现背离，表示头部形成。

④当股价创新低时，ROC 未能创新低，出现背离，表示底部形成。

2. ROC 指标的特性分析

ROC 指标表示股价上升或下降的速率大小

如果是上升趋势，并且 ROC 为正值，另外 ROC 步步上扬，则意味着上升趋势正在加速，若 ROC 开始走平，这就意味着，现在股价的涨幅与数天前的股价涨幅相近，尽管还处于上升趋势，但速度已经放慢；若 ROC 开始回落，虽然股价还在上升，但上升的力量已经衰落；若 ROC 开始延伸到 0 之下，则近期的下降趋势已开始露头，ROC 进一步向下，则下降动力正在加强（见图 106）。

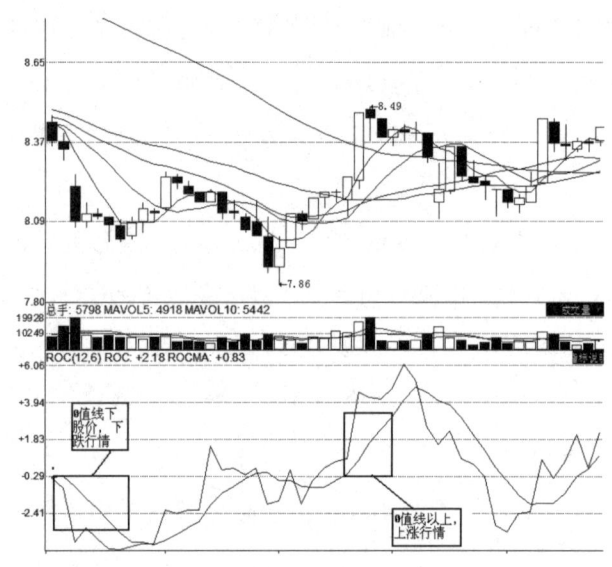

图 106　ROC 指标股价波动示意图

ROC 是显示一定时间间隔两端的股价的相对差价。ROC 上升，则股价比数天前的股价有所上升。ROC 走平，则当前股价涨幅仅仅同数天前一样。ROC 向下，则股价已经比数天数的涨幅小了。ROC 就是这样显示当前股价趋势的加速和减速状态的。

对于下降趋势和 ROC 下降，且为负值的情况，可以类似地叙述。

ROC 的变化超前于股票价格的变化

因为 ROC 的构造特点，ROC 的变化总是领先于股价的变化，比价格提前几天上升或下降（见图 107）。股价还在上升时，ROC 可能已走平，而股价走平时，ROC 可能已经下降了。这一点也是背离思想的基本依据。

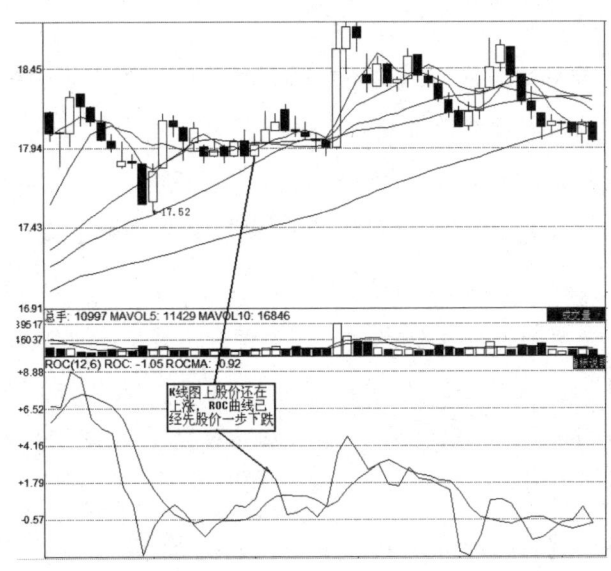

图 107　ROC 指标先于股价变动示意图

ROC 值变化有一定的范围

ROC 可正可负，可大可小，但是 ROC 的变化基本上是有一个范围的。换句话说，可以找到一个正数和一个负数，使得 ROC 曲线绝大部分落在这两个数构成的范围内，即比这个正数小，比那个负数大。这样，就好像给 ROC 加上了上下边界一样。这两条边界对我们今后预测股价的上升高度和下降深度很有帮助。

ROC 指标实战技巧

一、ROC 指标捕捉黑马个股

一般而言，对于只能达到超买线一（参数值 5 ~ 10）的个股，投资者要见利就跑；而对于能达到超买线二（参数值 12 ~ 17）的个股，应相应地进行波段的高抛低吸。而一旦个股能够摆脱这两条常态超买线，挑战第三条超买线三（参数值18～35），行情往往就会向狂热的极端行情演变。其中有六、七成个股会演绎为屡创新高的大黑马或独立牛股，我们发现具备以下特征的个股出现黑马的成功率较高：

（1）先于大盘启动，底部放量换手吸筹充分的，第一波2OC上攻至第三超买线的个股。因为在大盘受政策利好止跌反弹时，主力持筹充分的个股往往走势强劲，而在这部分个股中，有75%的黑马出现概率。

（2）上攻日换手率3.5%～6%，第一波上攻月升幅在25%以上。股价回调后，仍能总体保持45度以上的攻击性角度。一旦第一波峰2OC指标达到第三超买线，其未来走势往往十分出众，投资者自当趁中线回调时介入。

（3）对于达到第三超买线的领涨股，一旦遇到主力的快速洗盘，投资者可果断介入。其中2OC向上突破零线，进入强势区域，表示多方力量强盛，这是辅助中短线的买入信号。

（4）股价在洗盘后启动第二波升浪时，中线20日或40日均线系统率先梳理完毕，并先于大盘呈多头排列。对于这类有庄超跌股，第二波走势往往会呈现出"涨、涨、涨"，涨不停的超强趋势。

（5）对于这类超强领涨股，投资者还要结合3A2停损指标、E80MA向下死叉、或上升45度线来进行操作，这也是其确保盈利的良策。

例：爱建股份（600643）（见图108）在2002年1月23日，该股在6.22元一线呈6型尖底反转，其2OC指标在2月7日高达36.68，股价也创出新高。6月7日其2OC指标上穿0轴，其对应的10日均线出现拐点向上，且价量配合良好。随后该股再度启动第二波上攻浪，9元至9.3元一线成为该股绝佳的买入阻击点。此后该股通过攻击性换手屡创新高，成为抢眼的独立牛股。

二、ROC指标交叉选股

（1）黄金交叉。当ROC，ROCMA均小于零轴时，ROC迅速上穿ROCMA线，而且ROCMA线也处于缓缓上行中，为短线黑马买入信号。

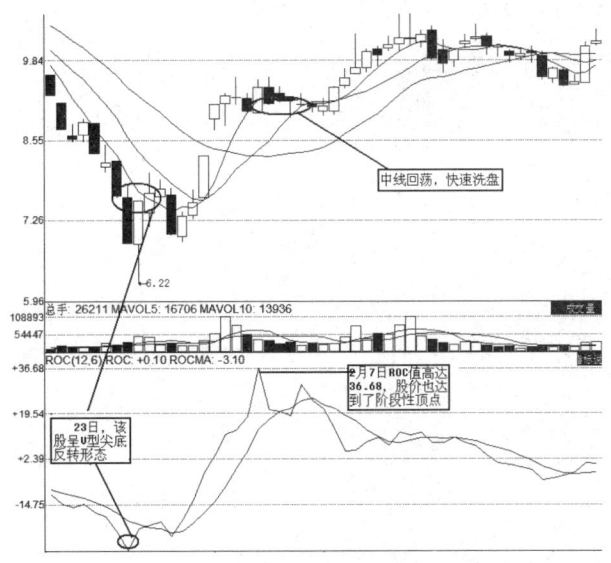

图 108　爱建股份 ROC 指标选股图解

　　例：通策医疗（600763）（见图 109）在 2001 年 2 月份，股价从 17 元一带快速滑落到 13.50 元左右，2 月 23 日，收盘价是 13.99 元，ROC = − 11.936，ROCMA = − 10.164，两线均小于零。2 月 26 日股价仅微涨到 14.10 元，而 ROC 快速有力地上穿了 ROCMA 线，收盘时 ROC = − 4.666，ROCMA = − 9.51，其后的两天中股价又回到 14 元附近。但是随着 3 月 1 日的一根不大的阳线终于拉开波澜壮阔的黑马行情，股价以同 2 月份下跌时一样的速度快速上升，终于在 4 月 19 日股价冲到 19.68 元，2 个月不到，涨幅达到 41%。

　　（2）死亡交叉。当 ROC，ROCMA 均大于零轴时，ROC 迅速下穿 ROCMA 线，而且 ROCMA 线也处于缓缓下行中，为短线卖出信号。

　　例：祥龙电业（600769）（见图 110）1999 年 6 月时只用了三周时间，股价就迅速从 8.2 元涨到 6 月 23 日的最高 11.65 元，6 月 24 日，走出一根小阴线，由于下影线较长，很多持股人认为下档支撑强，还能涨。可是，当天的 ROC 以极强的力度向下刺穿了 ROCMA 线，两条线不仅大于零轴，ROCMA 线甚至都超过 20，而且处于缓缓下行中，一切均显示危险已经来临。果然，第二

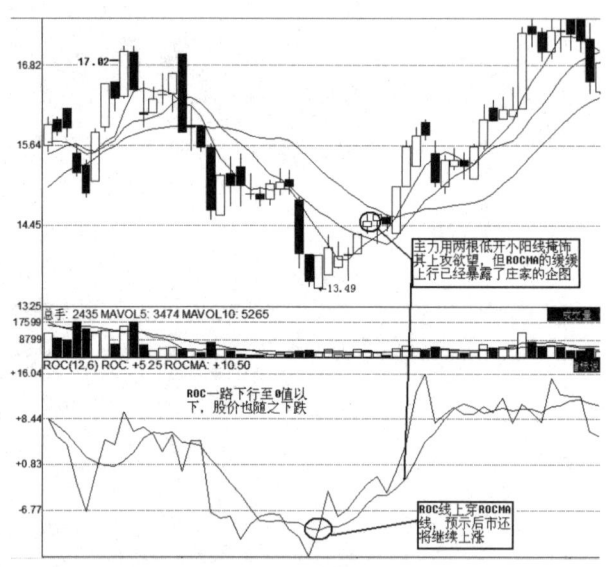

图 109 通策医疗 ROC 金叉黑马选股图解

天，一根暴跌 7.5% 的大阴线拉开跳水的序幕，不久，股价就被打回原形到 8.2 元。

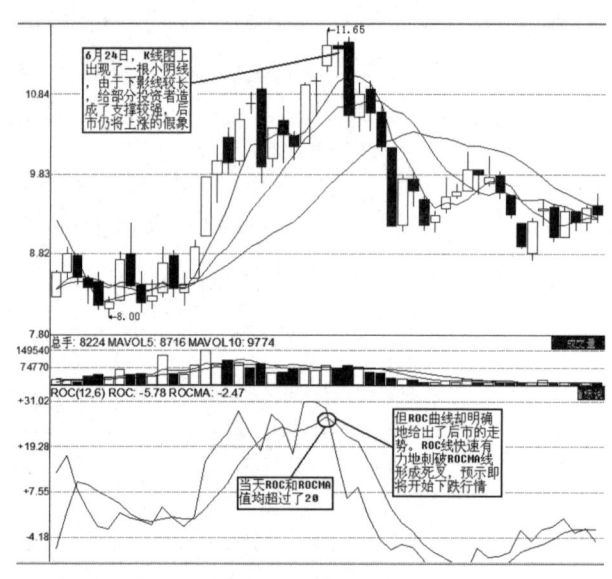

图 110 祥龙电业 ROC 死叉逃顶图解

三、ROC 指标买卖信号

（1）当 ROC 曲线和 ROCMA 曲线经过长时间的中低位整理后，一旦 ROC

曲线开始向上突破 ROCMA 曲线，说明股价的中长期强势上升趋势开始形成，这是 ROC 指标发出的中长期买入信号，特别是对于那些股价已经带量突破中长期均线压力的股票，这种买入信号则更可确认。此时，投资者应及时买入股票。

（2）当 ROC 曲线和 ROCMA 曲线都在高位盘整时，一旦 ROC 曲线向下突破 ROCMA 曲线，则表明股价的中长期强势上升趋势已经结束，而长中期下降趋势开始形成，这是 ROC 指标发出的中长期卖出信号。此时，投资者应及时地逢高卖出股票。

例：青岛啤酒（600600）（见图111）经过了一轮上涨后，7月初一直在进行平台整理，期间股价还曾创下 25.69 元的新高，后市似乎还有上涨的可能。然后 ROC 的走势已经发出了明确的卖出信号，ROC 曲线死叉后两线下行。果然，后市出现了一个长期的下跌行情。

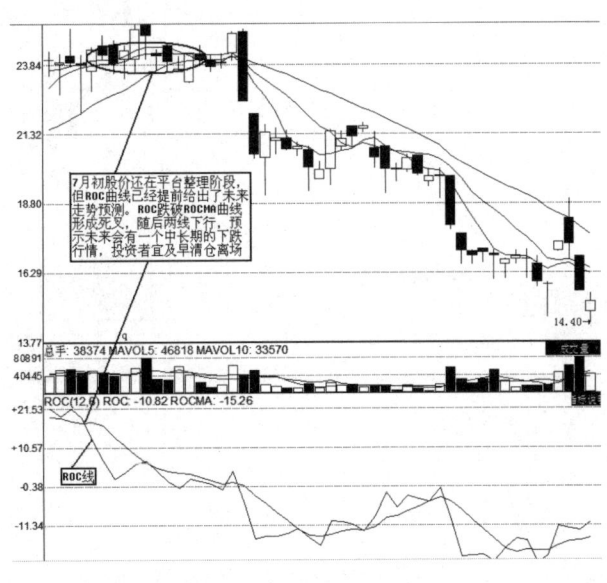

图111　青岛啤酒 ROC 指标卖出信号图解

四、ROC 指标持股持币信号

（1）当 ROC 曲线向上突破 ROCMA 曲线后，如果这两条曲线同时向上延伸，表明股价已经进入强势拉升阶段，这是 ROC 指标发出的持股待涨信号，特别是对于那些股价依托中短期均线向上攀升的股票，这种持股信号更加明显。此时，投资者可一路持股待涨。

（2）当ROC曲线在高位向下突破ROCMA曲线后，如果这两条曲线同时向下延伸，表明股价的下跌动能逐渐增强，股价将进入弱势阴跌阶段，这是ROC指标发出的持币观望信号，特别是对于那些股价被中长期均线压制下行的股票，这种持币信号更加明显。此时，投资者应以一路持币观望为主，尽量少做反弹。

例：焦作万方（000612）（见图112）在2006年01月19日2OC指标高达43.53，当日收盘价为3.99元。该股在随后表现出色，ROC曲线不断上行，投资者可持股待涨。经过一段时间的震荡上涨后，5月30日2OC高达74.04，随后该股屡创新高，成为抢眼牛股。

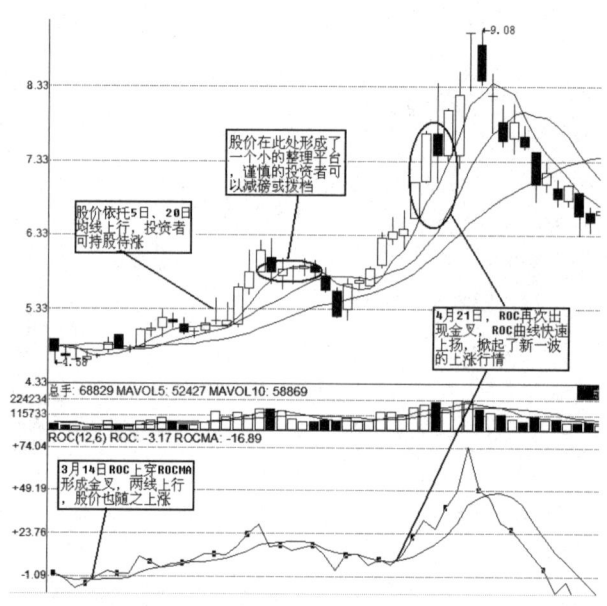

图112 焦作万方ROC指标持股待涨图解

第十二章　乖离率指标——BIAS

中国股市的投机氛围十分浓重，相当一部分投资者喜欢短线，那么就应该充分利用一下 BIAS 指标。乖离率 BIAS 指标又叫 Y 值，它是依据葛兰碧移动均线八大法则而派生出来的一项技术分析指标，通过一定的数学公式，来计算和总结出当价格偏离移动平均线的程度，指出买卖时机。乖离率是目前股市技术分析中一种短中长期皆可的技术分析工具。

BIAS 指标的原理解析

BIAS 指标是表示计算期的股价指数或个股的收盘价与移动平均线之间的差距的技术指标。它是对移动平均线理论的重要补充。它的功能在于测算股价在变动过程中与移动平均线的偏离程度，从而得出股价在剧烈变动时，因偏离移动趋势过远而可能造成的回挡和反弹。

乖离率指标 BIAS 认为如果股价离移动平均线太远，不管是股价在移动平均线之上，还是在移动平均线之下，都不会保持太长的时间，而且随时会有反转现象发生，使股价再次趋向移动平均线。

一、乖离率指标的计算方法

由于选用的计算周期不同，乖离率指标包括 N 日乖离率指标、N 周乖离率、N 月乖离率、年乖离率以及 N 分钟乖离率等很多种类型。经常被用于股市研判的是日乖离率和周乖离率。虽然它们计算时取值有所不同，但基本的计算方法一样。

以 N 日乖离率为例，其计算公式为：

$$N 日 BIAS ＝（当日收盘价 － N 日移动平均价）÷N 日移动平均价 ×100$$

N 的采用数值有很多种，常见的有两大种。一种是以 5 日、10 日、30 日和 60 日等以 5 的倍数为数值的；一种是 6 日、12 日、18 日、24 日和 72 日等以 6 的倍数为数值的。不过尽管它们数值不同，但分析方法和研判功能是相差不大。

二、BIAS 指标正负值转换

乖离率有正乖离率和负乖离率之分。

（1）若股价在移动平均线之上，则为正乖离率；股价在移动平均线之下，则为负乖离率；当股价与移动平均线相交，则乖离率为零。正的乖离率越大，表明短期股价涨幅过大，随之而来的是多头的短线获利颇丰，因此，股价再度上涨的压力加大，股价可能受短线获利盘的打压而下跌的可能性越高。反之，负的乖离率越大，空头回补而使股价反弹的可能越大。

（2）在投机性很强的市道和个股上，市场的投机性越高，乖离率的弹性越大，个别股票的乖离率差异更大，随股性而变化。

三、BIAS 指标的取值

乖离率的数值的大小可以直接用来研究股价的超买超卖现象，判断买卖股票的时机。由于选用乖离率周期参数的不同，其对行情的研判标准也会随之变化，但大致的方法基本相似。以 6 日乖离率为例，具体方法如下：

（1）一般而言，在弱势市场上，股价的 6 日乖离率达到 －5 以上，表示股价超卖现象出现，可以考虑开始买入股票；而当股价的 6 日乖离率达到 5 以上，表示股价超买现象出现，可以考虑卖出股票。

（2）在强势市场上，股价的 6 日乖离率达到 －10 以上，表示股价超卖现象出现，为短线买入机会；当股价的 6 日乖离率达到 10 以上，表示股价超买现象出现，为短线卖出股票的机会。

（3）结合我国沪深股市的实际，在一些暴涨暴跌的时机，对于综合指数而言，当乖离率大于 10 以上时，预示股价指数已经出现超买现象，可开始逢高卖出股票，当乖离率小于 –5 时，预示股价指数已经出现超卖现象，可开始逢低吸纳股票。而对个股而言，当乖离率大于 15 以上为短线卖出时机，当乖离率小于 –10 时，为短线买入时机。

四、BIAS 指标的应用原则

目前，在大多数股市分析软件上，BIAS 指标构成主要是由不同时期（一般取短、中、长）的三条 BIAS 曲线构成。BIAS 指标的研判主要是围绕短中长 3 根曲线的运动及互相交叉情况展开的。以日 BIAS 指标为例，其具体分析过程如下：

（1）当短、中、长期 BIAS 曲线始终围绕着 0 轴线，并在一定的狭小范围内上下运动时，说明股价是处于盘整格局中，此时投资者应以观望为主。

（2）当短期 BIAS 曲线开始在底部向上突破长期 BIAS 曲线时，说明股价的弱势整理格局可能被打破，股价短期将向上运动，投资者可以考虑少量长线建仓。

（3）当短期 BIAS 曲线向上突破长期 BIAS 曲线并迅速向上运动，同时中期 BIAS 曲线也向上突破长期 BIAS 曲线，说明股价的中长期上涨行情已经开始，投资者可以加大买入股票的力度。

（4）当短、中、长期 BIAS 曲线开始摆脱前期窄幅盘整的区间并同时向上快速运动时，说明股价已经进入短线强势拉升行情，投资者应坚决持股待涨。

（5）当短期 BIAS 曲线经过一段快速向上运动的过程后开始在高位向下掉头时，说明股价短期上涨过快，将开始短线调整，投资者可以短线卖出股票。

（6）当中期 BIAS 曲线也开始在高位向下掉头时，说明股价的短期上涨行情可能结束，投资者应中线卖出股票。

（7）当长期 BIAS 曲线也开始在高位向下掉头时，说明股价的中短期上涨行情已经结束，投资者应全部清仓离场。

（8）当中长期 BIAS 曲线从高位同时向下运动时，说明股价的下跌趋势已经形成，投资者应坚决持币观望。

BIAS 指标的形态图解

BIAS 曲线出现的各种形态也是判断行情走势、决定买卖时机的一种分析方法。

（1）当 BIAS 曲线在高位形成 M 头或三重顶等顶部反转形态时（见图113），可能预示着股价由强势转为弱势，股价即将大跌，应及时卖出股票。如果股价的曲线也出现同样形态则更可确认，其跌幅可以用 M 头或三重顶等形态理论来研判。

（2）当 BIAS 曲线在低位出现 W 底或三重底等底部反转形态时，可能预示着股价由弱势转为强势，股价即将反弹向上，可以逢低少量吸纳股票。如果股

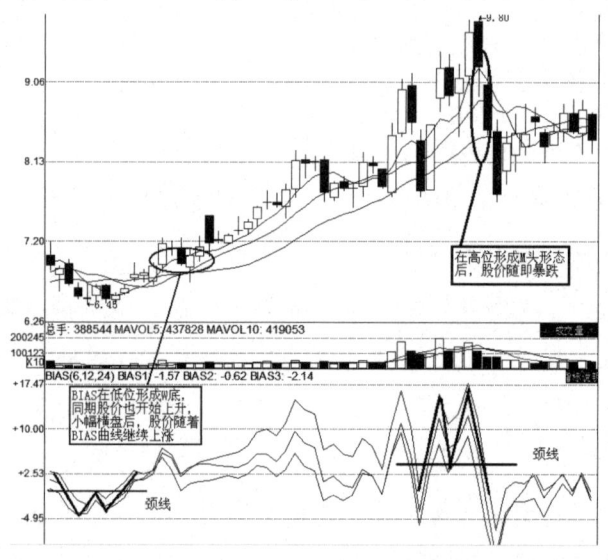

图 113　BIAS 指标反转形态图解

价曲线也出现同样形态更可确认，其涨幅可以用 W 底或三重底形态理论来研判。

（3）BIAS 曲线的形态中 M 头和三重顶形态的准确性要大于 W 底和三重底。

BIAS 曲线与股价运行曲线的配合使用

（1）当股价曲线与 BIAS 曲线从低位同步上升，表示短期内股价有望触底反弹或继续上涨趋势。此时，投资者可逢低买入或持股待涨。

（2）当 BIAS 曲线从下向上突破 0 轴线，同时股价也突破短期均线的压力时，表明股价短期将强势上涨，投资者应及时买入股票。

（3）当股价曲线与 BIAS 曲线从高位同步下降，表示短期内股价将形成头部或继续下跌趋势。此时，投资者应及时逢高卖出股票或持币观望。

（4）当 BIAS 曲线从上向下突破 0 轴线，同时股价也跌破中长期均线的支撑时，表明股价的中长期下跌行情已经开始，投资者应及时中长期离场观望。

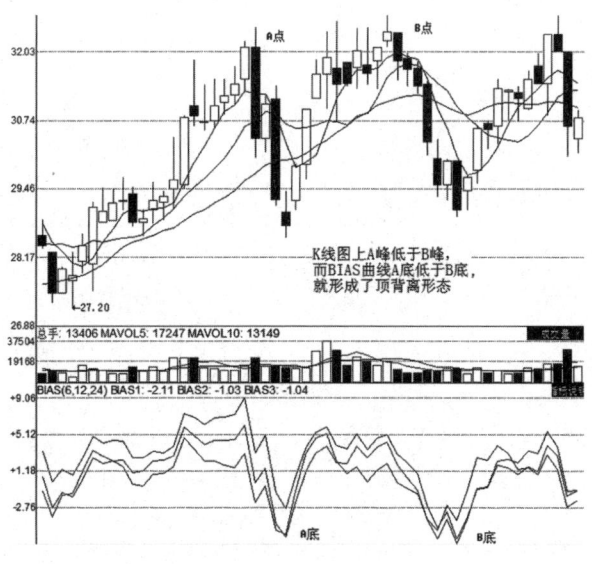

图 114　BIAS 指标顶背离图解

（5）当 BIAS 曲线开始从高位向下回落，形成一峰比一峰低的走势，而股价曲线却还在缓慢上升，形成一峰比一峰高的走势，则可能意味着股价走势出现"顶背离"现象（见图114）。

（6）当 BIAS 曲线开始从低位向上扬升，形成一底比一底高的走势，而股价曲线却还是缓慢下降，形成一底比一底低的走势，则可能意味着股价走势出现"底背离"现象。

BIAS 指标的实战技巧

一、BIAS 与 KDJ 指标组合抢反弹

（1）将 BIAS 指标的参数设置为 24 日，将 KD 指标的参数设置为 9，3，3。

（2）BIAS 指标要小于 -6，这只是确认该股超跌的初选条件。

（3）KDJ 指标产生黄金交叉，K 线上穿 D 线。

（4）KDJ 交叉同时，KDJ 指标中的 D 值要小于 16。

图 115　界龙实业反弹买入图解

例：界龙实业（600836）（见图115）在 2002 年 1 月 23 日拉出一根大阳线，24 日 BIAS 是 -10.48，KDJ 指标产生黄金交叉时，D 值仍处于 9.14 的低

位，当时界龙股价是 9.22 元，此后，股价迅速上涨到 15 元以上，涨幅 60%
多。不仅如此，打开界龙实业的走势图，发现自从 1999 年后，该股的六次阶段
性底部均被由 KD 和 BIAS 组成的黄金组合指标捕获。

二、BIAS 与 BOLL 组合把握买入时机

乖离率指标与布林线指标的结合运用适合在超跌反弹行情中的买入：对于
这类反弹行情，投资者不宜采用追涨，而要结合技术分析方法，运用 BIAS 和
布林线指标的组合分析，把握个股进出时机。具体方法是：

（1）当 BIAS 的三条短期均线全部小于 0 时。

（2）股价已经触及 BOLL 的下轨线 LB。

（3）布林线正处于不断收敛状态中。

（4）BIAS 的短期均线上穿长期均线，并且成交量逐渐放大。

当符合上述条件时，投资者可以积极择股买入。

例：双鹤药业（600062）（见图 116）4 月 26 日股价拉出一根长阴线跳水，
但仅仅两天之后就发出了反弹买入信号。BOLL 指标股价运行到了下轨附近，
BIAS 三条线在 0 值线以下形成交叉。在 5 月 8 日以 10.00 元买进，31 日以
11.07 元卖出，每股赚 1 元。

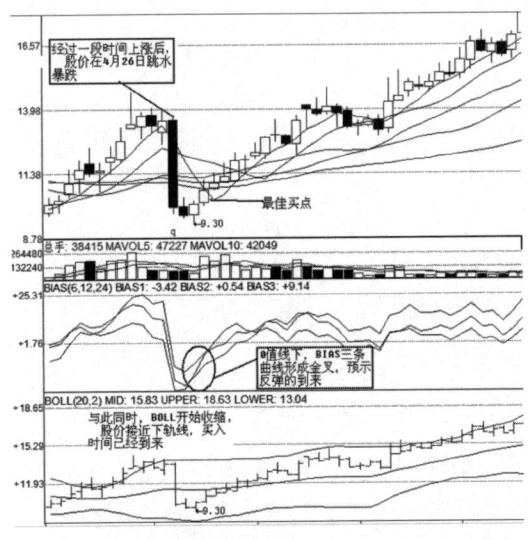

图 116　双鹤药业乖离率与布林线组合捕捉买点图解

三、BIAS捕捉持股持币信号

（1）当短期BIAS曲线在0值线附近向上突破长期BIAS曲线后，股价也依托中短期均线向上运行时，则表明股价的强势上升行情依旧，股价将继续向上扬升，这是BIAS指标所指示的中短线持股待涨信号。此时，投资者应一路持股。

（2）当短期BIAS曲线在0值线下方附近区域向下突破长期BIAS曲线后，股价也被中长期均线压制下行时，则意味股价的弱市下跌行情仍将继续，股价将持续下跌，这是BIAS指标所指示持币观望信号。此时，投资者应坚决持币观望。

例：南京高科（600064）（见图117）2005年12月股价进行了一段较长时间的横盘整理，后市行情不明朗。然而在23日这天BIAS短期线在0值上方附近向上突破长期线，形成金叉，发出买入信号，随后BIAS一路上行。12月29日以当日均价4.15元买入，1月19日以5.10元卖出，每股赚1元。

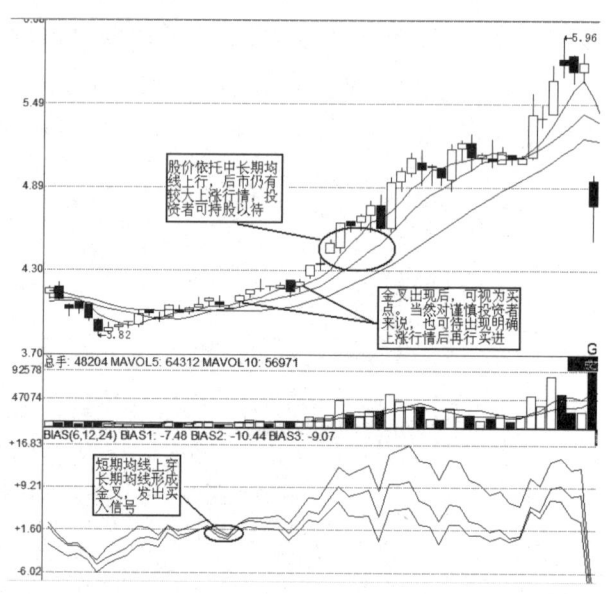

图117　南京高科持股信号图解

第十三章　动量指标——MTM

在证券市场上有类似于物理学上的恒速原理的现象，因此就产生了 MTM 指标。MTM 指标又叫动量指标，其英文全称是"Momentum Index"，是一种专门研究股价波动的中短期技术分析工具。一般来说，如果股价的上涨（下跌）趋势在继续，则股价的上涨（下跌）速度会大体保持一致。动量指标（MTM）正是从股票的恒速原理出发，考察股价的涨跌速度，以股价涨跌速度的变化分析股价趋势的指标。

MTM 指标的原理解析

动量指标 MTM 是一种利用动力学原理，专门研究股价在波动过程中各种加速、惯性作用以及由静到动或由动转静的现象。动量指标的理论基础是价格与供求量的关系。它认为股价的涨跌幅度随着时间的推移会逐渐变小，股价变化的速度和能量也会慢慢减缓后，行情就可能反转。在多头行情里，随着股价的不断上升，股价上涨的能量和速度必将日渐萎缩，当上涨的能量和速度减少到一定程度时，行情将会出现大幅回荡整理或见顶反转的行情；而在空头行情里，随着股价的不断下跌，股价下跌的能量和速度也将日渐萎缩，当下跌的能量和速度萎缩到一定程度时，行情也会出现大幅反弹或见底反转的行情。

因此，动量指标就是通过观察股价波动的速度，衡量股价波动的动能，从而揭示股价反转的规律，为投资者正确地买卖股价提供重要的参考。

一、MTM 指标的计算方法

和大多数技术指标相比，MTM 的计算方法比较简单易懂。由于选用的计算周期的不同，MTM 指标也包括日 MTM 指标、周 MTM 指标、月 MTM 指标、年 MTM 指标以及分钟 MTM 指标等各种类型。经常被用于股市研判的是日 MTM 指标和周 MTM 指标。虽然它们的计算时的取值有所不同，但基本的计算方法一样。另外，由于各种软件版本的不同，MTM 指标的计算有两种方法。

1. 第一种计算方法

以日 MTM 指标为例，其计算过程如下：

MTM（N 日）＝ C－CN

式中，C ＝当日的收盘价；

CN ＝ N 日前的收盘价；

N 为计算参数，一般起始参数为 6。

2. 第二种计算方法

以日 MTM 指标为例，其计算过程如下：

MTM（N 日）＝（C÷CN×100）－100

式中，C ＝当日的收盘价；

CN ＝ N 日前的收盘价；

N 为计算参数，一般起始参数为 6。

虽然这两种计算方法有一定的不同，但这二者计算方法的意义和研判手段是相同的。在股市分析软件上，股价的动量线（即 MTM 线）是通过每个交易日动量点的连线，股价在波动中的变化可以通过动量线反映出来。动量指标是以 0 轴线为中心线，0 轴线上方为股价上升地带，0 轴线下方为股价下跌地带。动量线就是根据股价围绕着中心线周期性波动来反映股价波动的速度。另外，为了使动量指标更直观、准确地反映股价真实波动情况，在股市分析软件上，MTM 指标图上还辅助以另外一条线——MTMMA，即 MTM 的移动平均线。MTM 指标的研判就是围绕这两条线之间的关系展开。

二、MTM 指标的应用原则

MTM 指标的应用原则主要集中在 0 轴线的重要参考作用、MTM 线与股价曲线的配合使用以及 MTM 曲线的形态等方面进行分析：

0 轴线的重要参考作用

（1）MTM 指标是以 0 轴线为中心线。MTM 曲线主要是以其为中心，围绕其上下波动。

（2）当 MTM 曲线在 0 轴线上方时，说明多头力量强于空头力量，股价是处于上升或高位盘整阶段。

（3）当 MTM 曲线在 0 轴线下方时，说明空头力量强于多头力量，股价是处于下跌或低位盘整阶段。

（4）当 MTM 曲线从 0 轴线下方开始向上突破 0 轴线时，说明股市多头力量逐渐强大，股价向上运动的能量开始放出，股价将加速向上运动，是较强的中长线买入信号。投资者应及时买入股票。

（5）当 MTM 曲线从 0 轴线上方开始向下突破 0 轴线时，说明股市的空头力量逐渐强大，股价向下运动的能量更加强大，股价的下跌速度也将加快，是较强的中长线卖出信号，投资者应及时在中长线全部卖出股票或持币观望。

（6）当 MTM 曲线从 0 轴线下方向上突破 0 轴线并向上运动较长的一段时间以后，如果股价向上运动的加速度开始放缓，说明股市的多头力量开始衰弱，一旦 MTM 曲线开始掉头向下，预示着股价将见顶回落，是较强的短线卖出信号，投资者应及时短线全部卖出股票。

（7）当 MTM 曲线从 0 轴线上方向下突破 0 轴线并向下运动了较长的一段时间以后，如果股价向下运动的加速度开始放慢，说明股市的空头力量开始衰弱，一旦 MTM 曲线开始勾头向上，预示着股价将短期见底反弹，是较好的短线买入信号，投资者可以开始少量建仓。

（8）当 MTM 曲线向上突破 0 轴线后，只要 MTM 曲线不掉头向下，说明股价向上运动的速度和能量始终能支撑着股价的上涨，是很强的持股待涨信号，投资者应坚决一路持有股票，直到 MTM 曲线有掉头向下的迹象为止。

（9）当 MTM 曲线向下突破 0 轴线后，只要 MTM 曲线没有勾头向上，说明股价向下运动的能量还是比较大的，是较强的持币观望信号，投资者最好一路持币观望，尽量少做反弹，直到股价完全止跌向上为止。

MTM 曲线与股价曲线的配合使用

（1）当 MTM 曲线与股价曲线从低位同步上升，表明短期内股价有继续上涨趋势，投资者应继续持股或逢低买入。

（2）当 MTM 曲线与股价曲线从高位同步下降，表明短期内股价将有继续下跌趋势，投资者应继续持币观望或逢高卖出。

（3）当 MTM 曲线从高位回落，经过一段时间强势盘整后再度向上并创出新高，而股价曲线也在高位强势盘整后再度上升创出新高，表明股价的上涨动力依然较强，投资者可继续持股待涨。

（4）当 MTM 曲线从高位回落，经过一段时间盘整后再度向上，但到了前期高点附近时却掉头向下、未能创出新高时，而股价曲线还在缓慢上升并创出新高，MTM 曲线和股价曲线在高位形成了相反的走势，这可能就意味着股价上涨的动力开始减弱，MTM 指标出现了顶背离现象。此时投资者应千万小心，一旦股价从下，应果断及时地离场。

（5）当 MTM 曲线在长期弱势下跌过程中，经过一段时间弱势反弹后再度向下并创出新低，而股价曲线也在弱势盘整后再度向下创出新低，表明股价的下跌动能依然较强，投资者可继续持币观望。

（6）当 MTM 曲线从低位向上反弹到一定高位、再度向下回落，但回调到前期低点附近时止跌企稳、未能创出新低时，而股价曲线还在缓慢下降并创出新低，MTM 曲线和股价曲线在低位形成相反的走势，这可能就意味着股价下跌的动能开始衰弱，MTM 指标出现了底背离现象。此时投资者也应密切关注股价动向，一旦股价向上就可以短线买入，等待反弹的出现。

MTM 曲线的特殊应用

在股市大多数分析软件中，MTM 指标曲线是由 MTM 曲线和 MTMMA 曲线构成，这两种都有自己不同的分析方法。在实际操作中，我们既可以将 MTM-MA 曲线的分析参数设定为 1，这样 MTM 指标就变成由一条 MTM 曲线构成，其研判的方法与上述的方法就一样，这里就不展开论述，又可以把 MTMMA 曲线的分析参数不设定为 1，这样就可以利用 MTM 曲线和 MTMMA 曲线的交叉情况来分析行情。以日 MTM 曲线中的 MTM 曲线的分析参数设定为 12 日，MTMMA 曲线的分析参数设定为 6 日为例，其主要分析方法如下：

（1）当 MTM 曲线和 MTMMA 曲线经过长时间的底部整理后，MTM 曲线开始向上运行，MTM 曲线也同时走平或小幅上升，说明股价上涨的动能开始增强，股价的长期向上运动趋势初步形成，投资者可以开始逢低吸纳股票。

（2）当 MTM 曲线开始向上突破 MTMMA 曲线时，说明股价的上涨动能已经相当充分，股价的长期向上趋势已经形成，如果伴随较大的成交量配合则更可确认，投资者应坚决地全仓买入股票。

（3）当 MTM 曲线向上突破 MTMMA 曲线并运行一段时间后，又开始向下回调并靠近或触及 MTMMA 曲线，只要 MTM 曲线没有有效跌破 MTMMA 曲线，都表明股价属于强势整理。一旦 MTM 曲线再度返身向上时，表明股价的动能再次聚集，股价将进入强势拉升阶段，投资者可以及时买入股票或持股待涨。

（4）当 MTM 曲线和 MTMMA 曲线再度同时向上延伸时，表明股价的强势依旧，投资者可一路持股待涨。

（5）当 MTM 曲线和 MTMMA 曲线同时向上运行较长的一段时间后，由于 MTM 曲线运行速度超过 MTMMA 从而远离 MTMMA 曲线时，一旦 MTM 曲线掉头向下，说明股价上涨的动能消耗过大，股价有短线回调的要求，投资者应及时逢高减磅。

（6）当 MTM 曲线从高位向下突破 MTMMA 曲线时，表明股价上升动能已经衰竭而下降的动能开始积聚，股价的长期上升趋势已经结束，而长期下降趋势开始形成，投资者应坚决及时地卖出全部股票。

（7）当 MTM 曲线向下突破 MTMMA 曲线后，MTMMA 曲线也开始向下掉头运行时，表明股价下跌动能开始加强，股价的长期下降趋势日益明显，投资者应坚决一路持币观望或逢高卖出剩余的股票。

（8）当 MTM 曲线在 MTMMA 曲线下方一直向下运行时，说明股价的弱势特征极为明显，投资者唯一能采取的投资决策就是持币观望。

（9）当 MTM 曲线在 MTMMA 曲线下方运行很长一段时间后，开始慢慢掉头向上时，说明股价的下跌动能暂时减缓，股价处于弱势整理格局，投资者还应继续观察，不要轻易采取行动。

（10）当 MTM 曲线在 MTMMA 曲线下方开始向上突破 MTMMA 曲线时，说明股价的反弹动能开始加强，股价将止跌反弹，此时，投资者可以少量买入股票做短线反弹行情但不可恋战，一旦行情再度向下，及时离场观望，直到股价长期下降趋势结束。

MTM 指标的形态图解

MTM 曲线高位反转形态

当 MTM 曲线在高位形成 M 头或三重顶等高位反转形态时（见图 118），意味着股价的上升动能已经衰竭，股价有可能出现长期反转行情，投资者应及时地卖出股票。如果股价走势曲线也先后出现同样形态则更可确认，股价下跌的幅度和过程可参照 M 头或三重顶等顶部反转形态的研判。

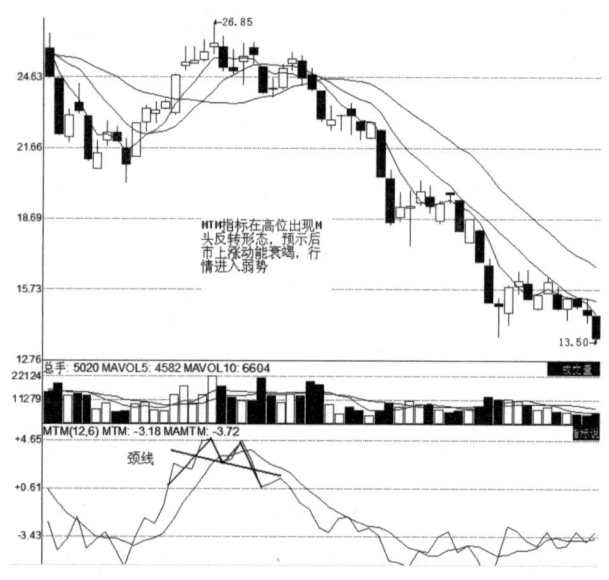

图 118　MTM 指标高位反转形态图解

MTM 曲线低位反转形态

当 MTM 曲线在低位形成 W 低或三重低等低位反转形态时（见图 119），意味着股价的下跌动能已经减弱，股价有可能构筑中长期底部，投资者可逢低分批建仓。如果股价走势曲线也先后出现同样形态则更可确认，股价的上涨幅度及过程可参照 W 底或三重底等底部反转形态的研判。MTM 曲线顶部反转形态对行情判断的准确性要高于底部形态。

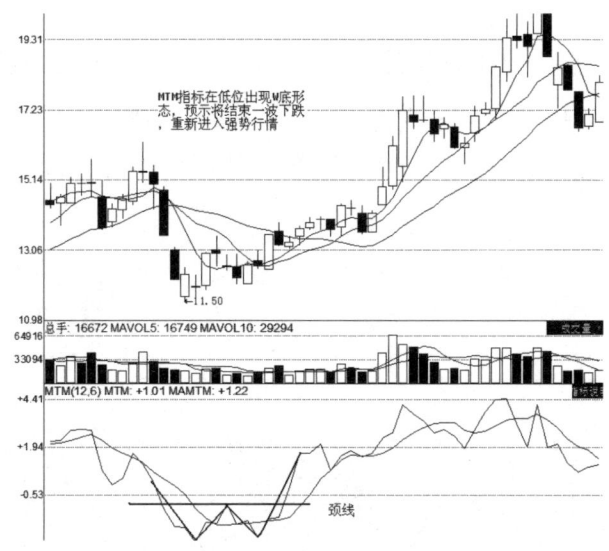

图 119　MTM 指标低位反转形态图解

MTM 指标的实战技巧

一、MTM 指标的买卖功能（将 MTM 参数设为 88，77）

（1）当 82 日 MTM 曲线和 77 日 MTMMA 曲线经过长时间的中低位整理后，一旦 82 日 MTM 曲线开始向上突破 77 日 MTMMA 曲线时，说明股价的上涨动能已经相当充分，股价的中长期向上趋势已经形成，这是 MTM 指标发出的中长期买入信号，特别是对于那些股价已经突破中长期均线压力、并且伴随较大的成交量配合的股票，这种买入信号则更可确认。此时，投资者应坚决地全仓买入股票。

（2）当 82 日 MTM 曲线和 77 日 MTMMA 曲线都在高位盘整时，一旦 82 日 MTM 曲线向下突破 77 日 MTMMA 曲线，则表明股价上升动能已经衰竭，而下降的动能开始积聚，股价的长期上升趋势已经结束，而长期下降趋势开始形成，这是 MTM 指标发出的中长期卖出信号，特别是对于那些股价已经突破中短期均线的股票，这种信号更加明显。此时，投资者应及时地逢高卖出股票。

例：汉钟精机（002158）（见图120）09 年 8 月末到 10 月经过了一段时间的低位震荡盘整，10 月 16 日 MTM 上穿 MTMMA 曲线，发出中长期买入信号。10 月 20 日以 13.02 元买进该股，11 月 19 日以 16.89 元卖出，每股获利 6.8 元，累积涨幅达到 28%。

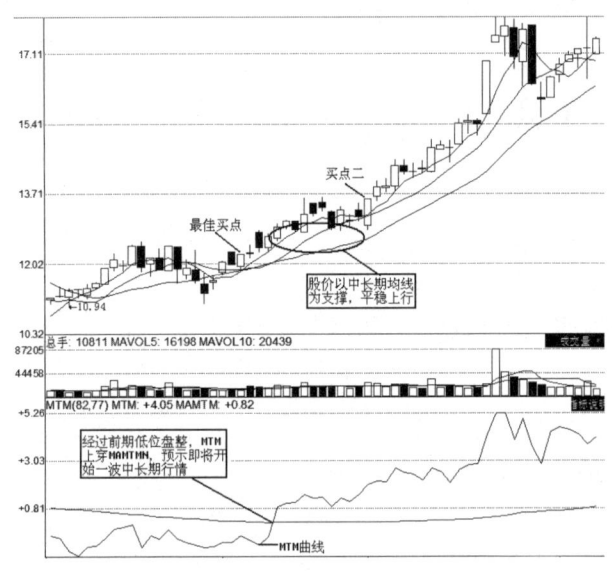

图 120　汉钟精机 MTM 买点图解

二、MTM 指标的持股持币功能

（1）当 82 日 MTM 曲线向上突破 77 日 MTMMA 曲线后，如果这两条曲线同时向上延伸时，表明股价的上涨动能快速聚集，股价将进入强势拉升阶段，这是 MTM 指标发出的持股待涨信号，特别是对于那些股价依托中短期均线向上攀升的股票，这种持股信号更加明显。此时，投资者可一路持股待涨。

（2）当 82 日 MTM 曲线在高位向下突破 77 日 MTMMA 曲线后，这两条曲线同时向下延伸时，表明股价的下跌动能逐渐增强，股价将进入弱势阴跌阶段，这是 MTM 指标发出的持币观望信号，特别是对于那些股价被中长期均线压制下行的股票，这种持币信号更加明显。此时，投资者应以一路持币观望为主，尽量少做反弹。

例：西部材料（002149）（见图121）2009 年 7 月 17 日，该股在创下了 44.0 元新高后，股价窄幅横盘整理，8 月 11 日出现了一个小反弹，但随后 MTM 再一次跌破 MTMMA 曲线，股价在三天后高空跳水，从 36.20 元暴跌至 24.71 元。

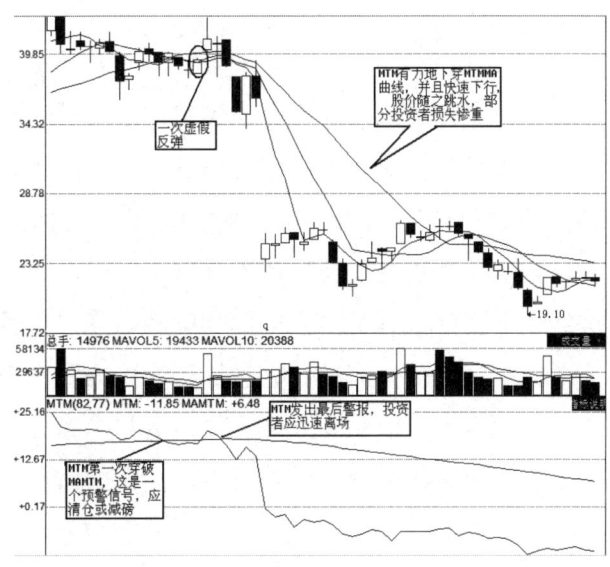

图 121　西部材料持币信号图解

第十四章　宝塔线指标——TOWER

股市之大，无奇不有，种类繁多的主力骗线层出不绝，让一些资深股民也头疼不已。有没有一种技术指标能够破解骗线伎俩呢？宝塔线就能够帮投资者过滤掉相当一部分的骗线。TOWER 指标，又称为宝塔线指标，是一种与 K 线及点状图相类似并注重股价分析的中长期技术分析工具。由于宝塔线的止损点和止赚点，由宝塔线以非主观方式给出，止损或止赚幅度因各股的宝塔线结构而异，跟建仓价无关，跟最近 3 个交易日收盘价及 5 天均线的升降有关，有着很清晰的可操作性。可以说宝塔线是实战价值极高的技术指标，它有极好的市场敏感性和客观实证性，可有效辅助投资者避险，在大的波段顶和反弹见顶时发出卖出信号。

TOWER 指标的原理解析

宝塔线指标 TOWER 是以不同颜色（或虚实体）的棒线来区分股价涨跌的一种图表型指标。它主要是将股价多空之间的争斗的过程和力量的转变表现在图表中，借以研判未来股价的涨跌趋势及选择适当的买卖时机。

宝塔线主要是应用趋势线的原理，引入支撑区和压力区的概念，来确认行情是否反转。对于行情的发展所可能产生的变化方向，不做主观的臆测，而是做客观的承认，这点与其他指标是不同的。宝塔线指标认为，如果一个股票价格的上升趋势已经确认，就应该买进股票并持股，不去主动地预测股价的高点在哪里，而是在股价从高位出现反转向下的征兆时开始小心，一旦确认股价头部出现而出现卖出信号时，才做相应的卖出动作。反之，如果一个股票价格的下跌趋势形成时，就应卖出股票、离场观望，不去轻易预测底部在哪里，只是在股价由低位向上反转并出现买入信号时，才开始采取买入行动。

由上述可知，宝塔线指标信奉的是"涨不言顶""跌不言底"的投资理念，它告诉投资者不要刻意去预测股价高点或低点的位置，而是等可能的高点或低点出现时才采取相对应的卖出或买入决策。一般而言，按照宝塔线指标所揭示的方法去买卖股票，虽然在高点卖出股票或在低点买入股票而造成部分获利的损失的可能，但这种方法比较不会错失涨升的出现或避免下跌行情的存在，也不会轻易在上升途中的盘整行情中被震仓出局。因此，宝塔线指标比较适合稳健操作的投资者。

一、TOWER 指标的画法

宝塔线的计算方法非常简单，具体来说就是，今天收盘低于昨天收盘与前天收盘之中较低者，宝塔线翻绿；今天收盘高于昨天收盘与前天收盘之中较高者，宝塔线翻红；今天收盘介于昨天收盘与前天收盘之间，宝塔线维持昨天的颜色。

宝塔线 TOWER 指标是以股票的收盘价作为参照，当股价上涨时用白线（或红线），当股价下跌时用黑线（或绿线），从而通过黑白棒线的变化情况来研判股价的未来走势。和其他技术分析指标不同的是，宝塔线指标没有计算公式，而是靠选用画图表的方式形成的。

由于选用的图表周期不同，宝塔线 TOWER 指标包括日宝塔线指标、周宝塔线指标、月宝塔线指标、年宝塔线指标以及分钟宝塔线指标等很多种类型。经常被用于股市研判的是日宝塔线指标和周宝塔线指标。以日宝塔线指标为例，其具体画法如下：

（1）当股价上涨时，用白色（或红色）空心棒体表示，而当股价下跌时，用黑色（或绿色）实心棒体表示。

（2）以某一日的收盘价作为基准价，每日依次将股票收盘价的涨跌画于图表上。

（3）如果上一日股价是涨升的白色棒体，而次日下跌，股价未跌破上一日白色棒体低点的那一部分跌幅仍用白色棒体，跌破的部分用黑色棒体表示。

（4）如果上一日股价为下跌的黑色棒体，而次日上涨，股价未涨过上一日黑色棒体高点的那一部分涨幅仍用黑色棒体，涨过的部分用白色棒体表示。

（5）未来的日行情画法依次类推。

宝塔线的特征和画法与点状图类似，并非是记载每个周期的股价变动过程，而是在股价创新高或新低时，才予以记录，这点不同于 K 线的画法。由于目前股市技术分析软件上的宝塔线是电脑自动生成的，因此，投资者不需自己画，这里主要是通过了解其计算过程而达到对宝塔线指标的熟悉。

和其他指标的计算一样，由于选用的计算周期的不同，TOWER 指标也包括日 TOWER 指标、周 TOWER 指标、月 TOWER 指标、年 TOWER 指标以及分钟 TOWER 指标等各种类型。经常被用于股市研判的是日 TOWER 指标和周 TOWER 指标。虽然它们的计算时的取值有所不同，但基本的计算方法一样。另外，随着股市软件分析技术的发展，投资者只需掌握 TOWER 形成的基本原理和计算方法，无须去计算指标的数值，更为重要的是利用 TOWER 指标去分析、研判股票行情。

二、TOWER 指标的应用原则

宝塔线 TOWER 指标的一般研判标准主要集中在宝塔线的黑白棒线的状态及相互之间转化的分析和宝塔线与股价 K 线的配合使用等方面（在股市分析软件上，黑棒多用绿颜色代替、白棒多用红颜色代替）。以日宝塔线为例，其主要分析过程如下：

黑白棒线的状态及相互转化的分析。

（1）当股价由底部向上反转，宝塔线的黑色棒线进入翻白的状态时，说明股价开始上涨，投资者可适量介入。

（2）当股价在上升途中，只要宝塔线的白色棒线一直持续出现，说明股价一直维持强势上涨的态势，投资应坚决持股或逢低短线买入。

（3）当宝塔线维持白色棒线状态的时间很长并且股价短期内涨幅已经很大

的情况下时，投资者应密切关注宝塔线的状态，一旦宝塔线的白色棒线开始进入翻黑的状态，说明股价的短期涨势可能结束，投资者应全部卖出股票，离场观望。

（4）当股价在下跌途中，只要宝塔线的黑色棒线一直持续出现，说明股价一直维持弱势下跌的态势，投资者应坚决持币观望或逢高卖出。

（5）当股价在一段幅度的盘整区间中维持小翻白、小翻黑状态时，只要这个盘整区间没有被突破，说明股价的整理态势没有结束，投资者可以选择持股或持币观望。

（6）当股价维持高位盘整，一旦出现实体很长的黑色棒线向下突破盘整的区间时，说明股价高位盘整的态势已经结束，将进入一个比较长时间的下跌行情，投资者应及时卖出股票，离场观望。

（7）当股价在上升途中维持中低位整理，一旦出现实体很长的白色棒线向上突破整理区间时，说明股价中低位整理的态势已经结束，将进入一个快速的上涨行情，投资者应及时短线买入股票或持股待涨。

（8）当股价在下跌途中，宝塔线翻黑了一段时间后，突然翻红，投资者应再观察几天，不可轻易买入，防止股价假突破。

宝塔线与 K 线的配合使用

（1）当股价在底部横盘很久后，突然出现一根实体很长的向上突破大阳线，如果宝塔线也出现实体较长的向上白棒线时，说明股价的涨势开始确立，投资者可以及时买进股票。

（2）当股价在中长期上升途中，股价的 K 线出现小阴大阳相互交替的向上态势时，只要宝塔线一直维持白色棒线的状态，说明股价涨势强劲，投资者应坚持一路持股待涨。

（3）当股价在中长期下降途中，股价的 K 线出现大阴小阳相互交替的向下态势时，只要宝塔线一直维持黑色棒线的状态，说明股价跌势绵绵，投资者应坚决一路持币观望。这点和上面一点对于股价走势研判的准确率极高。

（4）当股价经过一段时间的幅度较大的上涨行情后，如果股价的 K 线在高位出现一根实体较长向下突破的阴线后，宝塔线也出现一根实体较长的向下黑棒线时，说明股价的跌势已经开始，投资者应及时卖出股票。

TOWER 指标的形态图解

一、三平顶形态

所谓三平顶形态是指股价经过一段比较短时间内的快速上升行情后，宝塔线图表中出现了连续三个或以上、几乎处于同一水平位置的实体很长的黑棒线或棒体下部为黑、上部为白的混合棒体线的形态（见图122）。一般来说，股价短期涨幅已经相当大，近期波段涨幅要超过30%以上，越大越有效。

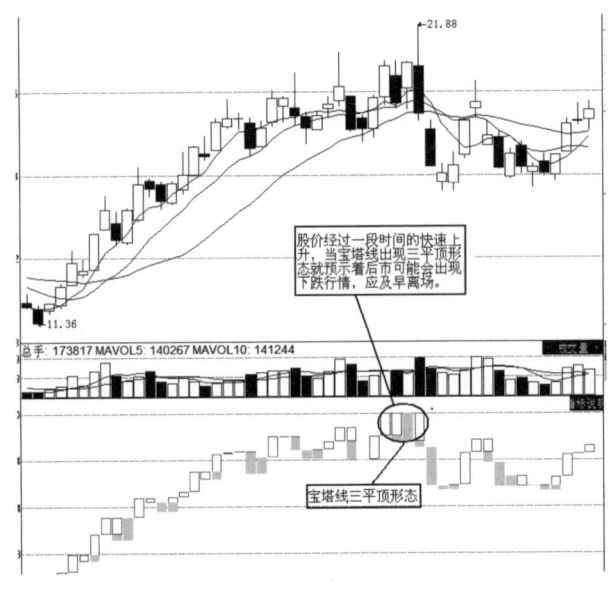

图122　宝塔线三平顶形态图解

在研判三平顶形态时，投资者应注意以下问题：当股价经过在一段较短时间内的拉升行情后，在高位出现这种三平顶翻黑的形态时，预示着股价的强势行情已经见顶，将开始一段比较迅猛的跌势行情，因此，一旦宝塔线指标在高位出现三平顶翻黑形态时，应果断及时地短线卖出全部股票而离场观望。三平顶的另一种形态为，股价在中高位进行了一段时间的盘整后，一旦 TOWER 指标出现三平顶翻黑形态，并且股价也几乎同时向下跌破中长期均线，这种三平顶形态的出现意味着股价一轮新的跌势的开始，应及时清仓观望。

二、三平底形态

所谓三平底形态是指股价经过一段比较长时间的快速下跌行情后，宝塔线图表中出现了连续三个或以上、位置依次向上的实体较长的白棒线或棒体下部为黑、上部为白的混合体棒线的形态（见图123）。

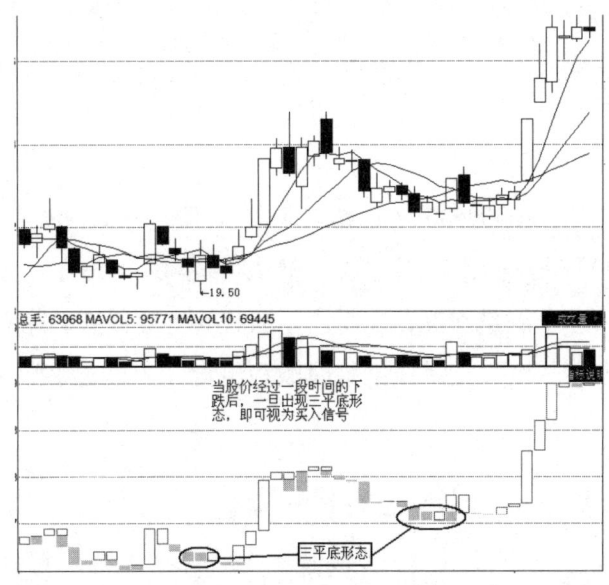

图123 宝塔线三平底形态图解

三平底形态的前提条件是，股价中长期的跌幅已经很大而且近期的跌幅也累计超过30%以上。其研判方法概括如下：当股价经过一段较短时间的暴跌行情后，股价在低位出现三平底翻白的形态时，预示着股价已经严重超跌，短期内可能产生一波短线的反弹行情，因此，当宝塔线指标在底部出现三平底翻白形态时，投资者可以适量地买入股票，作短线反弹行情。三平底的另一种形态为，股价在上涨中途进行了一段比较长时间的盘整后，一旦 TOWER 指标出现三平底翻红形态，并且股价也同时依托中长期均线向上扬升，这种三平底形态的出现意味着股价一轮新的涨势的开始，应短线及时逢低买入或持股观望。

TOWER 指标的实战技巧

一、宝塔线一般选股技巧

所谓宝塔线是以白（或红）黑（或绿）的实体棒线来划分股价的涨跌，及研判其涨跌趋势的一种图表型指标，也是将多空之间拼杀的过程与力量的转变表现在图中，并且显示适当的买进时与卖出时机。简单说来，就是翻红买入，翻绿卖出（见图 124）。

例 1：河池化工（000953）（见图 124），该股上市以后，主力一直以打压吸货为主，并在平台调整达数周之久，至 2000 年 3 月 13 日，宝塔线翻红；3 月 14 日，开始第一个放量涨停，宝塔线显示其为有效突破，随后按宝塔线原理可以一直持股至 3 月 28 日宝塔线翻绿时顺利出货（上涨近 140%）。

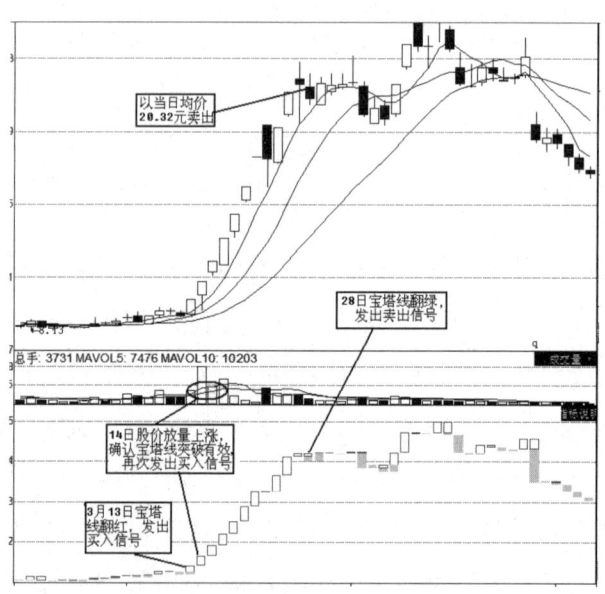

图 124　河池化工宝塔线买卖图解

例 2：江南重工（600072）（现名中船股份）（见图 125）该股在年初时随

大盘反弹，成交量并没有出现明显的放大，股价呈现出震荡上扬的走势。之后该股虽然随大盘出现小幅的回落走势，但是盘面主力打压吸货的迹象还是比较明显。4月3日，宝塔线翻红，并且在之后的数个交易日中连续翻红，显示出其股价突破的有效性。随后按宝塔线原理投资者可以一直持股至4月11日，因为在4月12日的行情中，宝塔线呈现出小部分翻红而大部分翻绿的图形，空方力量已经表现出较大的优势。此时，投资者应该适量出局了结，而此后该股的震荡调整走势也证明了这一点。

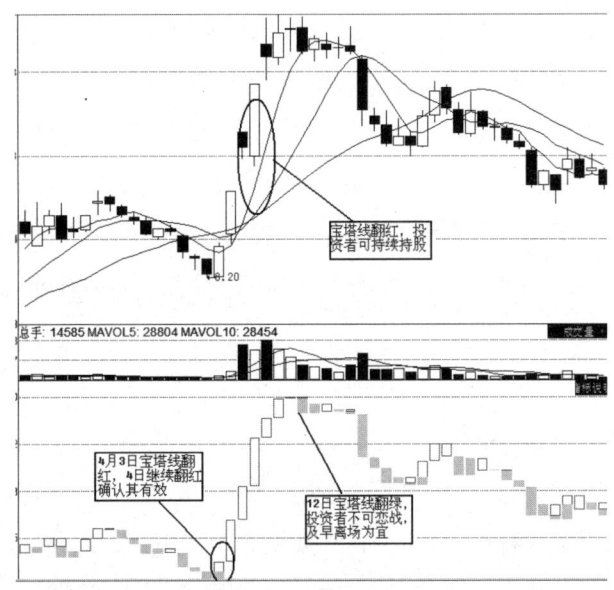

图 125　江南重工宝塔线买卖图解

投资者在运用宝塔线时，还应注意以下两点：

（1）当 TOWER 指标在中低位翻红（或白）后，只要 TOWER 线放出一连串的红（或白）色实体，并且股价依托中短期均线向上运行时，说明股价的强势依旧，股价还将继续上攻，这是 TOWER 指标发出的持股待涨信号。此时，投资者应坚决持股待涨。

（2）当 TOWER 指标在高位翻黑向下后，只要 TOWER 线放出一连串黑色实体而没有明显的翻白的现象，同时股价也被中短期均线压制下行时，说明股价的跌势依旧，这是 TOWER 指标发出持币观望信号。此时，投资者应以持币观望为主。

二、宝塔线三平顶翻绿

发现一些强势股热门股短线参与之，对有一定市场经验的投资者而言并非难事，关键在于逢高及时出货。我们发现对于以下条件个股可利用三平顶翻黑（绿）卖出：

（1）中短线波段累计涨幅大的个股利用三平顶高位翻黑杀跌，既可保证在高位出逃，又不致过早离场。

（2）对 180～200% 以上换手大波段 35% 以上趋势升幅的牛股，及 50～80% 以上换手率反弹热门股，一旦宝塔线三平顶翻黑离场出逃。

（3）有主力对倒的诱多的盘口特征加三平翻黑，当出场了结，规避风险。

（4）调整市中，20～40 天中期均线压制的个股，反弹高点出现三平顶后可减磅。中短均线系统空头排列可适当加大减仓力度。若 K 线组合显示见顶迹象更应果断减磅。

例：珠峰摩托（600338）（见图 126）经一轮升幅近 50% 的爆炒，5 月 23日～25 日出现三平顶翻黑且价量背离见顶信号，卖出可成功逃大顶。以后 7 月7 日 6.5 元一线出现主力诱多的三平顶翻黑可视为逃命线，而后受 20 及 30 天中期均线的压制，多次发出宝塔线翻黑的卖出信号，9 月 13 日的放量反弹后，宝塔线翻黑更可避开短期暴跌的市场风险。

三、宝塔线三平底翻红

当股价在上涨中途进行了一段比较长时间的盘整后，一旦 TOWER 指标出现三平底翻红（或白）形态，并且股价也同时依托中长期均线向上扬升（或带量向上突破中长期均线），这种三平底形态的出现意味着股价一轮新的涨势的开始，这是 TOWER 指标发出的买入信号。此时，投资者应及时跟进买入。

例：振华科技（000733）（见图 127）在经过了一段较长时间的下跌行情后，1999 年 5 月 14 日到 19 日形成了三平底形态，19 日宝塔线翻红，股价带量

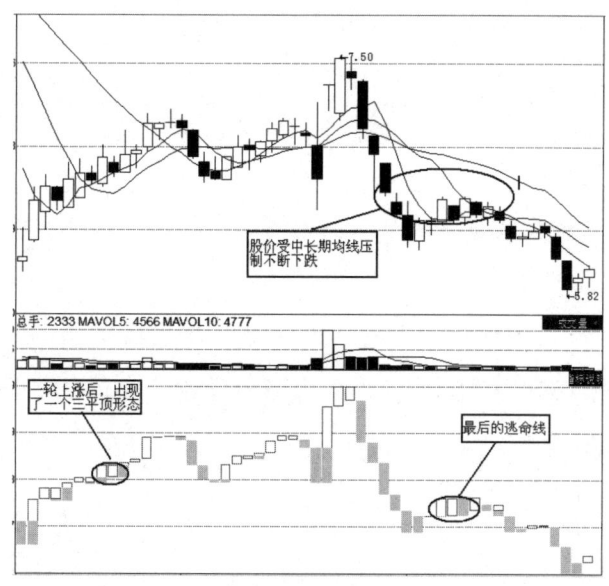

图 126　珠峰摩托宝塔线买卖图解

向上突破中长期均线。在随后的几个交易日内股价由 8.20 元涨到了 10.28 元。

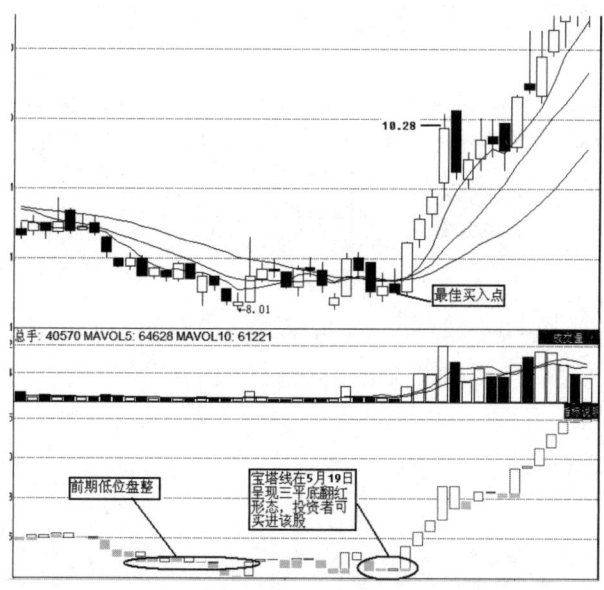

图 127　振华科技三平底翻红买入图解

四、宝塔线捕捉短线个股

当股价在上升途中维持中低位整理，一旦出现实体很长的白色棒线向上突破整理区间时，说明股价中低位整理的态势已经结束，将进入一个快速的上涨行情，投资者应及时短线买入股票或持股待涨。

例：中国太保（601601）（见图128）2008年末到09年初经过了一段较长时间的平台整理，09年1月14日当天宝塔出现较长实体的红棒，股价短期随即飙升至13.80元。

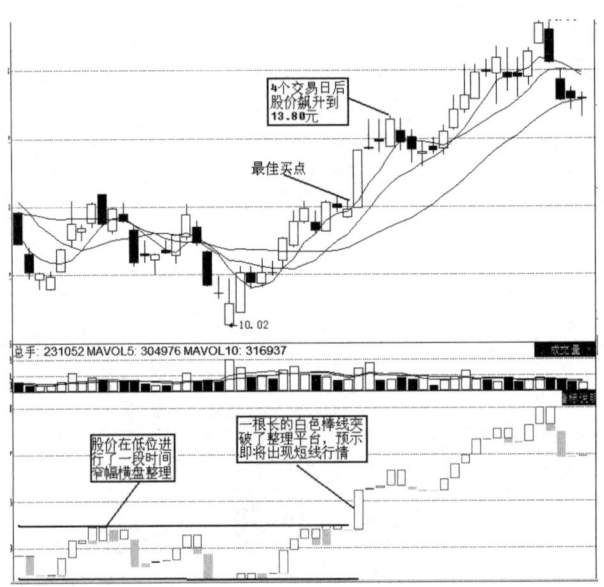

图128　中国太保宝塔线捕捉短线个股图解

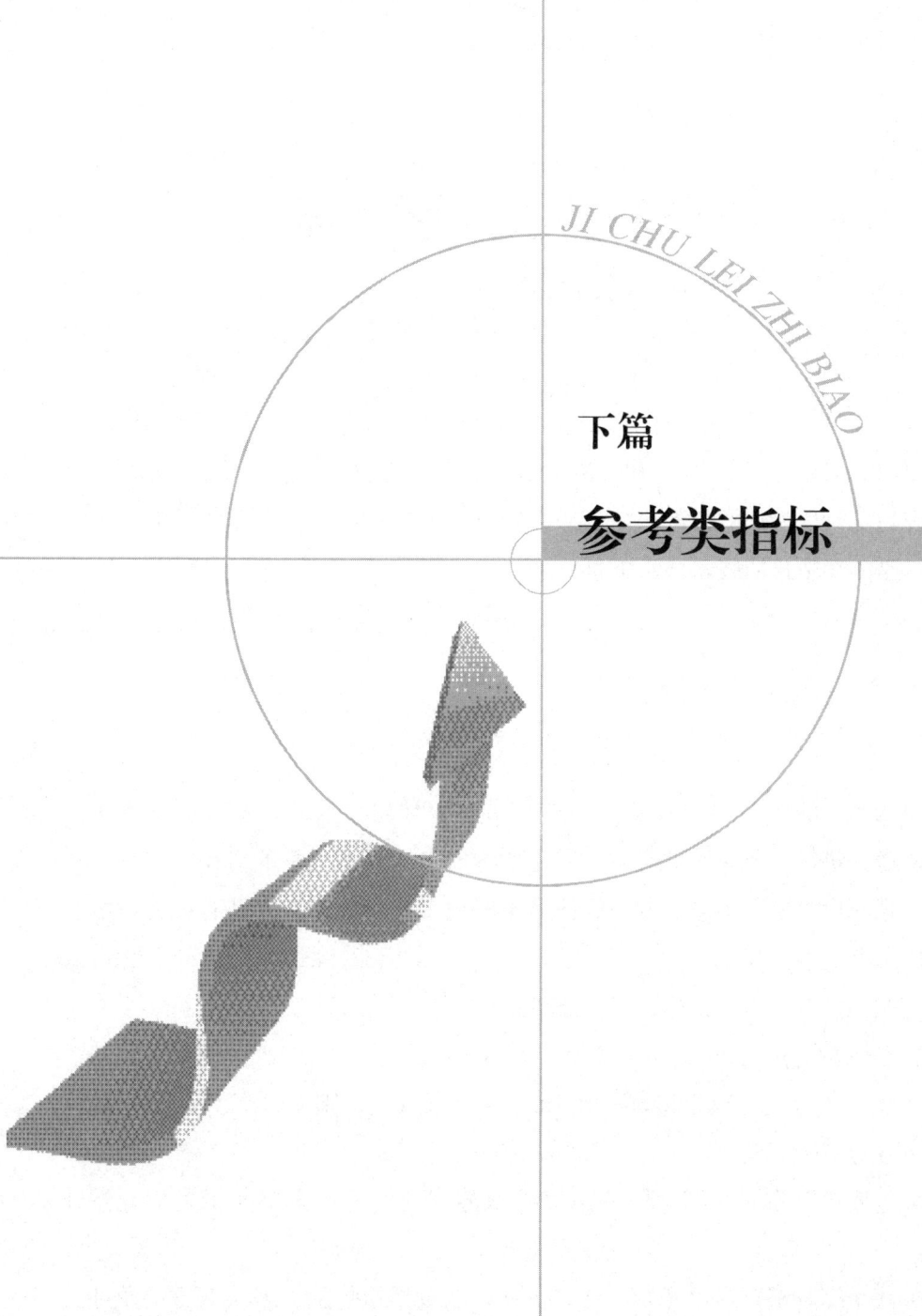

下篇

参考类指标

第十五章 人气和买卖意愿指标
——ARBR

在做股票时，有一种重要的市场参考指标是不能被忽略的，那就是 ARBR 指标。AR 指标又叫人气指标，BR 指标又叫买卖意愿指标，它们是衡量市场上多空双方力量对比变化的最重要指标。它们可以单独使用，但更多情况下是一同使用，是一种中长期技术分析工具。

ARBR 指标的原理解析

股票市场上的每一个交易日都要进行多空力量的较量，需要一个指标正确、全面地反映每一个交易日或某一段时期内的多空双方力量的对比。在一个交易日或某一段时期，多空双方的优势是不断地交替着的，双方都有可能在一定时期内占据优势。如果一定时期内多方力量占据优势，股价将会不断上升；如果一定时期内空方力量占据优势，股价则会不断下跌；多空双方力量如果大致平衡，股价在会在某一区域内窄幅波动。而市场上多方力量大，则买方气势就会比较强、卖方气势就会减弱；市场上空方力量大，则卖方气势就会比较强、买方气势就会衰弱。

因此，股价走势的变动主要是由供求双方买卖气势和多空力量的对比造成的。

正如每个事物都有一个开始的地方一样，在股票市场上，多空双方的争斗都是从某一个均衡价位区（或基点）开始的。股价在这个均衡区上方，说明多方力量占优势；股价在这个平衡区下方，说明空方力量占优势。随着市场的进一步发展，股价会向上或向下偏离这一平衡价位区（或基点），股价偏离得越大，说明力量越大，偏离得越小，说明力量越小。因此，利用股票各种价格之间的关系，找到这个平衡价位区（或基点），对研判多空力量的变化可起到重要的作用。而 ARBR 指标就是根据股票的开盘价、收盘价、最高价和最低价之间的关系来分析多空力量的对比，预测股价的未来走势的。

AR 指标是反映市场当前情况下多空双方力量发展对比的结果。它是以当日的开盘价为基点，与当日最高价相比较，依据固定公式计算出来的强弱指标。

BR 指标也是反映当前情况下多空双方力量争斗的结果。不同的是，它是以前一日的收盘价为基础，与当日的最高价、最低价相比较，依据固定公式计算出来的强弱指标。

一、ARBR 指标的计算方法

1. AR 指标的计算方法

AR 指标是通过比较一段周期内的开盘价在该周期价格中的高低，从而反映市场买卖人气的技术指标。

以计算周期为日为例，其计算公式为：

N 日 AR＝N 日内（H－O）之和除以 N 日内（O－L）之和

式中，H 为当日最高价，L 为当日最低价，O 为当日收盘价，N 为设定的时间参数，一般原始参数日设定为 26 日。

2. BR 指标的计算方法

BR 指标是通过比较一段周期内的收盘价在该周期价格波动中的地位，来反映市场买卖意愿程度的技术指标。

以计算周期为日为例，其计算公式为：

N 日 BR＝N 日内（H－CY）之和除以 N 日内（CY－L）之和

式中，H 为当日最高价，L 为当日最低价，CY 为前一交易日的收盘价，N 为设定的时间参数，一般原始参数日设定为 26 日。

和其他指标的计算一样，由于选用的计算周期的不同，AR、BR 指标也包括日 ARBR 指标、周 ARBR 指标、月 ARBR 指标、年 ARBR 指标以及分钟 ARBR 指标等各种类型。经常被用于股市研判的是日 ARBR 指标和周 ARBR 指标。虽然它们的计算时的取值有所不同，但基本的计算方法一样。另外，随着股市软件分析技术的发展，投资者只需掌握 ARBR 形成的基本原理和计算方法，无需去计算指标的数值，更为重要的是利用 ARBR 指标去分析、研判股票行情。

二、ARBR 指标的应用原则

AR 指标的单独应用

（1）AR 值以 100 为强弱买卖气势的均衡状态，其值在上下 20 之间。亦即当 AR 值在 80~120 之间时，属于盘整行情，股价走势平稳，不会出现大幅上升或下降。

（2）AR 值走高时表示行情活跃，人气旺盛，而过高则意味着股价已进入高价区，应随时卖出股票。在实际走势中，AR 值的高度没有具体标准，一般情况下 AR 值大于 180 时（有的设定为 150），预示着股价可能随时会大幅回落下跌，应及时卖出股票。

（3）AR 值走低时表示行情萎靡不振，市场上人气衰退，而过低时则意味着股价可能已跌入低谷，随时可能反弹。一般情况下 AR 值小于 40（有的设定为 50）时，预示着股价已严重超卖，可考虑逢低介入。

（4）同大多数技术指标一样，AR 指标也有领先股价到达峰顶和谷底的功能。当 AR 到达顶峰并回头时，如果股价还在上涨就应考虑卖出股票，获利了结；如果 AR 到达低谷后回头向上时，而股价还在继续下跌，就应考虑逢低买入股票。

BR 指标的单独应用

（1）BR 值为 100 时也表示买卖意愿的强弱呈平衡状态。

（2）BR 值的波动比 AR 值敏感。当 BR 值介于 70~150 之间（有的设定为 80~180）波动时，属于盘整行情，投资者应以观望为主。

（3）当 BR 值大于 300（有的设定为 400）时，表示股价进入高价区，可能随时回档下跌，应择机抛出。

（4）当 BR 值小于 30（有的设定为 40）时，表示股价已经严重超跌，可能随时会反弹向上，应逢低买入股票。

ARBR 指标的配合使用

（1）一般情况下，AR 可单独使用，而 BR 则需与 AR 配合使用才能发挥 BR 的功能。

（2）AR 和 BR 同时从低位向上攀升，表明市场上人气开始积聚，多头力量开始占优势，股价将继续上涨，投资者可及时买入或持筹待涨。

（3）当 AR 和 BR 从底部上扬一段时间后，到达一定高位并停滞不涨或开始掉头时，意味着股价已到达高位，持股者应注意及时获利了结。

（4）BR 从高位回跌，跌幅达 1/2 时，若 AR 没有警戒信号出现，表明股价是上升途中的正常回调整理，投资者可逢低买入。

（5）当 BR 急速上升，而 AR 却盘整或小幅回档时，应逢高出货。

以前股市技术分析中，都是在 AR 和 BR 指标基础上，引入 CR 指标一起研判，可提高分析、预测行情的准确性。但现在大多数技术分析软件上都是将 CR 作为单独指标使用，因此这里就不介绍 AR、BR 和 CR 三者的同时研判。

ARBR 指标的形态图解

一、AR、BR 曲线的运行方向及交叉形态

（以 26 日为参数的 ARBR 指标）

（1）当股价开始从低位放量启动，而 AR、BR 线也同时向上攀升，特别是 BR 线向上突破 AR 线时（即 AR、BR 线"金叉"）（见图 129），应及时买入股票。

（2）在上升行情开始初期，BR 线一直在 AR 线上方运行，同时 AR 线也缓慢上扬，说明股价将维持升势，投资者可坚决持股。

（3）当股市到达高位后，而 AR 和 BR 线却有掉头向下的迹象时，投资者应加倍小心。当 BR 线开始向下突破 AR 线时（即 AR、BR 线"死叉"），为卖出信号。

（4）当股价从高位开始下跌，BR 线开始向下突破 AR 线时，说明股价将

持续下跌，投资者应及时卖出股票。

（5）当 BR 线一直在 AR 线下方并同时向下运动时，说明股价将维持跌势，投资者应以持币观望为主。

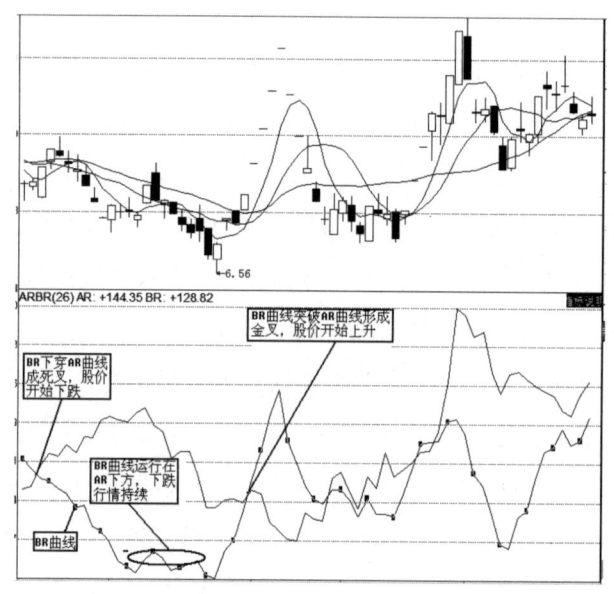

图 129　AR、BR 曲线交叉形态图解

二、AR、BR 曲线的背离现象

（一）顶背离

当股价 K 线图上的股票走势一峰比一峰高，股价在一直向上涨，而 AR、BR 指标图上的 AR、BR 曲线的走势是在高位一峰比一峰低，这叫顶背离现象（见图 130）。顶背离现象一般是股价将高位反转的信号，表明股价短期内即将下跌，是比较强烈的卖出信号。

（二）底背离

当股价 K 线图上的股票走势一峰比一峰低，股价在向下跌，而 AR、BR 指标图上的 AR、BR 曲线的走势是在低位一底比一底高，这叫底背离现象（见图 131）。底背离现象一般是股价将低位反转的信号，表明股价短期内即将上涨，是比较强烈的买入信号。

指标背离一般出现在强势行情中比较可靠。即股价在高位时，通常只需出现一次顶背离的形态即可确认行情的顶部反转，而股价在低位时，一般要反复

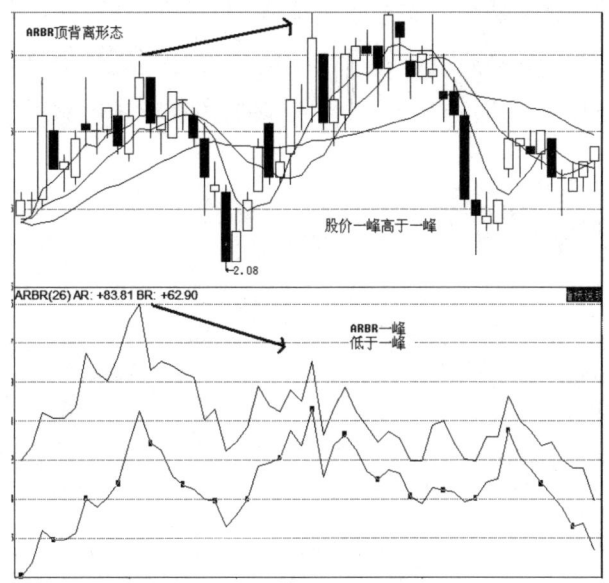

图 130　AR、BR 曲线顶背离形态图解

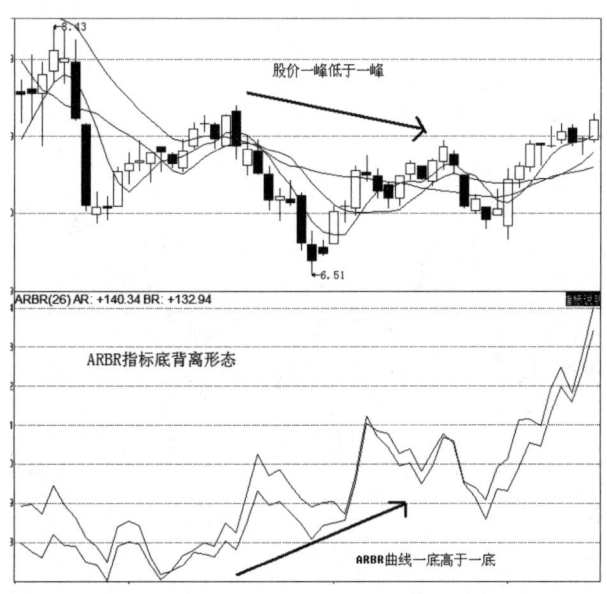

图 131　ARBR 指标底背离形态图解

出现多次底背离后才可确认行情的底部反转。

三、AR、BR 曲线的形态

（1）当 AR、BR 曲线在高位形成 M 头或三重顶等高位反转形态时，意味着股价的上升动能已经衰竭，股价有可能出现长期反转行情，投资者应及时地卖出股票。如果股价走势曲线也先后出现同样形态则更可确认，股价下跌的幅度和过程可参照 M 头（见图 132）或三重顶等顶部反转形态的研判。

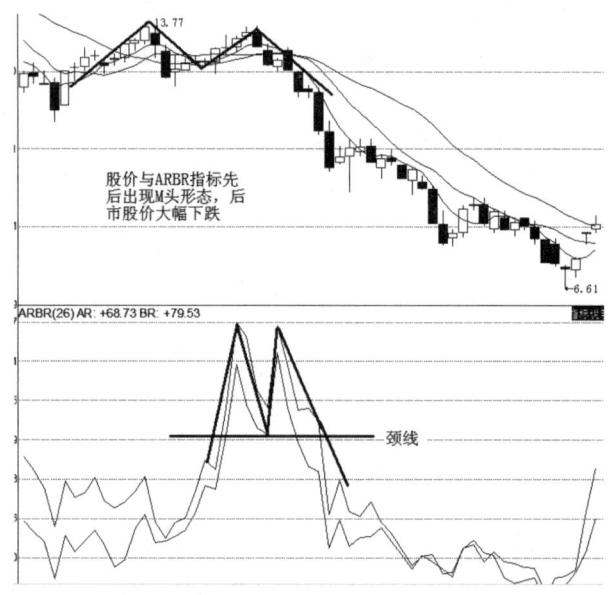

图 132　AR、BR 曲线 M 头形态图解

图 133　AR、BR 曲线 W 底形态图解

（2）当 AR、BR 曲线在低位形成 W 底（见图 133）或三重底等低位反转形态时，意味着股价的下跌动能已经减弱，股价有可能构筑中长期底部，投资者可逢低分批建仓。如果股价走势曲线也先后出现同样形态则更可确认，股价的上涨幅度及过程可参照 W 底或三重底等底部反转形态的研判。AR、BR 曲线顶部反转形态对行情判断的准确性要高于底部反转形态。

ARBR 指标的实战技巧

一、ARBR 指标与 KDJ 指标组合抄底选股

当股价经过长时间的下跌之后，空方力度接近衰竭，多方主力开始公开进场，主力有备而来，特别是月 K 线个股连续下调，指标处于低位，套牢筹码已高高在上方，日 K 线已经十分清淡，悲观情绪十分弥漫，此时日线突然出现放量大阳线或者涨停板，能领跑整个板块者优先考虑。条件如下：

月 K 线在下跌平台后再次下跌四个月，周 KDJ 数值必须在位于 15 以下，日 ARBR 数值位于 50 附近，此时日线上的铁犁翻地形成，此为主力公开建仓的开始信号，可以果断介入，止损位设于 10%。

例：新民科技（002127）（见图 134）该股至高位调整到 12 元一带后，再次开始下跌，月 K 线又连续出现四根阴线，周 KDJ 数值已下跌到 15 以下，日线 ARBR 数值已处于 50 附近，日 K 线上连续出现低量低价了。于 08 年 7 月 1 日该股突然放量攻击涨停，此时铁犁翻地技术形成，果断介入，此股短期内连续大涨，到 7 月 11 日短短 9 个交易日股价大涨了 45%，而同期同比大盘仅上涨 7%。

二、ARBR 买卖信号

（1）当 AR、BR 曲线在 100 附近盘整了较长一段时间以后，一旦 AR、BR 曲线几乎同时由下向上突破 50 这条线，并且股价也放量突破中期均线，则意味股票中期强势行情即将开始，这是 ARBR 指标发出的中线买入信号。此时，

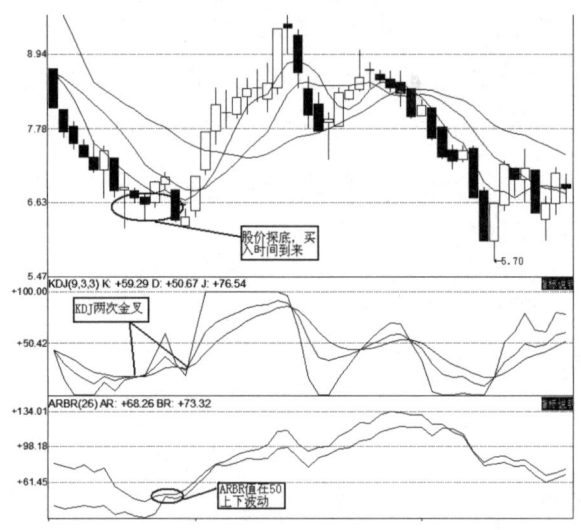

图 134　新民科技 ARBR 抄底选股法

投资者可以开始买进股票。

（2）当 AR、BR 曲线从高位向下滑落，一旦 AR、BR 曲线又接着突破了 100以后，如果股价同时也跌破中长期均线，则意味着股票的短期强势行情可能结束，这是 ARBR 指标发出的短线卖出信号。此时，投资者应及时卖出股票。

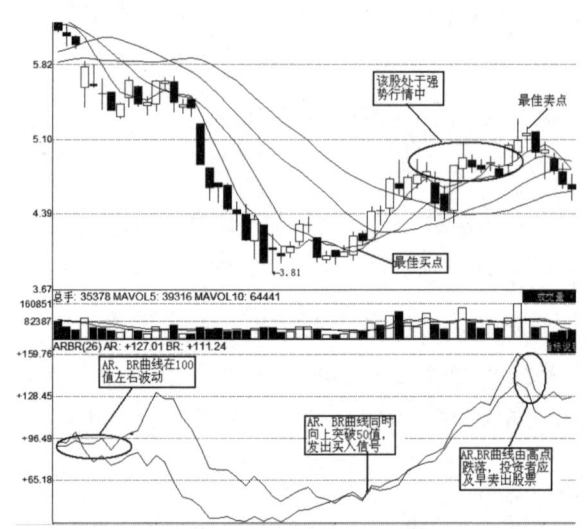

图 135　中炬高新 ARBR 买卖图解

　　例：中炬高新（600872）（见图 135）2008 年 5 月份进行了一次横盘整理，ARBR 始终徘徊在 100 左右，随后股价出现了一次下跌行情。7 月 2 日，AR、

BR 曲线同时突破 50 值上行，该股出现了新一波上涨行情。

三、ARBR 持股持币信号

（1）当 AR、BR 曲线一直运行在 100 线上方，同时股价也依托中短期均线强势上攻时，则表明股价是处于极强势的上涨行情，这是 ARBR 指标发出的短线持股看涨信号，投资者应坚决持股待涨。

（2）当 AR、BR 曲线向下突破 100 线以后，一直运行在 100 线下方，同时股价也被中短期均线压制下行时，则表明股价的中期弱势趋势形成，这是 AR-BR 指标发出的持币待涨信号。此时，投资者应坚决持币观望。

例：五洲明珠（600873）（见图 136）2009 年 8 月初 AR、BR 曲线运行在 100 值以下，股价也持续下跌。9 月 3 日 AR、BR 曲线突破了 100 值，随后股价依托中短期均线上行，进入了强势行情。

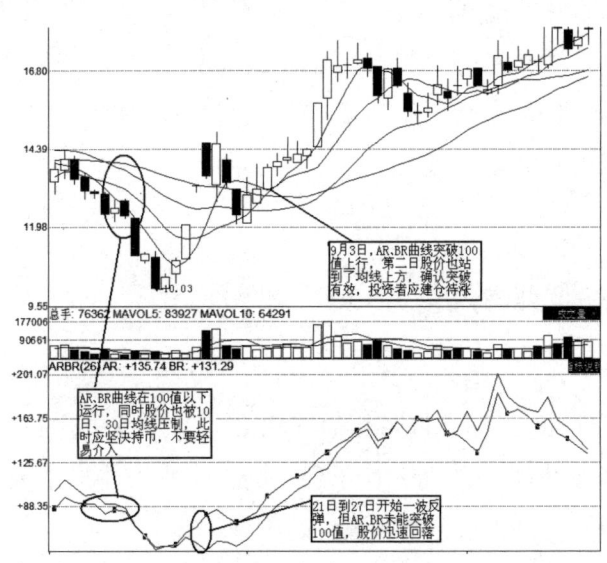

图 136　五洲明珠 ARBR 持股持币判断图解

第十六章　中间意愿指标——CR

对于 CR 指标，投资者了解得比较少，它或许不像 KDJ、BOLL 那样具有超强的实战性，但它却是一个做中长线投资时必不可少的参考指标，比如说它的最重要的一个功能就是对股价神秘部分做一个预测，解决何时上涨、何时下跌的"何时"问题。CR 指标又叫中间意愿指标，它和 ARBR 指标有很多相似之处，但更有自己独特的研判功能，是分析股市多空双方力量对比、把握买卖股票时机的一种中长期技术分析工具。在一定程度上，CR 指标具有领先股价走势的示警作用，尤其是在股价见顶或筑底方面，能比股价曲线领先出现征兆，因而对于投资者大有助益。

CR 指标的原理解析

CR 指标与 ARBR 指标有很多相似的地方，如计算公式和研判法则等，但它与 ARBR 指标最大不同的地方在于理论的出发点有不同之处。CR 指标的理论出发点是：中间价是股市最有代表性的价格。

为避免 ARBR 指标的不足，在选择计算的均衡价位时，CR 指标采用的是上一计算周期的中间价。理论上，比中间价高的价位其能量为"强"，比中间价低的价位其能量为"弱"。CR 指标以上一个计算周期（如 N 日）的中间价比较当前周期（如日）的最高价、最低价，计算出一段时期内股价的"强弱"，从而在分析一些股价的异常波动行情时，有其独到的功能。

另外，CR 指标不但能够测量人气的热度、价格动量的潜能，而且能够显示出股价的压力带和支撑带，为分析预测股价未来的变化趋势，判断买卖股票的时机提供重要的参考。

一、CR 指标的计算方法

由于选用的计算周期不同，CR 指标也包括日 CR 指标、周 CR 指标、月 CR 指标、年 CR 指标以及分钟 CR 指标等很多种类型。经常被用于股市研判的是日 CR 指标和周 CR 指标。虽然它们计算时取值有所不同，但基本的计算方法一样。

以日 CR 指标为例，其计算公式为：

CR（N 日）＝ P1 ÷ P2 × 100

式中，P1 ＝ Σ（H － YM），表示 N 日以来多方力量的总和；

P2 ＝ Σ（YM － L），表示 N 日以来空方力量的总和；

H 表示今日的最高价，L 表示今日的最低价；

YM 表示昨日（上一个交易日）的中间价。

CR 计算公式中的中间价其实也是一个指标，它是通过对昨日（YM）交易的最高价、最低价、开盘家和收盘价进行加权平均而得到的，其每个价格的权重可以人为地选定。目前比较常用的中间价计算方法有四种：

①M ＝（2C ＋ H ＋ L）÷4

②M ＝（C ＋ H ＋ L ＋ O）÷4

③M ＝（C ＋ H ＋ L）÷3

④M ＝（H ＋ L）÷2

式中，C 为收盘价，H 为最高价，L 为最低价，O 为开盘价。

从四种中间价的计算方法来看，对四种价格的重视程度是不一样的，三种都是选用了收盘价，可见，收盘价在技术分析中的重要性。

和其他技术指标一样，在实战中，投资者不需要进行 CR 指标的计算，主要是了解 CR 的计算方法，以便更加深入地掌握 CR 指标的实质，为运用指标打下基础。

二、软件上的 CR 指标的研判

在一般的炒股软件上，日 CR 指标主要是由日 CR 曲线和 CR 的 MA 日均线组成。其中，MA 由三条不同周期的曲线构成，分别为 MA1、MA2、MA3，它们可以选用不同的周期参数，MA1、MA2、MA3 计算移动平均的天数，起始天数的参数一般为 5、10、20。日 ROC 指标的研判就是围绕这四条曲线间的不同的关系展开。

三、CR 指标的一般应用原则

从 CR 指标的取值范围，我们可以确定其应用原则：

（1）从 CR 的计算公式中我们可以看出，CR 指标很容易出现负值，但按通行的办法，在 CR 指标研判中，一旦 CR 数值出现负值，一律当成 0 对待。

（2）和 AR、BR 指标一样，CR 值为 100 时也表示中间的意愿买卖呈平衡状态。

（3）当 CR 数值在 75～125 之间（有的设定为 80～150）波动时，表明股价属于盘整行情，投资者应以观望为主。

（4）在牛市行情中（或对于牛股），当 CR 数值大于 300 时，表明股价已经进入高价区，可能随时回挡，应择机抛出。

（5）对于反弹行情而言，当 CR 数值大于 200 时，表明股价反弹意愿已经到位，可能随时再次下跌，应及时离场。

（6）在盘整行情中，当 CR 数值在 40 以下时，表明行情调整即将结束，股价可能随时再次向上，投资者可及时买进。

（7）在熊市行情末期，当 CR 数值在 30 以下时，表明股价已经严重超跌，可能随时会反弹向上，投资者可逢低吸纳。

（8）CR 指标对于高数值的研判的准确性要高于 CR 对低数值的研判。即提示股价进入高价位区的能力比提示低价位区强。

CR 曲线与 CR 的 MA 曲线的关系重要的是在于 CR 曲线和 CR 的三条 MA 曲线的交叉情况的应用：

（1）当 CR 曲线和三条 MA 曲线在底部黏合在一起，并在一个狭窄区域（最好位于 75～150 之间）里横向移动时，表明股价在底部区域横盘筑底，此时，投资者应注意股价的动向并可以开始逢低建仓。一旦成交量开始慢慢放大，股价也缓慢向上时，投资者可以加大建仓量。

（2）当 CR 曲线开始脱离前期底部横盘的狭窄区域，并从下向上开始突破三条 MA 曲线时，表明股价的底部整理可能结束，股价的强势特征开始显现，一旦 CR 曲线向上突破最后的一条 MA 曲线，并有比较大的成交量配合时，为较佳的买入信号，投资者应及时买入。

（3）当 CR 曲线向上突破三条 MA 曲线并快速向上攀升超过 150 数值时，表明股价的强势特征已经确立，投资者应及时短线买入或持股待涨。

（4）当 CR 曲线快速向上移动后，三条 MA 曲线也同时上扬，表明股价继续维持强势上攻态势，投资者应一路持股。

（5）当 CR 曲线经过一段较短时间的快速上升并远离前期的整理区域，而且，股价已经涨幅很大的情况下，投资者应密切留意 CR 曲线的动向。

（6）当 CR 曲线在高位（200 以上）开始向下掉头时，表明股价的强势行情即将结束，是较佳的卖出信号，投资者应及时卖出股票。

（7）当 CR 曲线从高位向下运动并首次跌破最上面的一条 MA 曲线时，表明股价的强势行情已经结束，投资者应及时清仓出局。

（8）当 CR 曲线从高位向下运动时，其他三条 MA 曲线也开始一起向下运行时，表明股价的弱势行情已经开始，投资者应以持币观望为主。

（9）当 CR 曲线向下突破最后一条 MA 曲线时，表明股价的弱势行情已经确立，股价将加速下跌，投资者应坚决持币观望。

（10）当 CR 曲线跌破三条 MA 曲线以后，股价走势将进入一个漫长的探底过程，投资者能做的事就是耐心等待，直到股价运行的弱势行情显露结束的迹象。

CR 指标曲线的形态

一、M 头形态

（1）当 CR 曲线在高位形成 M 头（见图 137）或三重顶等顶部反转形态

时，可能预示着行情由强势转为弱势，股价即将大跌（特别是对于前期涨幅过大的股票），如果股价的K线也出现同样形态则更可确认，其跌幅可以用M头或三重顶形态理论来研判。

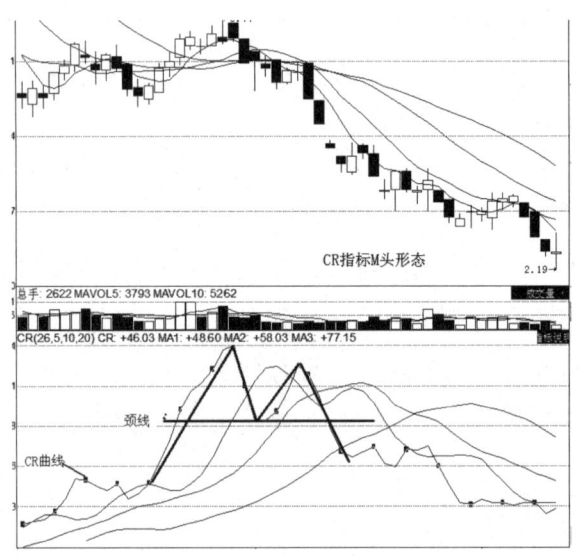

图137　CR指标M头形态图解

二、W底形态

（2）当CR曲线在低位出现W底（见图138）或三重底等底部反转形态

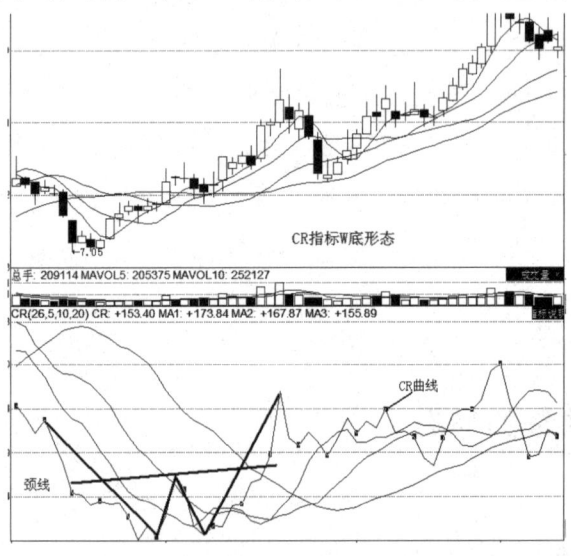

图138　CR指标W底形态图解

时，可能预示着行情由弱势转为强势，股价即将反弹向上，如果股价 K 线也出现同样形态则更可确认，其涨幅可以用 W 底或三重底等形态来判断。相对而言，CR 指标的高位 M 头或三重顶的判断的准确性要比其底部的 W 底或三重底要高。

三、顶背离

当 CR 指标曲线开始从高位掉头向下回落，而股价曲线却还在缓慢向上扬升，则意味着股价走势可能出现"顶背离"现象（图 139），特别是股价刚刚经历过了一段比较大涨幅的上升行情以后。当 CR 指标曲线在高位出现"顶背离现象"后，投资者应及时获利了结。

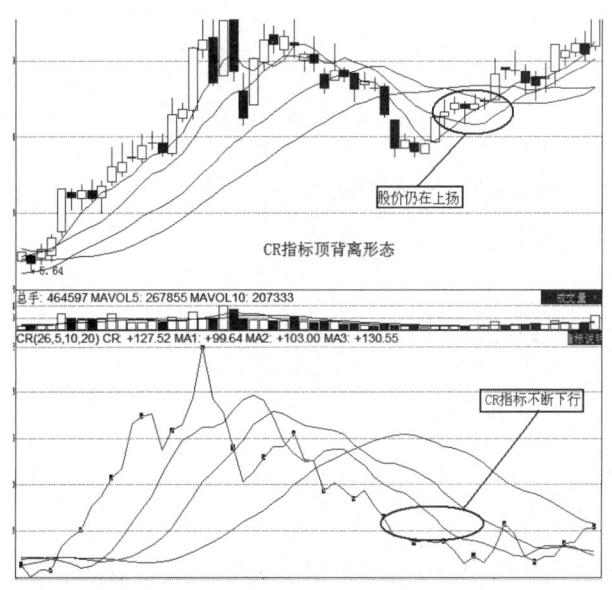

图 139　CR 指标顶背离形态图解

四、底背离

当 CR 指标曲线从底部开始向上攀升，而股价曲线却继续下跌，则意味着股价走势可能出现"底背离"现象（见图 140），特别是股价前期经过了一轮时间比较长、跌幅比较大的下跌行情以后。当 CR 指标曲线在底部出现"底背离"现象以后，投资者可以少量分批建仓。CR 指标对"顶背离"研判的准确性要远远高于对"底背离"的研判。

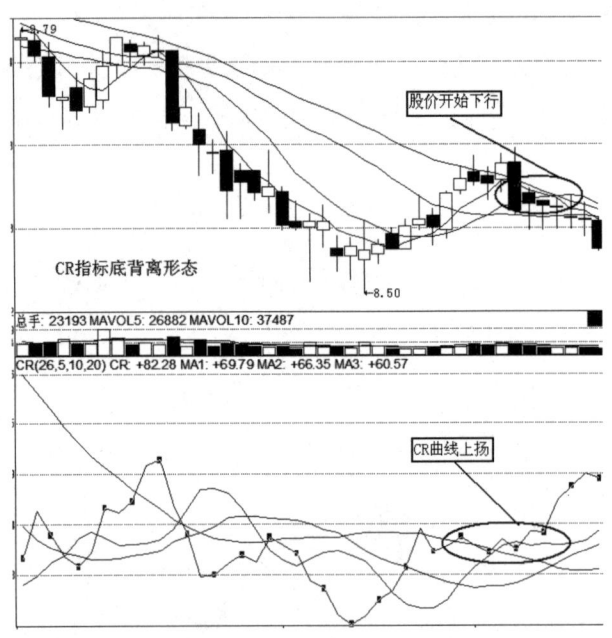

图 140　CR 指标底背离形态图解

CR 指标的实战技巧

一、买卖功能

（1）当 CR 指标中的 CR 曲线与 MA1、MA2、MA3 这三条曲线在 100 附近一段狭小的区域内盘整、并拢，一旦 CR 曲线先后向上突破了这三条曲线，并且股价也带量向上突破了中长期均线时，表明股价的中低位盘整已经结束，强势上涨特征开始凸现，这是 CR 指标的买入信号。此时，投资者应及时中短线买进股票。

（2）当 CR 指标中的 CR 曲线与 MA1、MA2、MA3 这三条曲线在 100 附近一段狭小的区域内盘整、并拢，一旦 CR 曲线先后向下突破了这三条曲线，并且股价也向下突破了中长期均线时，表明股价的高位盘整已经结束，弱势下跌特征已经出现，这是 CR 指标的卖出信号，如果是近期涨幅已经较大的股票，这种卖出信号更加明显。此时，投资者应及时清仓离场。

例：新疆众和（600888）（见图 141）2009 年 5 月份 CR 指标曲线在 100 值附近进行了一段时间的窄幅盘整，5 月 27 日，CR 曲线带量突破了其他三条曲线上行，股价出现了一个短期行情。

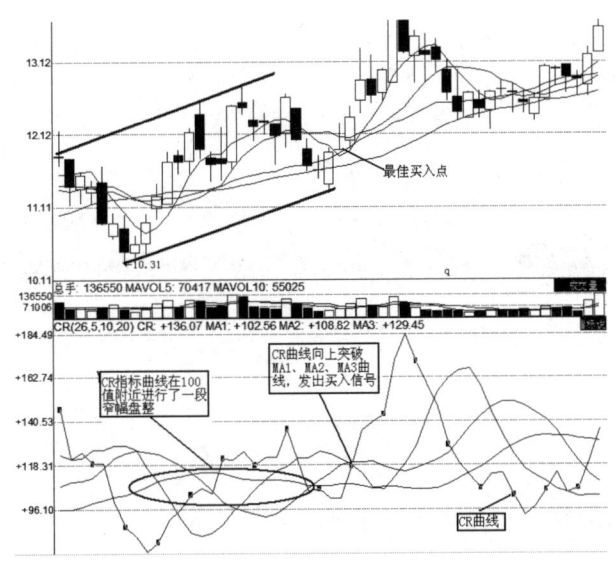

图 141　新疆众和 CR 指标买卖图解

二、持股持币信号

（1）当 CR 指标中的 CR 曲线向上突破了 MA1、MA2、MA3 这三条曲线中的最后一条曲线后，一路向上运行，同时股价也依托短期均线向上扬升时，表明股价的短期强势上涨的行情已经开始，这是 CR 指标发出的持股待涨信号。此时，投资者应坚决短线持股。

（2）当 CR 指标中的 CR 曲线向下突破了 MA1、MA2、MA3 这三条曲线中的最后一条曲线后，一路向下运行，同时股价也被中短期均线压制下行时，表明股价的中长期弱势下跌的行情已经开始，股价将一路下跌，这是 CR 指标发出的比较明显的持币观望信号。此时，投资者应坚决持币观望。

例：宝钢股份（600019）（见图 142）2009 年 8 月份股价经过小幅上升后，8 月 5 日 CR 曲线向下跌破 MA1 曲线，第二天又相继跌破 MA2、MA3 曲线，股价随之大幅下跌，应在此点止损清仓。6 日股价为 9.08 元，到 31 日股价已经跌至6.42元，累积跌幅达31%。

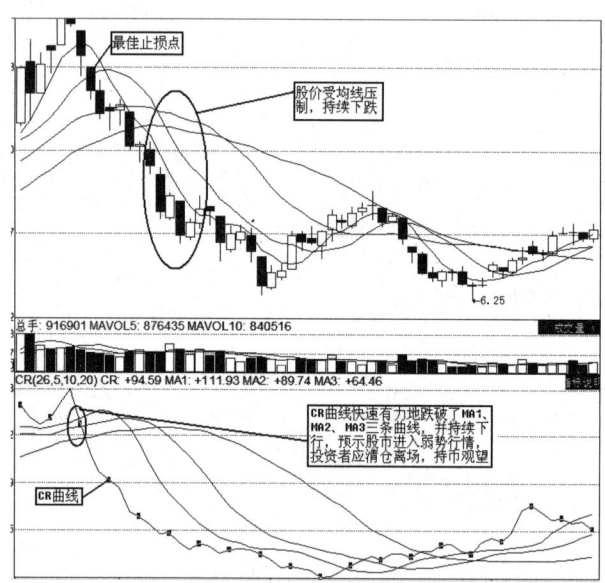

图 142 宝钢股份 CR 指标持币观望信号图

第十七章　心理线指标——PSY

在心理层面上，人们相信股市没有永远的涨也没有永远的跌，它总是在大趋势上下涨涨跌跌不停波动的，这就是 PSY 心理线产生的基础。心理线 PSY 指标是从英文 "Phycholoigical Line" 直译过来的，是研究投资者对股市涨跌产生心理波动的情绪指标，是一种能量类和涨跌类指标，它对股市短期走势的研判、识破庄家的小动作具有一定的参考意义，比如庄家要洗筹必须打破市场尤其是散户的心理防线，才能让大家乖乖地交出筹码。因此，投资者应该对 PSY 指标重视起来，并在实际操作中灵活运用。

PSY 指标的原理解析

心理线 PSY 指标是一种建立在研究投资者心理趋向基础上，分析某段期间内投资者趋向于买方和卖方的心理与事实，做出买卖股票的一项参考技术指标。

作为分析股市的涨跌指标，PSY 指标是在时间的角度上计算 N 日内的多空总力量，来描述股市目前处于强势或弱势，是否处于超买或超卖状态。它主要是通过计算 N 日内股价或指数上涨天数的多少来衡量投资者的心理承受能力，反映股市未来发展趋势及股价是否存在过度的涨跌行为，为投资者买卖股票提供参考。

一、PSY指标的计算方法

心理线PSY指标主要是从股票投资者的买卖趋向的心理方面，对多空双方的力量对比进行探索。它是以一段时间收盘价涨跌天数的多少为依据，其计算方法很简单，计算公式如下：

PSY（N）＝A÷N×100

其中，N为周期，是PSY的参数，可以为日、周、月、分钟；

A为在这周期之中股价上涨的周期数。

例如：N＝20日时，20日之中有12日上涨，8日下跌，则PSY（20日）＝60

这里判断上涨和下跌是以收盘价为标准，计算日周期的收盘价如果比上一周期的收盘价高，则定为上涨；比上一周期的收盘价低，则定为下跌。

心理线PSY的参数选择是人为的，可以随投资者的喜好和市场的变化来决定，而参数的选择又是PSY指标研判行情的一个重要手段。参数选择得越大，PSY的取值范围越集中、越平稳，但又有迟滞性的缺点；参数选择得越小，PSY取值范围的波动越大且敏感性越强。

在大部分股市分析技术软件上，PSY指标的周期范围选择为0~100。一般而言，日线的设定基准日为3日，取值范围为3日~90日；周线的设定基准周为3周，取值范围为3周~50周；月线的设定基准月为3月，取值范围为3月~50月。

和其他指标的计算一样，由于选用的计算周期的不同，PSY指标也包括日PSY指标、周PSY指标、月PSY指标、年PSY指标以及分钟PSY指标等各种类型。经常被用于股市研判的是日PSY指标和周PSY指标。虽然它们计算时的取值有所不同，但基本的计算方法一样。

二、PSY指标的应用原则

心理线PSY指标是股市技术中一种中短期的研判指标，它主要是反映市场上投资者的心理的超买或超卖。它适用于判断大势，也可以用来研判个股行情。它对投资者的心理承受能力及市场上人气的兴衰有着比较重要的衡量作用，是股市技术分析中反映市场能量的一种辅助指标。

PSY 指标的取值应用

（1）PSY 指标的取值始终是处在 0 ~ 100 之间，0 值是 PSY 指标的下限极值，100 是 PSY 指标的上限极值。50 值为多空双方的分界线。

（2）PSY 值大于 50 为 PSY 指标的多方区域，说明 N 日内上涨的天数大于下跌的天数，多方占主导地位，投资者可持股待涨。

（3）PSY 值小于 50 为 PSY 指标的空方区域，说明 N 日内上涨的天数小于下跌的天数，空方占主导地位，投资者宜持币观望。

（4）PSY 在 50 左右徘徊，则反映近期股票指数或股价上涨的天数与下跌的天数基本相等，多空力量维持平衡，投资者以观望为主。

PSY 值的超买超卖应用

（1）一般情况下，PSY 值的变化都在 25 ~ 75 之间，反映股价处在正常的波动状态，投资者可以按照原有的思路买卖股票。

（2）在盘整局面中，PSY 指标的值应该在以 50 为中心的附近，上下限一般定为 25 和 75（有的定为 30 和 70），说明多空双方基本处于平衡状态。如果 PSY 超出了这个平衡状态，就是 PSY 指标的超买超卖。

（3）当 PSY 达到或超过 75 时。说明在 N 天内，上涨的天数远大于下跌的天数，多方的力量很强大而且持久。但从另外一个方面来看，由于上涨天数多，股票累计的获利盘也多，市场显示出超买的迹象，特别是在涨幅较大的情况下，股价上升的压力就会很大，股价可能很快回落调整，投资者应多加注意。

（4）当 PSY 达到或低于 25 时，说明在 N 天内，下跌的天数远大于上涨的天数，空方力量比较强大，市场上悲观气氛比较浓，股价一路下跌。但从另一方面看，由于下跌的天数较多，市场上显示超卖的迹象，特别是在跌幅较大的情况下，市场抛盘稀少，抛压较轻，股价可能会反弹向上。

（5）如果 PSY 值出现大于 90 或小于 10 这种极端超买、超卖情况，投资者更要多加注意。

（6）在多头市场和空头市场开始初期，可将超买、超卖线调整至 85 和 15，到行情发展中后期再调回至 75 和 25，这样更有利于 PSY 指标的研判。

PSY 指标的趋势研判

PSY 指标在股市分析软件上还能通过它的趋势性情况来判断股市的趋势走向。PSY 指标体现的趋势性主要表现在无趋势、向上趋势及向下趋势等三个方面。

一、无趋势

PSY 指标的无趋势性是指 PSY 值在 40～60 之间上下振荡（见图 143），表明近期多空力量旗鼓相当，股价涨跌基本平衡。反映到 PSY 的曲线图上就是 PSY 曲线在 40～60 线区间里小幅上下运动或成一条横线运动。此时，投资者宜采取观望态度，等趋势形成后再做买入和卖出的决策。

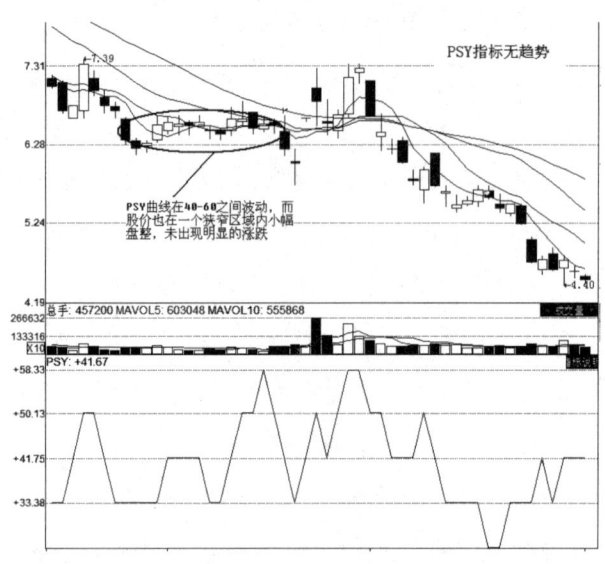

图 143　PSY 指标无趋势图解

二、向上趋势

PSY 指标的向上趋势性有两种情况（见图 144）。一是指 PSY 值大部分时间是处在 50 上，即使偶尔下滑至 50 以下也会很快回升至 50 以上并向上爬升，另一种是指 PSY 值从 50 以下开始向上一举冲过 50 并缓慢向上攀升。表明近期多头力量强于空头力量，股价一路上涨。这两种情况反映到 PSY 曲线图上就是 PSY 曲线在 50 线以上缓慢向上运动，或从 50 线以下向上一路攀升的向上倾斜曲线。当 PSY 向上趋势形成后，投资者应积极买入股票或持股待涨，直到向上趋势改变。

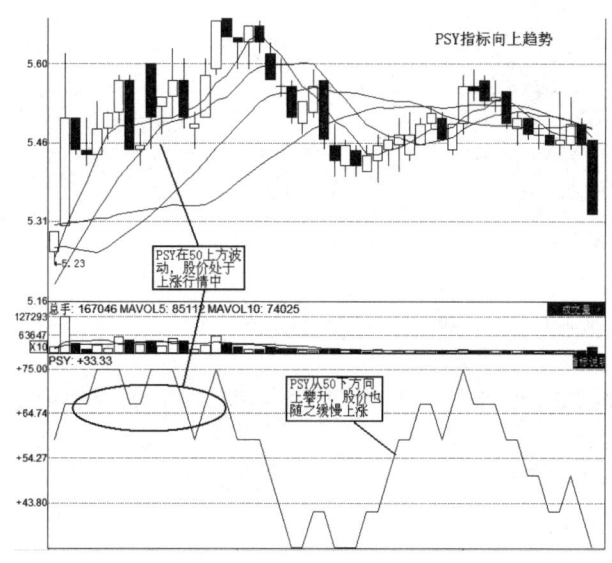

图 144　PSY 指标向上趋势图解

三、向下趋势

PSY 指标的向下趋势性也有两种情况（见图 145）。一是指 PSY 值大部分时间是处在 50 以下，另一种是 PSY 值从 50 以上开始向下回落跌破 50 线并继续向下滑落。表明空方力量过于强大，股价一路下跌。

PSY 指标的实战技巧

在部分股市分析软件上，PSY 指标是由 2 根或以上曲线组成，这样也会像 RSI、BIAS、WR 等指标一样交叉比较频繁，而且其预示的趋势性不是很明显，在实际研判股市行情中，往往会给投资者以错乱无序的感觉。为了解决这个问题，投资者最好还是选用 1 根或 2 根不同时期的曲线来研判。下面就以分析参

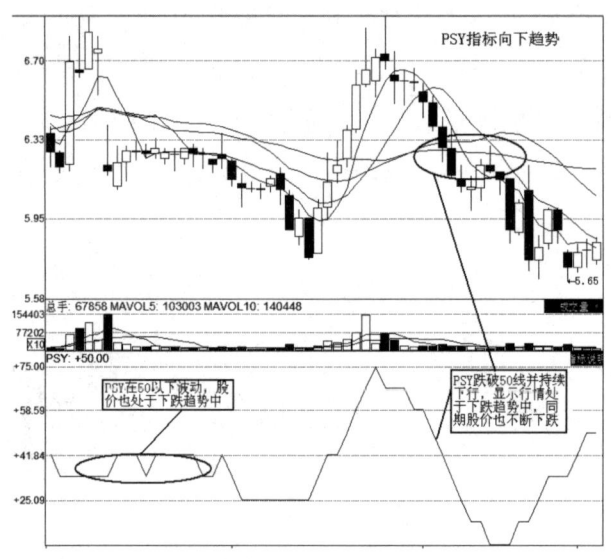

图 145　PSY 指标向下趋势图解

数取 12 日的 1 根 PSY 曲线的研判为例，来讲述 PSY 指标的买卖预示功能。

一、PSY 买卖信号

（1）当股价经过了一段较长时间的中低位盘整后，带量上行时，如果 12 日 PSY 曲线也开始向上突破 50（线或数值、下同），就意味着市场上人气比较活跃，多头力量开始增强，这是 PSY 指标发出的买入信号。此时，投资者可以中短线买入股票。

（2）当股价在高位盘整时，一旦股价掉头向下，同时 12 日 PSY 曲线也开始向下跌破 50，就意味着市场上人气开始涣散，多头力量开始减弱，这是 PSY 指标发出的卖出信号。此时，投资者应及时逢高卖出股票。

例：上海电力（600021）（见图 146）2008 年 12 月股价在中低位进行了一段时间盘整，未来趋势不明朗。到了 1 月中旬后，原本一直在 50 线下活动的 PSY 曲线，一举突破了 50 值线并转向上行。股价随后也带量上涨。在 1 月 23 日以 3.25 元买进股票，在 2 月 16 日以当日均价 4.36 元卖出，在 11 个交易日内每股赚 1.11 元。

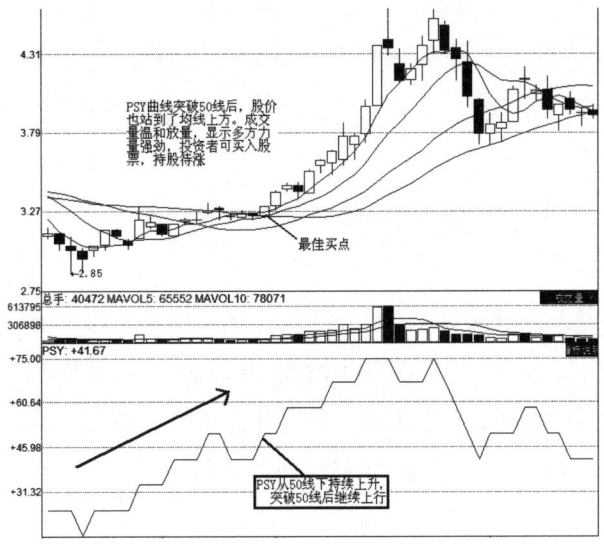

图 146　上海电力 PSY 指标持股信号图解

二、PSY 持股持币信号

（1）当股价脱离中低位盘整区间、向上攀升时，如果 12 日 PSY 曲线也在突破 50 后缓慢上行，则表明市场上人气旺盛，多头力量占据明显优势，这是 PSY 指标发出的持股待涨信号，特别是对于那些股价依托短期均线向上运行的

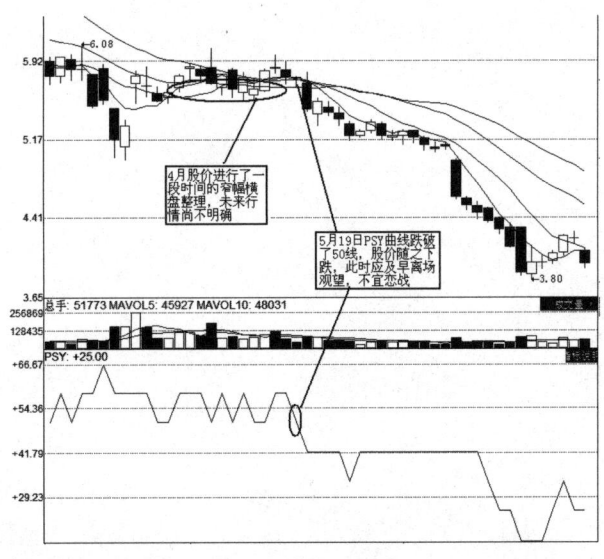

图 147　中原高速 PSY 曲线持币观望图解

股票，这种持股信号更加准确。此时，投资者应坚决持股待涨。

（2）当股价在高位盘整并出现滞涨现象时，如果 12 日 PSY 曲线先行跌破 50 并一路下滑，则意味着市场上人气衰弱，空头力量开始占据优势，这是 PSY 指标发出的持币观望信号，特别是对于那些股价被均线压制下行的股票，这种持币观望信号更明显。此时，投资者应坚决持币观望。

例：中原高速（600020）（见图 147）2008 年 4 月股价进行了一段较长时间的窄幅横盘整理，同时 PSY 心理线也在 50 以上区域盘整。5 月 19 日 PSY 曲线向下跌破了 50 线，预示行情即将下跌。此时应及早清仓，持币观望为宜。该股后市迅速下跌，一个月内由 5.74 元跌至 3.80 元。

第十八章　成交量比率指标——VR

　　VR 指标又叫成交率比率指标、数量指标或容量指标，其英文全称为"Volume Ratio"，是重点研究量与价格间的关系的一种短期技术分析工具。人们在做技术分析时，常常容易忽略 VR 指标，这实在是一件令人遗憾的事。事实上，CR 指标在股票操作中对投资者来说有着较强的参考作用，比如在过热的市场及低迷的盘局中，它可以帮助投资者进一步辨认头部和底部的形成。

VR 指标的原理解析

　　VR 指标是以研究股票量与价格之间的关系为手段的技术指标，其理论基础是"量价理论"和"反市场操作理论"。VR 指标认为，由于量先价行、量涨价增、量跌价缩、量价同步、量价背离等成交量的基本原则在市场上恒久不变，因此，观察上涨与下跌的成交量变化，可作为研判行情的依据。同时，VR 指标又认为，当市场上人气开始凝聚，股价刚开始上涨和在上涨途中的时候，投资者应顺势操作，而当市场上人气极度旺盛或极度悲观，股价暴涨暴跌时候，聪明的投资者应果断离场或进场，因此，反市场操作也是 VR 指标所显示的一项功能。

　　一般而言，低价区和高价区出现的买卖盘行为均可以通过成交量表现出来，因此。VR 指标又带有超买超卖的研判功能。同时，VR 指标是用上涨时期的量除以下跌时期的量，因此，VR 指标又带有一种相对强弱概念。

总之，VR指标可以通过研判资金的供需及买卖气势的强弱、设定超买超卖的标准，为投资者确定合理、及时的买卖时机提供正确的参考。

一、VR指标的计算方法

VR指标是通过分析一定周期内的价格上升周期的成价量（或成交额）与价格下降周期的成交量的比值的一种中短期技术指标。和其他技术指标一样，由于选用的计算周期不同，VR指标也包括日VR指标、周VR指标、月VR指标、年VR指标以及分钟VR指标等很多种类型。经常被用于股市研判的是日VR指标和周VR指标。虽然它们计算时取值有所不同，但基本的计算方法一样。

以日VR指标计算为例，其具体计算如下：

1. 计算公式

VR（N日）＝N日内上升日成交量总和÷N日内下降日成交量总和

其中，N为计算周期，一般起始周期为12。

2. 计算过程

（1）N日以来股价上涨的那一日的成交量都称为UV，将N日内的UV总和相加称为UVS。

（2）N日以来股价下跌的那一日的成交量都称为DV，将N日内的DV总和相加称为DVS。

（3）N日以来股价平盘的那一日的成交量都称为PV，将N日内的PV总和相加称为PVS。

（4）最后N日的VR就可以计算出来：

VR（N）＝（UVS＋1/2PVS）÷（DVS＋1/2PVS）

这里得出的计算公式是对上面公式的具体细分。随着股市分析软件的日益普及，实际上VR指标的数值由计算机自动完成，无需投资者自己计算，这里主要是通过了解VR指标的计算过程而达到对其有更进一步的理解。

二、VR指标的应用原则

VR数值区域的划分应用（26日VR为例）

按一般通行的标准，VR数值可以划分为4个区域。

1. 低价区区域

VR 值介于 40～70 区间时，为低价区域，表明股票的买卖盘稀少，人气比较涣散，但有的股票的投资价值可能已经凸现，投资者可以开始少量建仓。

2. 安全区域

VR 值介于 80～150 区间时，为安全区域，表明股票的买卖盘开始增多，人气开始积聚，投资者可以持股待涨或加大量建仓量。

3. 获利区域

VR 值介于 160～450 区间时，为获利区域，表明股票在强大的买盘的推动下，节节上升，投资者应该将大部分获利比较丰厚的筹码及时地获利了结。

4. 警戒区域

VR 值介于 450 以上的区间时，为警戒区域，表明股价的上涨已经出现超买的现象，市场的后续资金很难跟上，股价可能随时出现一轮比较大的下跌行情，投资者应果断地卖出股票，持币观望。

VR 曲线与股价曲线的配合使用

（1）当 VR 曲线在低价区开始向上扬升，并且成交量开始慢慢放大时，如果股价是小幅上升，表明市场上的主力资金开始介入，投资者可以开始建仓买入。

（2）当 VR 曲线突破低价区时，如果股价曲线也同步向上，表明股价的涨势已经开始，投资者应加大买入力度。

（3）当 VR 曲线突破低价区后，如果股价曲线也同步向上，表明股价的涨升力度开始加大，投资者可一路持股，直到 VR 曲线出现调头向下的迹象。

（4）当 VR 曲线进入安全区后继续上升时，如果股价曲线却在进行窄幅盘整，表明在此区间内，股票的换手比较充分，主力可能正在酝酿拉升行情，投资者应坚决以持股待涨为主，短线高手可加大买入力度。

（5）当 VR 曲线进入警戒区域后，如果 VR 开始掉头向下，而股价曲线还在向上扬升时，则可能意味着股价出现了超买现象，投资者应密切留意股价的动向，一旦股价曲线也开始向下，则果断及时卖出全部股票。

（6）当 VR 曲线在低价区域时，如果 VR 曲线开始慢慢向上，而股价曲线却还在下跌时，则可能意味着股价出现了超卖现象，投资者可少量逢低建仓。

VR 指标的形态图解

一、VR 曲线的形态

（1）当 VR 曲线在高位形成 M 头或三重顶等顶部反转形态时，可能预示着股价由强势转为弱势，股价即将大跌，应及时卖出股票。如果股价的曲线也出现同样形态则更可确认，其跌幅可以用 M 头或三重顶等形态理论来研判（见图 148）。

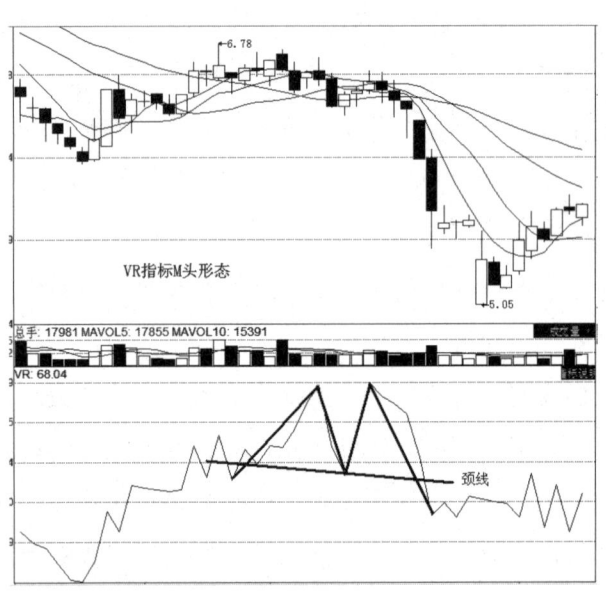

图 148　VR 指标 M 头形态图解

（2）当 VR 曲线在低位出现 W 底或三重底等底部反转形态时，可能预示着股价由弱势转为强势，股价即将反弹向上，可以逢低少量吸纳股票。如果股价曲线也出现同样形态更可确认，其涨幅可以用 W 底或三重底形态理论来研判。VR 曲线的形态中 M 头和三重顶形态的准确性要大于 W 底和三重底（见图 149）。

图 149　VR 指标 W 底形态图解

二、VR 曲线的背离

当股价 K 线图上的股票走势一峰比一峰高，股价在一直向上涨，而 VR 曲线图上的 VR 指标的走势是在高位一峰比一峰低，这叫顶背离现象。顶背离现象一般是股价将高位反转的信号，表明股价中短期内即将下跌，是卖出的信号。

当股价 K 线图上的股票走势一峰比一峰低，股价在向下跌，而 VR 曲线图上的 VR 指标的走势是在低位一底比一底低，这叫底背离现象。底背离现象一般是股价将低位反转的信号，表明股价中短期内即将上涨，是买入的信号（见图 150）。

与其他技术指标的背离现象研判一样，在 VR 的背离中，顶背离的研判准确性要高于底背离。当股价在高位，VR 也在高位出现顶背离时，可以认为股价即将反转向下，投资者可以及时卖出股票（见图 151）。

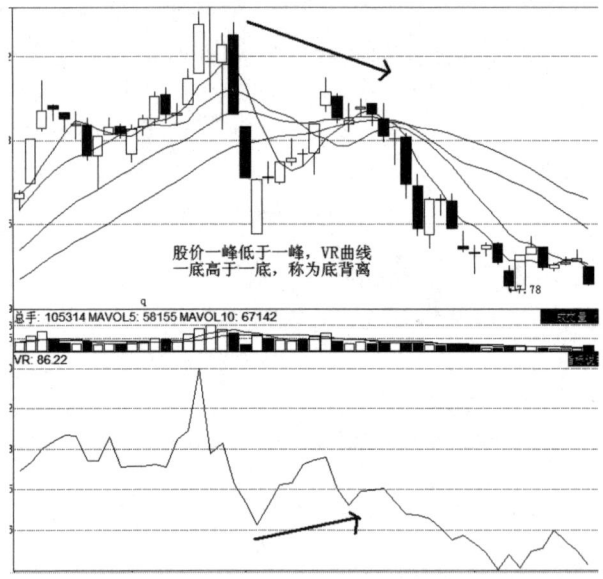

图 150　VR 指标底背离形态图解

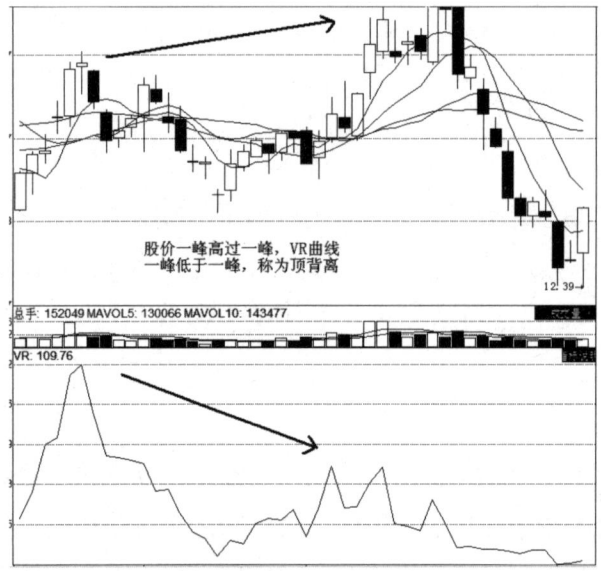

图 151　VR 指标顶背离形态图解

VR 指标的实战技巧

一、VR 指标与 OBV 指标组合判断买卖法

（1）当 VR 曲线的运行形态一底比一底低，而 OBV 曲线的运行形态一底比一底高，同时股价也突破中短期均线，则表明 VR 指标和 OBV 出现了底背离走势，这是 VR 指标发出的短线买入信号。

（2）当 VR 曲线的运行形态一顶比一顶低，而 OBV 曲线的运行形态一顶比一顶高，同时股价也向下突破短期均线时，则表明 VR 指标和 OBV 出现了顶背离走势，这是 VR 指标发出的短线卖出信号。

例：广州药业（600332）（见图 152）2009 年 1 月技术分析图上 OBV 指标与 VR 指标出现底背离，向投资者发出了短线买入信号。随后股价也突破均线的压制，再次确认一波短线上涨行情的到来，投资者可及时买入。

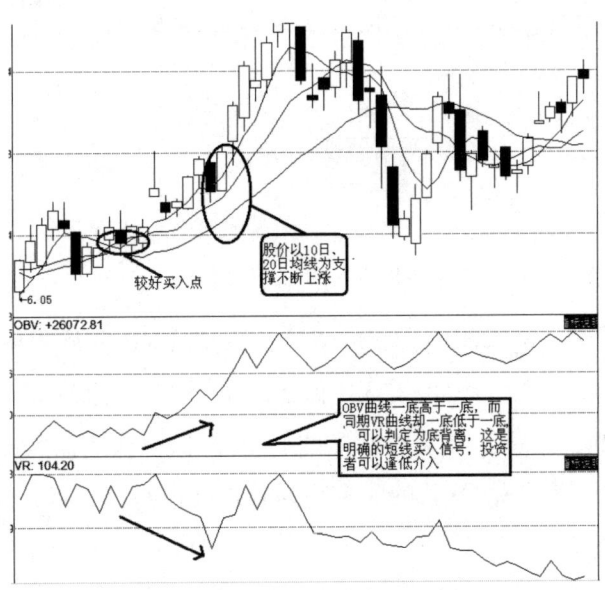

图 152　广州药业 OBV 与 VR 组合捕捉买点图解

二、VR 指标 50 线捕捉短线买点法

当 VR 曲线跌破 50 线后，投资者可以重点关注个股，在 50 线下逢低买进，等待短线上涨。

例：山东黄金（600547）（见图 153）：上市以来公司的 VR 指标仅有三次位于 50 以下，而且时间很短，前两次分别是 2003 年 9 月和 2004 年 9 月，时隔近 5 年后 2008 年 6 月 13 日，该股的 VR 指标再度出现 50 以下的情况，持续 7 个交易日后，VR 指标重上 50 关口，股价也随即走强，投资者在 VR 指标 50 以下 7 个交易日内任何时点买入，短期的收益率都将达到 20% 以上。

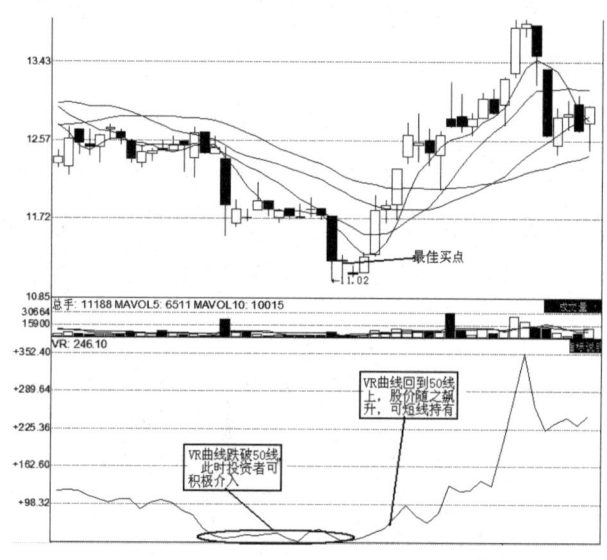

图 153　山东黄金 VR 指标 50 线下买入图解

例：江苏吴中（600200）（见图 154）：该股的 VR 在近些年从没有在 50 以下，但 2012 年 11 月 29 日该股的 VR 低于 50，股价严重超跌，3 个交易日后到了 5.69 元的底价。之后，在买盘的推动下，VR 值很快跃上 50 关口，反弹走势强劲。投资者在 VR 指标 50 后的 3 个交易日内任何时点买入，短期的收益率都将达到 40% 以上。

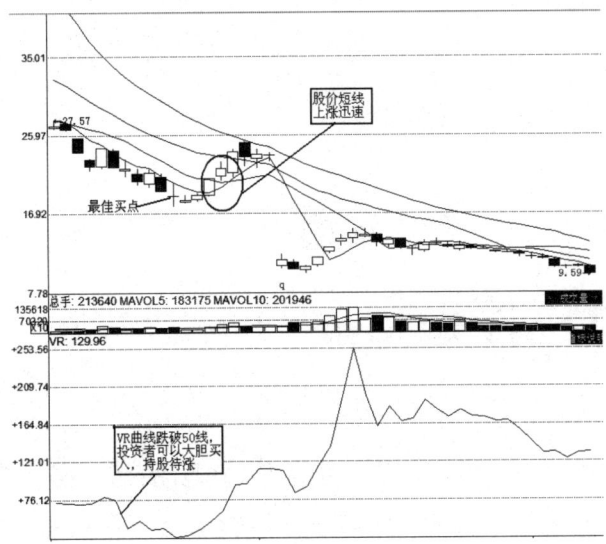

图 154 江苏吴中 VR 指标捕捉短线买入时机图解

第十九章　停损指标——SAR

在股票操作中，有一项"傻瓜"指标是每位投资者都必须掌握的，这就是 SAR 指标。SAR 指标又叫抛物线指标或停损转向操作点指标，其全称叫"Sto-pand Reveres"，缩写"SAR"，是由美国技术分析大师威尔斯·威尔德（Wells Wilder）所创造的，是一种简单易学、比较准确的中短期技术分析工具。由于 SAR 指标具有简单易懂、操作方便、稳重可靠等优势，因此被广大投资者特别是中小散户普遍运用，在投资者判断买卖时机方面有重要的参考作用。一般的技术指标具有都是在当天行情出来后给出当天的指标，指标晚于行情，是追随性的。而 SAR 是在收到今天的数据后给出明天的停损点，投资人第二天可以在盘中盯着这个点，一旦被突破立刻止损，使人做到"心中有数"保持操作的主动性，可以避免其他指标被动追随的缺点。

SAR 指标的原理解析

我们从 SAR 指标英文全称知道它有两层含义。一是"stop"，即停损、止损之意，这就要求投资者在买卖某个股票之前，先要设定一个止损价位，以减少投资风险。而这个止损价位也不是一直不变的，随着股价的波动，止损位也要不断地随之调整。如何既可以有效地控制住潜在的风险，又不会错失赚取更大收益的机会，是每个投资者所追求的目标。但是股市情况变幻莫测，而且不同的股票不同时期的走势又各不相同，如果止损位设得过高，就可能出现股票在其调整回落时卖出，而卖出的股票却从此展开一轮新的升势，错失了赚取更大利润的机会，反之，止损位定得过低，就根本起不到控制风险的作用。因此，如何准确地设定止损位是各种技术分析理论和指标所阐述的目的，而 SAR 指标在这方面有其独到的功能。

SAR 指标的英文全称的第二层含义是"Reverse"，即反转、反向操作之意，这要求投资者在决定投资股票前先设定个止损位，当价格达到止损价位时，投资者不仅要对前期买入的股票进行平仓，而且在平仓的同时可以进行反向做空操作，以谋求收益的最大化。这种方法在有做空机制的证券市场可以操作，而目前我国国内市场还不允许做空，因此投资者主要采用两种方法，一是在股价向下跌破止损价位时及时抛出股票后持币观望，二是当股价向上突破 SAR 指标显示的股价压力时，及时买入股票或持股待涨。

一、SAR 指标的计算方法

和 MACD、DMI 等指标相同的是，SAR 指标的计算公式相当烦琐。SAR 的计算工作主要是针对每个周期不断变化的 SAR 的计算，也就是停损价位的计算。在计算 SAR 之前，先要选定一段周期，比如 n 日或 n 周等，n 天或周的参数一般为 4 日或 4 周。接下来判断这个周期的股价是在上涨还是下跌，然后再按逐步推理方法计算 SAR 值。

计算日 SAR 为例，每日 SAR 的计算公式如下：

$$SAR(n) = SAR(n-1) + AF[EP(n-1) - SAR(n-1)]$$

式中，SAR（n）为第 n 日的 SAR 值，SAR（n-1）为第（n-1）日的值；AF 为加速因子（或叫加速系数），EP 为极点价（最高价或最低价）。

在计算 SAR 值时，要注意以下几项原则：

（1）一次计算 SAR 值时须由近期的明显高低点起的第 n 天开始。

（2）如果是看涨的行情，则 SAR（0）为近期底部最低价；如果是看跌行情，则 SAR（0）为近期顶部的最高价。

（3）加速因子 AF 有向上加速因子和向下加速因子的区分：若是看涨行情，则为向上加速因子；若是看跌行情，则为向下加速因子。

（4）加速因子 AF 的初始值一直是以 0.02 为基数。如果是在看涨行情中买入股票后，某天的最高价比前一天的最高价还要高，则加速因子 AF 递增 0.02，并入计算。但加速因子 AF 最高不超过 0.2。反之，看跌行情中也以此类推。

（5）如果在看涨行情中，计算出的某日的 SAR 值比当日或前一日的最低价高，则应以当日或前一日的最低价为该日的 SAR 值。如果在看跌行情中，计算出的某日的 SAR 值比当日或前一日的最高价低，则应以当日或前一日的最高价为某日的 SAR 值。总之，SAR 值不得定于当日或前一日的行情价格变动幅度之内。

（6）任何一次行情的转变，加速因子 AF 都必须重新由 0.02 起算。

（7）SAR 指标周期的计算基准周期的参数为 2，如 2 日、2 周、2 月等，其计算周期的参数变动范围为 2~8。

SAR 指标的计算方法和过程比较烦琐，对于投资者来说，只要掌握其演算过程和原理，在实际操作中并不需要投资者自己计算 SAR 值，更重要的是投资者要灵活掌握和运用 SAR 指标的研判方法和功能。

二、SAR 指标的应用原则

在一般的股市分析软件中，SAR 指标中的股价曲线是以美国线来表示，而 SAR 曲线是由红色和绿色的不同圆圈组成，每个圆圈对应一个交易时期如一个交易日、周、月等（见图 155）。

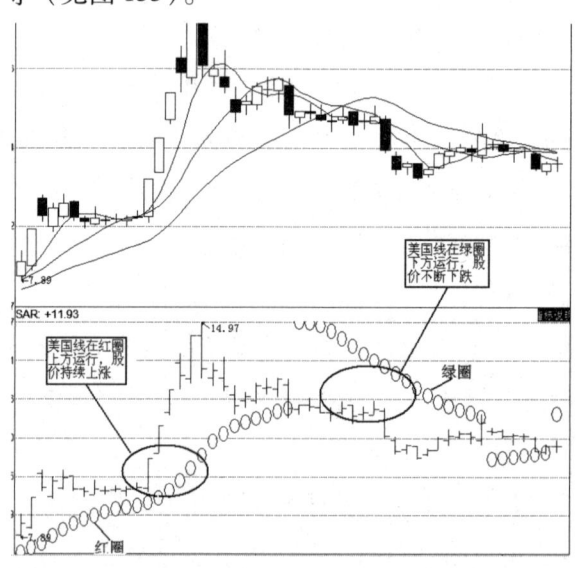

图 155　美国线与 SAR 曲线的一般分析

1. 红色圆圈

当美国线运行在 SAR 曲线的上方时，表明当前股价是处于连续上涨的趋势之中，这时 SAR 指标的圆圈就是以红色表示，它意味着投资者可以继续持有股票。此后投资者可以用 SAR 数值的多少和红圆圈的存在作为止损标准。一旦股票的收盘价跌破 SAR 所标示的价位并且 SAR 指标的红圆圈消失，就应该及时卖出股票。

2. 绿色圆圈

当股价运行在 SAR 曲线的下方时，表明当前股价是处于连续下跌的趋势之中，这时 SAR 指标的圆圈就是以绿色表示，它意味着投资者应继续以持币观望为主，直到 SAR 指标再度发出明确的买入信号。

股价与 SAR 曲线的一般应用

（1）当股票股价从 SAR 曲线下方开始向上突破 SAR 曲线时，为买入信号，预示着股价一轮上升行情可能展开，投资者应迅速及时地买进股票。

（2）当股票股价向上突破 SAR 曲线后继续向上运动，而 SAR 曲线也同时向上运动时，表明股价的上涨趋势已经形成，SAR 曲线对股价构成强劲的支撑，投资者应坚决持股待涨或逢低加码买进股票（见图 156）。

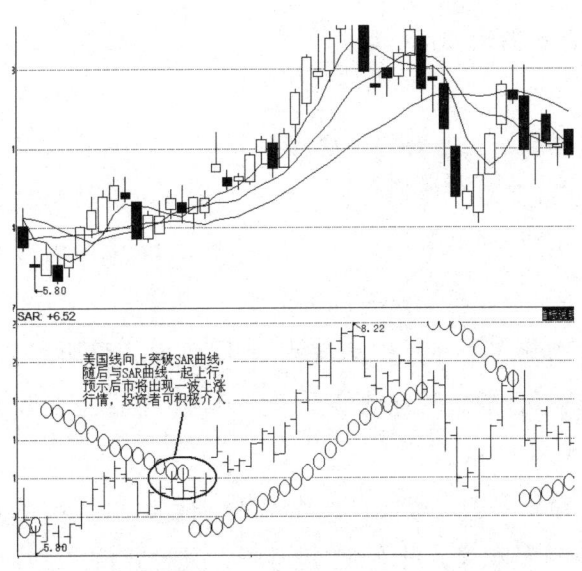

图 156　SAR 指标买入股票分析图解

（3）当股票股价从 SAR 曲线上方开始向下突破 SAR 曲线时，为卖出信号，预示着股价一轮下跌行情可能展开，投资者应迅速及时地卖出股票。

（4）当股票股价向下突破 SAR 曲线后继续向下运动而 SAR 曲线也同时向下运动，表明股价的下跌趋势已经形成，SAR 曲线对股价构成巨大的压力，投资者应坚决持币观望或逢高减磅（见图 157）。

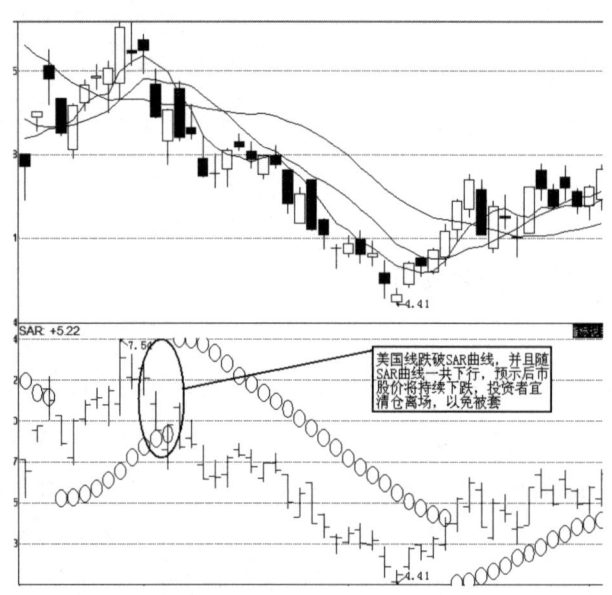

图 157　SAR 指标卖出股票分析图解

SAR 指标的运行角度和运行时间

（1）当 SAR 曲线向上运行的角度大于 45 度时，如果 SAR 曲线已经向上运行了很长一段时间并且股价短期内涨幅过大时，说明多方力量消耗过大，股价将随时可能反转向下。此时，投资者应密切关注 SAR 曲线的走势，一旦 SAR 指标发出明显的卖出信号就应坚决清仓离场。

（2）当 SAR 曲线向下运行的角度大于 45 度时，说明空方力量比较强大，股价的跌势比较迅猛，股价还将继续下跌。此时，投资者应坚决持币观望，不宜轻易抢反弹（见图 158）。

（3）当 SAR 曲线向上运行的角度大于 45 度时，如果 SAR 曲线刚刚向上运行，说明多方力量开始积聚，股价将向上攀升。此时，投资者应坚决持股待涨。

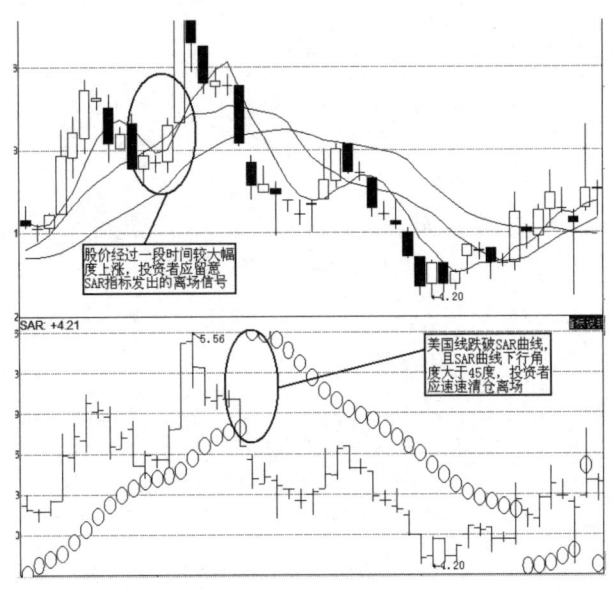

图 158　SAR 指标卖出信号图解

（4）当 SAR 曲线向下运行的角度小于 45 度时，并且 SAR 曲线向下持续运行了很长一段时间以后（最少 3 个月以上），一旦股价向上突破 SAR 曲线，则表明股价的中长期下跌趋势可能结束，投资者可以开始逢低买入股票。

（5）当 SAR 曲线向上运行的角度小于 45 度时，如果 SAR 曲线已经向下运行了很长一段时间，进行低位盘整（最少 3 个月以上）时，说明空方的力量已经衰竭、多方的力量开始加强，股价的一轮新的涨升行情已经展开，股价将继续上涨。此时，投资者应坚决持股待涨（见图 159）。

SAR 指标的作用详解

SAR 指标对于一般投资者对行情研判提供了相当大的帮助，具体表现在以下三方面：

1. 持币观望

当一个股票的股价被 SAR 指标压制在其下方并一直向下运动时，投资者可一路持币观望，直到股价向上突破 SAR 指标的压力并发出明确的买入信号时，才可考虑是否买入股票。

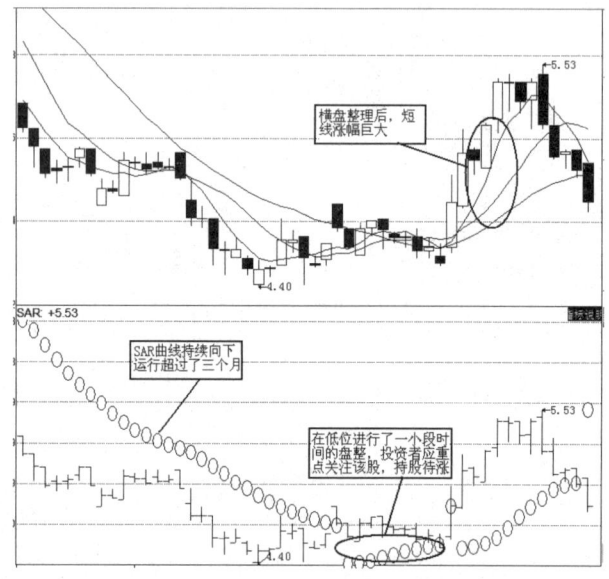

图 159　SAR 指标持股待涨信号图解

2. 持股待涨

当一个股票的股价在 SAR 指标上方并依托 SAR 指标一直向上运动时，投资者可一路持股待涨，直到股价向下突破 SAR 指标的支撑并发出明确的卖出信号时，才去考虑是否卖出股票。

3. 明确止损

SAR 指标具有极为明确的止损功能，其止损又分为买入止损和卖出止损。卖出止损是指当 SAR 发出明确的买入信号时，不管投资者以前是在什么价位卖出的股票，是否亏损，投资者都应及时买入股票，持股待涨。买入止损是指当 SAR 指标发出明确的卖出信号时，不管投资者以前是在什么价位买入股票，是否盈利，投资者都应及时卖出股票，持币观望。

总之，SAR 指标具有以下其他指标难以企及的优点：

（1）操作简单，买卖点明确，出现买卖信号即可进行操作，特别适合于入市时间不长、投资经验不丰富、缺乏买卖技巧的中小投资者使用。

（2）适合于连续拉升的"牛股"，不会轻易被主力震仓和洗盘。

（3）适合于连续阴跌的"熊股"，不会被下跌途中的反弹诱多所蒙骗。

（4）适合于中短线的波段操作。

（5）长期使用 SAR 指标虽不能买进最低价，也不能卖出最高价，但可以避免长期套牢的危险，同时又能避免错失牛股行情。

SAR 指标的实战技巧

一、SAR 指标止损点应用法

SAR 是为了避免过分贪心而设置的一种技术指标，它的基本的思想就是到了某种情况，就必须买入或卖出了，不能再等下去，期待更低或更高的价位。

（1）上攻价量配合流畅且有较强中线题材配合，可在 SAR 指标翻红的盘中第一时间追入，往往有较好的冲高惯性。

（2）SAR 翻红后回抽企稳，下档 SAR 指标值附近亦是重要的低吸买点，而攻击性 K 线组合及补量放量上攻也是辅助介入技巧。

（3）对过热的个股以 SAR 指标翻绿，对重仓股按纪律及时止损减仓，远比犹豫不决错失卖点，把热门股做成冷门股为好。

（4）对 SAR 翻绿时乖离率过大且中短线跌幅已较大的个股，借股价相对接近空头 SAR 指标值时减磅止损。

例 1：上海科技（现名 ST 沪科）（600608）（见图 160），在 2002 年 11 月 27 日以早晨之星见底 8.6 元，随后在 12 月 4 日 SAR 开始翻红，预示着股价进入多头市场，此时收盘价为 9.43 元。随着股价的逐步上涨，SAR 上升的速度加快，于 2003 年 1 月 24 日摸高 14.37 元之后，SAR 开始翻绿，预示上攻已遭遇阻力，将会出现调整，可作为中线离场卖出讯号。后来虽又创出 15.78 元的高点，但对于波段操作而言已获利颇丰。

例 2：内蒙华电（600863）（见图 161）在 2003 年 1 月 3 日 7.36 元展开上攻以来，SAR 伴随着股价曲线持续上扬，股价经历了长达两个月的上涨，一直到 3 月 3 日 SAR 翻绿才发出卖出讯号，至此，把握住 SAR 信号的投资者获利丰厚。

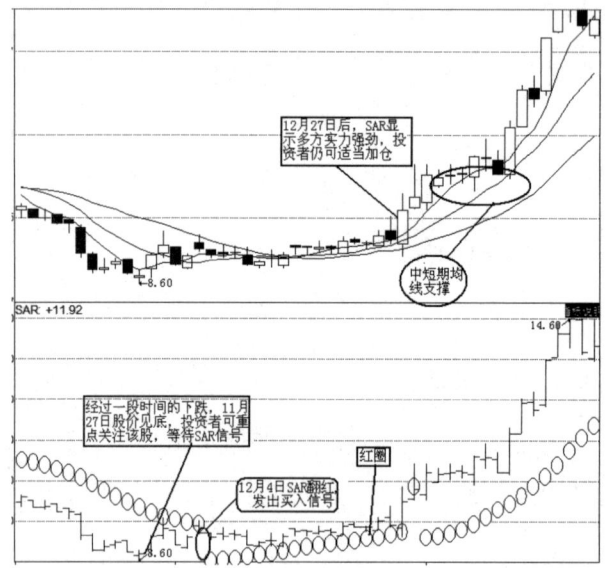

图 160　上海科技 SAR 买入信号图解

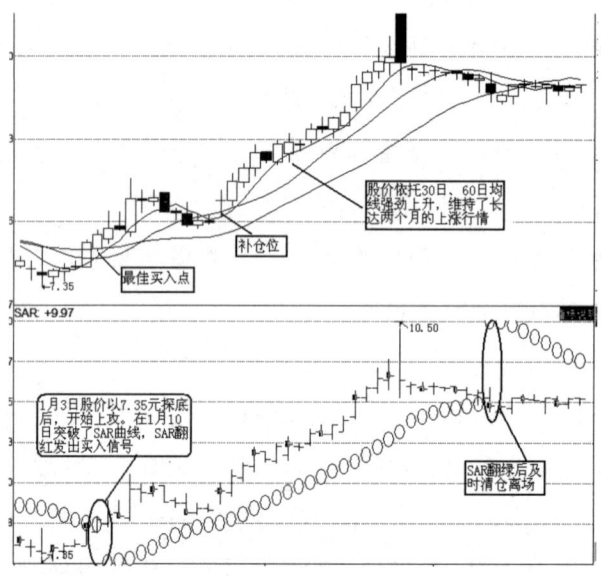

图 161　内蒙华电 SAR 指标止盈点图解

在实际应用时，应该注意以下几点：

（1）不一定非要到了股价突破了 SAR 才采取行动，可以提前。

（2）应用 SAR 最为重要的是明确当前是处于什么大环境。是上升还是下降，在股价为盘整局面时，SAR 是不能使用的。

二、周 SAR 指标与周 MACD 指标组合判断买卖法

SAR 指标的构造比较简单，研判方法简洁明了，对于普通投资者来说，它不啻为一个难得的分析工具。为了使预测结果更加准确，这里我们介绍周 SAR 和周 MACD 相配合的分析方法。

（1）当经过一段相当长时间的下跌行情后，股价 K 线越来越靠近周 SAR 指标一直下压的绿圆圈，一旦股价 K 线（或美国线）放量向上突破周 SAR 指标的绿圆圈，同时周 MACD 指标在 0 线附近也形成"金叉"时，则意味着股价下跌趋势已经结束，股价将反转向上，这是周 SAR 指标发出的中长线买入信号。此时，投资者应及时买入股票。

（2）当股价 K 线运行在周 SAR 指标上方时，一旦股价跌破周 SAR 指标从而使周 SAR 曲线由向上的红圆圈变成向下的绿圆圈，同时周 MACD 指标也开始在中高位形成"死叉"时，这是周 SAR 指标发出的中长线卖出信号。此时，投资者应及时卖出股票。

例 1：百大集团（600865）（见图 162）2006 年 10 月到 11 月经过一段时间的下跌行情，11 月 17 日这一周股价以 8.00 元探底后转头上攻。24 日这一周，周 MACD 出现金叉，而同时股价曲线也接近 SAR 曲线，预示一波上涨行情即将到来。

例 2：通化东宝（600867）（见图 163）从 2006 年 7 月到 2007 年 6 月经历了一次长达一年的上涨行情，股价由 5.01 元涨至 20.46 元。在 2007 年 6 月 11 日到 15 日这一周，行情突然出现了变化。SAR 指标翻绿，而周 MACD 指标也在高位出现了死叉，6 月 25 到 29 日这一周股价已经跌至 11.66 元，累积跌幅达百分之四十二。

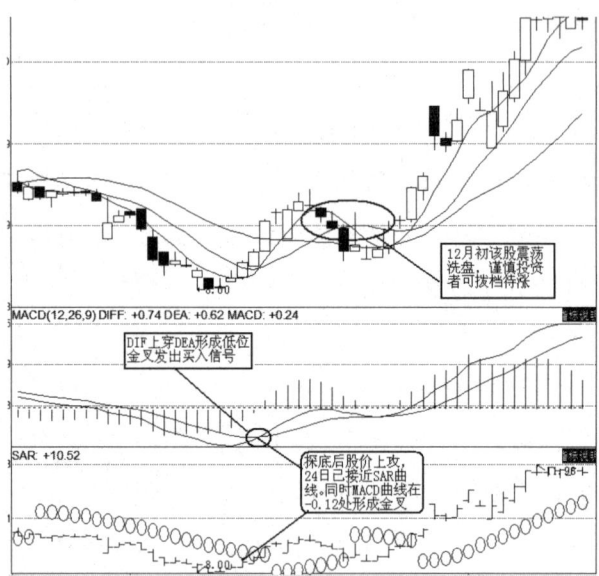

图 162　百大集团金叉买入图解

图 163　通化东宝止盈点图解

第二十章　能量潮指标——OBV

有一句股谚叫作："量在价先"。在股票操作中，成交量的重要性非同一般，然而，目前有关成交量的分析方法却少得可怜，而 OBV 指标就是这方面最重要的一项指标，值得每一位投资者认真学习。OBV 指标又叫能量潮指标，是由美国股市分析家葛兰碧所创造的，是一种重点研判股市成交量的短期技术分析工具。它在一些关键的时期还可以帮助投资者挖掘到大黑马。因此，如果投资者要从市场成交量的变化中去寻找异常的个股，该指标是较为理想的参考。

OBV 指标的原理解析

能量潮 OBV 指标是葛兰碧于本世纪 60 年代提出的，并被广泛使用。股市技术分析的四大要素：价、量、时、空。OBV 指标就是从"量"这个要素作为突破口，来发现热门股票、分析股价运动趋势的一种技术指标。它是将股市的人气——成交量与股价的关系数字化、直观化，以股市的成交量变化来衡量股市的推动力，从而研判股价的走势。关于成交量方面的研究，OBV 能量潮指标是一种相当重要的分析指标之一。

OBV 指标由 OBV 值和 OBV 线构成的。OBV 线方法是葛兰碧又一大贡献。他将"量的平均"概念加以延伸，认为成交量是股市的元气，股价只不过是它的表象特征而已。因此，成交量通常比股价先行。这种"先见量、后见价"的理论早已为股市所证明。

能量潮理论成立的依据重要是：

（1）投资者对股价的评论越不一致，成交量越大；反之，成交量就小。因此，可用成交量来判断市场的人气和多空双方的力量。

（2）重力原理。上升的物体迟早会下跌，而物体上升所需的能量比下跌时多。涉及股市则可解释为：一方面股价迟早会下跌；另一方面，股价上升时所需的能量大，因此股价的上升特别是上升初期必须有较大的成交量相配合；股价下跌时则不必耗费很大的能量，因此成交量不一定放大，甚至有萎缩趋势。

（3）惯性原则——动则恒动、静则恒静。只有那些被投资者或主力相中的热门股会在很大一段时间内成交量和股价的波动都比较大，而无人问津的冷门股，则会在一段时间内，成交量和股价波幅都比较小。

一、OBV指标的计算方法

OBV指标的计算比较简单，主要是计算累积成交量。

以日为计算周期为例，其计算公式为：

当日OBV＝本日值＋前一日的OBV值

如果本日收盘价或指数高于前一日收盘价或指数，本日值则为正；如果本日的收盘价或指数低于前一日的收盘价，本日值则为负值；如果本日值与前一日的收盘价或指数持平，本日值则不予计算，然后计算累积成交量。这里的成交量是指成交股票的手数。

和其他指标的计算一样，由于选用的计算周期的不同，OBV指标也包括日OBV指标、周OBV指标、月OBV指标、年OBV指标以及分钟OBV指标等各种类型。经常被用于股市研判的是日OBV指标和周OBV指标。虽然它们的计算时的取值有所不同，但基本的计算方法一样。另外，随着股市软件分析技术的发展，投资者只需掌握OBV形成的基本原理和计算方法，无需去计算指标的数值，更为重要的是利用OBV指标去分析、研判股票行情。

关于股票指数的 OBV 值的计算方法如下表：

日期	当日收盘指数比	前一日涨跌	成交量（手股）	累积 OBV
1	1 000	+		
2	1 050	+	+3 000	+3 000
3	1 025	−	−1 500	+1 500
4	1 000	−	−1 000	+500
5	1 030	+	+2 000	+2 500
6	1 070	+	+3 000	+5 500

关于单个股票价格的 OBV 值的计算方法如下表：

日期	收盘价	比前一日的涨跌	成交量（手股）	累积 OBV
1	18.80	—	—	—
2	19.20	+	+3 000	+3 000
3	19.40	+	+2 500	+5 500
4	19.10	−	−700	+4 800
5	19.00	−	−800	+4 000
6	19.50	+	+2 000	+6 000

OBV 线是将 OBV 值绘于坐标图上，以时间为横坐标，成交量为纵坐标，将每一日计算所得的 OBV 值在坐标线上标出位置并连接起来成为 OBV 线。

二、OBV 指标的应用原则

（1）当 OBV 线下降而股价却上升，预示股票上升能量不足，股价可能随时下跌，是卖出股票的信号。

（2）当 OBV 线上升而股价却小幅下跌，说明市场上人气旺盛，下档承接力较强，股价的下跌只是暂时的技术性回调，股价可能即将止跌回升。

（3）当 OBV 线呈缓慢上升而股价也同步上涨时，表示行情稳步向上，股市中长期投资形势尚好，股价仍有上升空间，投资者应持股待涨。

（4）当 OBV 线呈缓慢下降而股价也同步下跌时，表示行情逐步盘跌，股市中长期投资形势不佳，股价仍有下跌空间，投资者应以卖出股票或持币观望为主。

（5）一般情况下，当 OBV 线出现急速上升的现象时，表明市场上大部分买盘已全力涌进，而买方的能量的爆发不可能持续太久，行情可能将会出现回档，投资者应考虑逢高卖出。尤其在 OBV 线急速上升后不久，而在盘面上出现锯齿状曲线并有掉头向下迹象时，表明行情已经涨升乏力，行情即将转势，为更明显的卖出信号。这点对于短期急升并涨幅较大的股票的研判更为准确。

（6）一般情况下，当 OBV 线出现急速下跌的现象时，表明市场上大量卖盘汹涌而出，股市行情已经转为跌势，行价将进入一段较长时期的下跌过程中，此时，投资者还是应以持币观望为主，不要轻易抢反弹。只有当 OBV 线经过急跌后，在低部开始形成锯齿状的曲线时，才可以考虑进场介入，作短期反弹行情。

（7）OBV 线经过长期累积后的大波段的高点（即累积高点），经常成为行情再度上升的大阻力区，股价常在这区域附近遭受强大的上升压力而反转下跌。而一旦股价突破这长期阻力区的话，其后续涨势将更加强劲有力。

（8）OBV 线经过长期累积后的大波段的低点（即累积低点），则常会形成行情下跌的大支撑区，股价会在这区域附近遇到极强的下跌支撑而止跌企稳。而一旦股价向下跌破这长期支撑区的话，其后续跌势将更猛。

除了上述一般应用原则外，当股市盘局整理时，OBV 值（或线）的正负转换还是重要的参考指标：

（1）当 OBV 线从负的积累值转为正值时，是 OBV 研判行情的一个重要利用点。

对于上市两年，并从上市就开始下跌的次新股而言，经过一段时间的下跌后，其 OBV 线（或值）就会变成负的，而且下跌时间越长、幅度越大，其负值将越大。然后经过一段时间的小幅上升行情后，当负值慢慢变小并向零靠拢时，说明买方力量越来越强，而当 OBV 线一旦从负的积累值转为正值时，代表买方开始掌握了股市的走势方向，已经取得了决定性的优势，股价有可能从此形成一段长期上升趋势，是最佳的长线买进信号。

对于上市两年内，但股价已经经过前期大幅炒作又跌回历史低位（或创历史新低）时的次新股。如果其 OBV 线从负的积累值转为正值时，也只能说明多空双方又暂时取得平衡，股价未来的运行方向还不明朗。投资者可进行短线买入，等待股价的反弹行情，或者持币观望，静待行情的发展。

对于上市两年内，但股价涨幅很小的次新股。如果其 OBV 线从负的积累转为正值时，说明多空双方经过一段时间的较量，多方渐渐占据优势，投资者可开始中短线建仓，一旦股价再次放量上升，OBV 线也开始从负值以下急速上升，是中线买进信号，投资者可及时买入股票，持股待涨。

对于上市时间超过两年，且股价经过前期大幅炒作，又因送股除权而回到历史地位或创新低的个股，即使此时 OBV 线变成负值，然后再由负变正，OBV 指标由负变正的研判功能依然不再适用，投资者应选择其他指标对其进行研判。

对于一上市就上涨而股价没有大幅下跌的股票和上市时间超过两年的股票，OBV 指标由负变正的研判功能也不适用。

（2）当 OBV 线从正的积累值转为负值时，也是 OBV 研判行情的一个重要利用点。

对于上市时间超过两年，而且股价并没有大幅炒作的股票，经过送股除权后，其股价又回到历史低位或创新低。如果这时 OBV 线由正变成负值，OBV 指标由负变正的研判功能就不再适用，投资者也应选择其他指标对其进行研判。

对于一上市就上涨而股价没有大幅下跌的股票和上市时间超过两年的股票，OBV 指标由负变正的研判功能也不适用。

三、OBV 指标的局限性分析

由于 OBV 指标是根据计算累积成交量而成的，因此，对于像周 OBV 指标和月 OBV 指标等这些周期比较长的研判指标来说，在实际操作中就失去了研判功能，这点和其他技术分析指标有着本质的不同。投资者在实际操作中应注意这点，尽量少用周 OBV 及月 OBV 等指标来研判行情，以免研判失误。

同样道理，OBV 指标没有原始参数值，它不能根据修改参数值来从更多角度和不同周期去对行情进行多方位进行研判，因此，OBV 指标的分析方法比较简单，研判功能比较单一。

另外，由于 OBV 指标计算原理过于简单，并且在 OBV 值的计算公式中，仅用收盘价的涨跌来做依据，则存在着失真的现象，因此，OBV 指标的适用范围仅限于短期操作，而不能用于中长期投资的研判。

OBV 指标的形态图解

一、OBV 指标的背离形态

（1）如果经过前期一段较大的上涨行情后，股价继续上升，而 OBV 线却开始掉头向下，表明股价高档买盘乏力，是短线卖出的信号（见图 164）。

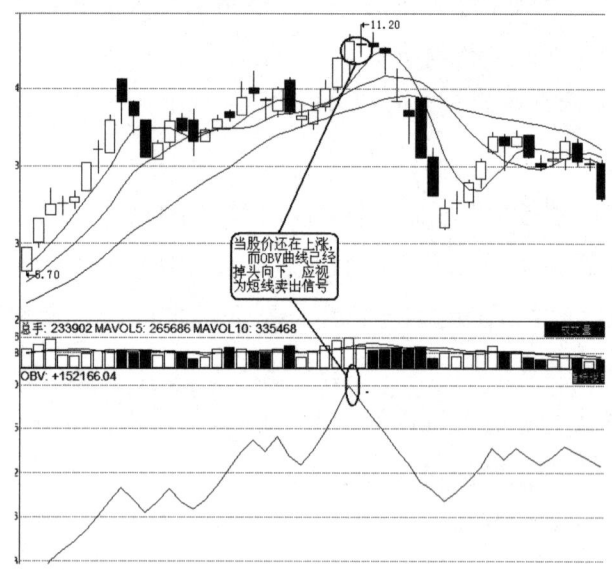

图 164　OBV 指标短线卖出信号图解

（2）如果经过前期一段较大的下跌行情后，股价继续下跌，而 OBV 线却开始掉头向上，表明股票低价位买盘较积极，买方力量开始加大，是短线买入信号（见图 165）。

二、OBV 指标的反转形态

（1）当股价波动形态有可能形成 M 头（或三重顶等顶部形态）时，OBV 线会发出很强的警示信号。当股价经过一段回落调整再次到达前期顶部附近小幅盘整时，而此时的 OBV 线也无力上扬，成交量萎缩，此时股价很容易再次下跌形成 M 头，此时投资者应倍加警惕。如果 OBV 线与股价形态几乎同时形成

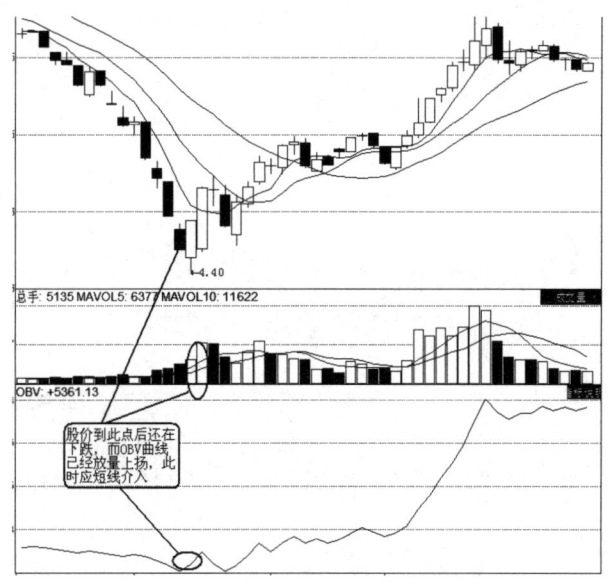

图 165 OBV 指标短线买入信号

三重顶形态，更应短线卖出股票（见图 166）。

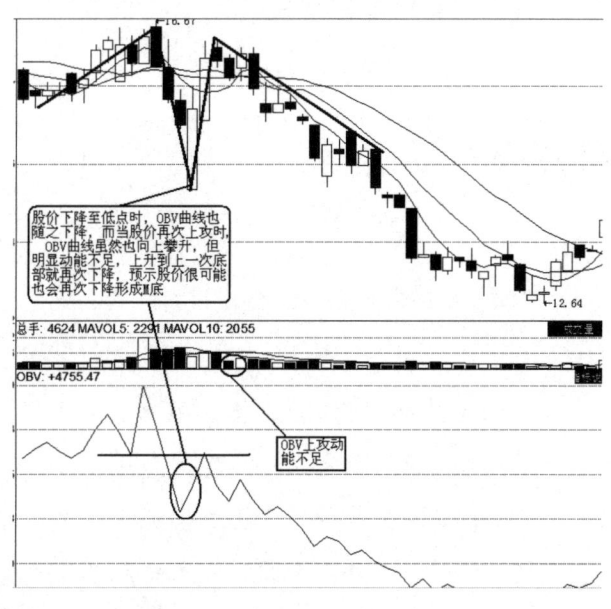

图 166 OBV 指标 M 头形态图解

（2）当股价波动形态有可能形成 W 底（或三重底等底部形态）时，OBV 线也会发出较强的警示信号。当股价形态即将形成 W 底时，如果与之相对应的 OBV 线领先上扬，成交量放大，是一种股价可能短期见底的信号。如果

OBV 线与股价形态几乎同时形成三重底时，股价阶段性的底部特征将更明显（见图 167）。

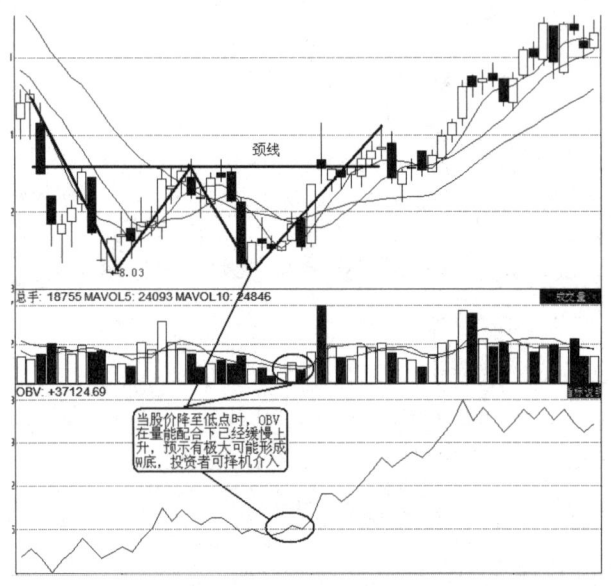

图 167　OBV 指标 W 底买入图解

OBV 指标的实战技巧

一、用 OBV 指标跟踪庄家进出货

（1）当股价上涨，OBV 指标同步向上，反映在大盘或个股的信号就是一个价涨量增的看涨信号，表明市场的持仓兴趣在增加。反之，股价上涨，OBV 指标同步呈向下或水平状态，实际上就是一个上涨动能不足的表象，表明市场的持仓兴趣没有多大变化，这样，大盘或个股的向上趋势都将难以维持。

（2）当股价下跌，OBV 指标同步向下，反映在大盘或个股的信号就是一个下跌动能增加的信号。市场做空动能的释放必然会带来股票价格大幅下行，这种情况发生时，投资者应该首先想到的是设立好止损位和离场观望。在这种情况下，回避风险成为第一要点。

（3）当股价变动，OBV指标呈水平状态，这种情形在OBV指标的表现中最常见到。OBV指标呈水平状态，首先表现为目前市场的持仓兴趣变化不大，其次表现为目前的大盘或个股为调整状态，投资者最好的市场行为是不要参与调整。当股价下跌，OBV指标呈水平状态是股价下跌不需要成交量配合的一个最好的表象。这种股价缩量下跌的时间的延长，必将带来投资者的全线套牢。

例：综艺股份（600770）（见图168）是2000年网络股的龙头股票，从周线的K线形态看，2000年2月25日在创出64.27元的历史高点后，股价开始回落，其间OBV指标同步向下，周线下的OBV指标留下了长长的向下的斜线，这是典型的庄股出货的走势，其后便是漫长的股价回落。这样的技术图形，在后来的世纪中天、徐工科技都同样出现过。

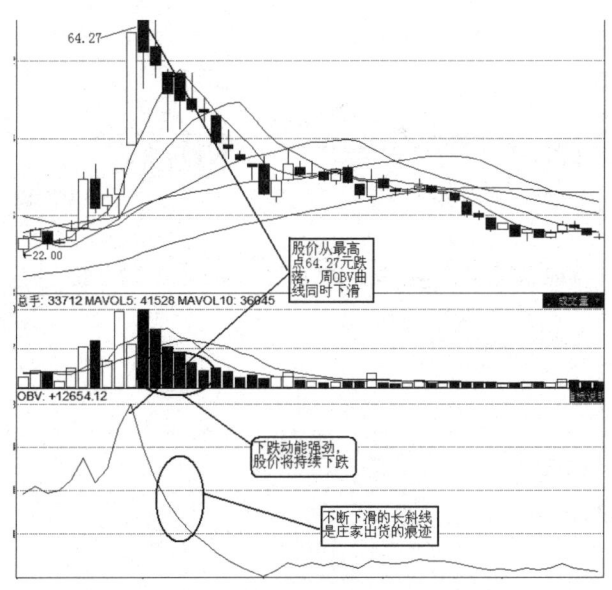

图168　综艺股份庄家出货信号图解

二、OBV指标买卖功能

（1）当OBV曲线在一定的水平位置横向运行了很长一段时间以后，一旦OBV曲线快速向上运行突破前期平台，并且股价也带量向上突破中长期均线时，说明多头力量开始占据优势，股价将在大的量能的配合下快速上涨，这是OBV指标的买入信号。

（2）当 OBV 曲线在快速向上扬升到一定高位后，如果 OBV 曲线又快速下滑，一旦股价也向下突破中长期均线时，说明股价上涨量能短期内释放过快，空头力量开始占据优势，股价短期内将下跌，这是 OBV 指标的卖出信号。

例：汉商集团（600774）（见图 169）2009 年 6 月进行了一段时间的横盘整理，7 月初，OBV 曲线突破整理平台向上攀升，同时股价也开始带量上涨。7 月 2 日以当日均价 6.29 元买入，8 个交易日后以 7.83 元卖出，每股获利 1.5 元。

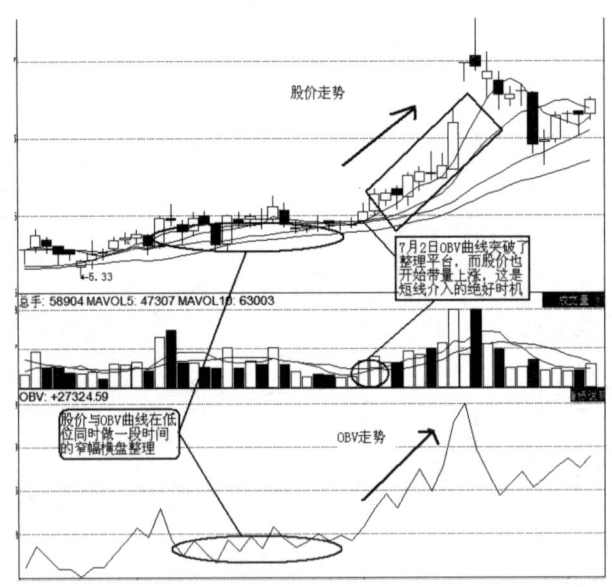

图 169　汉商集团 OBV 买入信号图解

三、5 分钟 OBV 卖出信号法

5 分钟 OBV 也是一种短线参考价值较强的量能指标。

5 分钟 OBV 向上运行看多，向下运行看空。5 分钟 OBV 与股价低位背离为买入信号，高位背离为卖出信号。5 分钟 OBV 横盘整理后向上突破为买入信号，向下突破为卖出信号。特别是价格短线快跌后 5 分钟 OBV 与股价产生背离和价格短线快涨后 5 分钟 OBV 与股价产生背离，这时发出的买卖信号准确率更高。

例：新港股份（600782）（见图170）10年3月12日5分钟OBV出现了较长时间横盘整理，在股价以8.49元探顶后，转身向下突破，发出卖出信号。

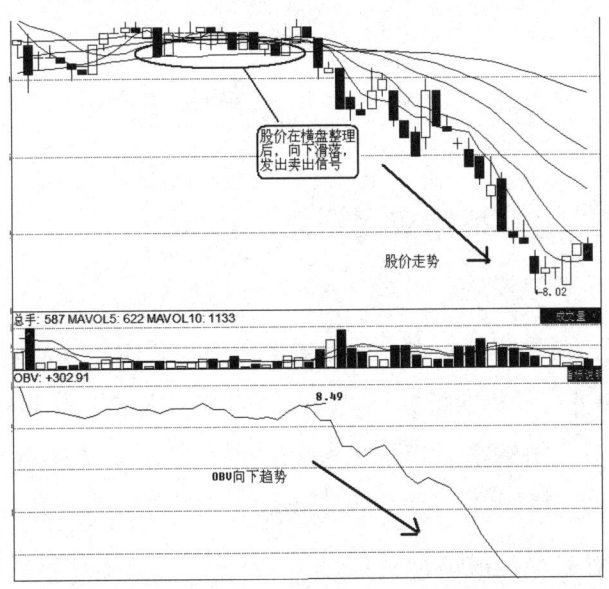

图170 新港股份5分钟OBV卖出图解

附　　录

OBOS 超买超卖指标实用详解

OBOS 指标又叫超买超卖指标，其英文全称是"Over Bought OverSold"，是一种用来对大势进行分析的指标，也是投资者应掌握的一种基础性中长期技术分析工具。OBOS 反映的是股市的大趋势，对个股的走势不提出明确的结论，因此，在应用时只可将其作为大势参考指标，不对个股的具体买卖发生作用。

一、OBOS 指标的原理解析

OBOS 指标的原理并不难理解，它主要是运用一段时间内整个股票市场中涨跌家数的累积差关系，来测量大盘买卖气势的强弱及未来演变趋势，以作为研判股市呈现超买或超卖区的参考指标。OBOS 指标和 ADR 指标一样，是用一段时间内上涨和下跌股票家数的差距来反映当前股市多空力量的对比和强弱。它的主要用途在于衡量大势涨跌气势，在某种程度上是一种加大 ADL 线振幅的分析方法。

对某种股票的过度买入称之为超买，反之，对于某种股票的过度卖出则称之为超卖。顾名思义，"超买"就是已经超出买方的能力，买进股票的人数超过了一定比例。那么，根据"反群众心理"，这时候应该反向卖出股票。"超卖"则代表卖方卖股票卖过了头，卖股票的人数超过一定比例时，反而应该买进股票。这是在一般常态行情下，经常最被重视的反市场、反群众理论。

OBOS 指标的原理主要就是对投资者心理面的变化作为假定，认为当股市大势持续上涨时，必然会使部分敏感的主力机构获利了结，从而诱发大势反转向下，而当大势持续下跌时，又会吸引部分先知先觉的机构进场吸纳，触发向上反弹行情。因此，当 OBOS 指标逐渐向上并进入超越正常水平时，即代表市场的买气逐渐升温并最终导致大盘超买现象。同样，当 OBOS 指标持续下跌时，则导致超卖现象。对整个股票市场而言，由于 OBOS 指标在某种程度上反映了部分市场主力的行为模式。因此在预测上，当大盘处于由牛市向熊市转变时，OBOS 指标理论上具有领先大盘指数的能力；而当大盘处于由熊市向牛市反转时，OBOS 指标理论上有稍微落后于大盘指数的缺陷，但从另一种角度看，它可以真正确认大盘的牛转熊是否有效。

二、OBOS 指标的计算方法

由于选用的计算周期不同，超买超卖 OBOS 指标包括 N 日 OBOS 指标、N 周 OBOS 指标、N 月 OBOS 指标等很多种类型。虽然它们计算时取值有所不同，但基本计算方法是一样。

以日 OBOS 指标为例，其计算公式为：

OBOS（N 日）$= \Sigma NA - \Sigma NB$

式中，ΣNA 为 N 日内股票上涨家数之和；

ΣNB 为 N 日内股票下跌家数之和；

N 为选择的天数，是日 OBOS 指标的参数。

从上面计算公式中，我们可以看到 OBOS 指标的计算方法和 ADR 指标的计算方法很相似。不同的是 OBOS 指标的计算方法是选择上涨和下跌家数总数的相减，而 ADR 指标是选择两者相除。选择相除还是相减是从两方面描述多空方法的差距，本质上没有大的改变，只是计算方法和侧重不同而已。ADR 指标侧重于多空双方力量的比值变化，而 OBOS 指标是侧重于多空双方力量的差值变化。

和 ADR 指标一样，选择一定参数周期内的股票上涨和下跌家数的总和，其目的也是为了避免由于某一特定的时期内股市的特殊表现而误导判断。但与 ADR 不同的是，OBOS 指标的多空平衡位置是 0 而不是 1，也就是 $\Sigma NA = \Sigma NB$ 的时候。一般而言，OBOS 指标参数选择得不同，其市场表现也迥然相异。参数选择得小，OBOS 值上下变动的空间就比较大，曲线的起伏就比较剧烈；参数选择得大，OBOS 值上下变动的空间就比较小，曲线的上下起伏就比较平稳。目前，市场上比较常用的参数是 10、20 等。OBOS 指标计算和研判参数的选择在 OBOS 指标的研判中也同样占有重要的地位，这点在后面的研判功能中将详细介绍。

OBOS 值最简单的计算方法见表。

日期	上涨的家数	下跌的家数	两者之差	累计值
1	47	41	+6	+6
2	49	19	+30	+36
3	23	46	-23	+13
4	12	65	-53	-40
5	33	29	+4	-36
6	29	32	-3	-39
7	44	40	+4	-35
8	27	50	-23	-58
9	30	46	-16	-74
10	27	48	-21	-95

上表是 OBOS 值最简单的计算方法。将 OBOS 值绘于坐标图上，以时间为横坐标，OBOS 值为纵坐标，将每一个计算周期所得的 OBOS 值在坐标线上标出位置并连接起来就成为 OBOS 曲线。由于目前股市技术分析软件上的 OBOS 值是电脑自动生成的，因此，投资者不需自己计算，主要是通过了解其计算过程而达到对 OBOS 指标的熟悉。

三、OBOS 指标的应用法则

对于 OBOS 指标，不同的分析软件有不同的分析界面，参数选取也略有不同，在这里我们仅以同花顺分析软件为例。

OBOS 指标 0 值的应用

（1）OBOS 指标的多空平衡点是 0。当市场处于盘整市场时，OBOS 的取值应该在 0 的上下来回波动；当市场处于多头市场时，OBOS 的取值应该是正数；当市场处于空头市场时，OBOS 的取值应该是负数。

（2）当 OBOS = 0 时，说明在一段时期内，多空力量处于平衡，股价指数维持窄幅盘整局面；当 OBOS > 0 时，说明市场中的多头力量大于空头力量，市场属于强势格局，股价指数处于上涨行情；当 OBOS < 0 时，说明市场中的空头

力量大于多头力量，市场属于弱势格局，股价指数处于下跌行情。

（3）一般而言，OBOS 值距离 0 的远近说明市场上多空双方中的某一方力量是否强大。当 OBOS 值为正值且距离 0 越远，说明市场上的多头力量就越强大，多方占据的优势就越明显；当 OBOS 值为负值且距离 0 越远时，说明市场上的空头力量就越强大，空方占据的优势就越明显。

OBOS 指标的超买超卖现象

（1）OBOS 值为正数时，表示市场处于多头市场；OBOS 值为负数时，表示市场处于空头市场。当 OBOS 值 >80 时，表示股指已经进入超买区，投资者要适当注意投资风险；当 OBOS 值 < –80 时，表明股指已经进入超卖区，投资者要注意把握随时出现的反转或反弹机会。

（2）OBOS 超买与超卖的具体数值没有绝对固定的标准。因为中国股市处于不断的高速扩容中，上市公司也在不断增加中，所以 OBOS 超买与超卖的具体数值也在同步变化，但总的数量标准是处于不断增加的趋势中。当 OBOS 值 >250 时，表明股指已经进入严重超买区，当 OBOS 值 < –300 时，表明股指已经进入严重超卖区。值得注意的是，虽然指标提示严重超买超卖，但投资者仍不宜立即实施操作，而是要等待 OBOS 指标出现反转信号。

（3）OBOS 指标的买卖信号。大多数情况下，OBOS 指标是在 –80 ~ 80 之间波动，这时候指标没有研判意义。当 OBOS 进入超买超卖区以后，甚至进入严重超买超卖区时，所出现的反转信号才是有效的。如果这时候 OBOS 指标出现反转，并突破 6 日 OBOS 指标均线和 0 轴线时，就是明确的买卖时机。

（4）当指数运行方向与 OBOS 指标的运行方向相同时，表明市场发展趋势将得以加强。如果两者均向上运行，则意味着后市行情仍可看多；如果两者同时下降，则意味着后市行情仍需看淡。

（5）当指数与 OBOS 指标走势出现背离特征时，投资者要随时注意大势可能反转。如果指数仍然上升，而 OBOS 指标却出现回落，说明有市场主流资金在控制少数的大盘指标股来拉抬指数，维持人气，而大多数个股已经趁机纷纷逃出，行情不久将转弱。如果股指在下跌，而 OBOS 指标却强势上升，则说明股市的下跌是由于大盘指标股被压制所造成的，这时候占权重不大个股的上升说明行情即将转暖。

（6）与 OBOS 指标计算原理相近，并且各具特色，能互为补充的主要有指数平滑广量指标（STIX）、涨跌比率（ADR）、腾落指数（ADL）。当分析大盘是否在历史性的重要顶部和底部位置时，一定要结合使用，共同研判。

在这里需要特殊说明的是 OBOS 指标的超买超卖现象。

（1）在股票市场上，OBOS 值过分的大或者过分的小，都说明市场的涨势或跌势走到了极端。物极必反，当股市走势过于极端时，便会显露出大势超买超卖的现象，这是市场可能将向相反的方向运动、趋势将发生转折的信号。

（2）至于 OBOS 指标的超买和超卖区域的确定，在世界各地的股票市场都不一样。它主要取决于上市股票总数、参数的选择的大小和投资者个人的偏好以及分析软件的不同版本来决定。当大多头行情中，超买区域上限可以适当向上调整，而在大空头行情中，超卖区域的下限可以适当向下调整。

四、OBOS 指标的特殊分析方法

与 ADL、ADR 指标一样，OBOS 指标对大势具有领先示警作用，尤其是在中短期回调或反弹方面，能比股价综合指数曲线领先出现征兆。若股价综合指数曲线与 ADR 曲线之间出现背离现象，则可能预示着大势即将反转。

（1）OBOS 曲线持续向上攀升，而股价综合指数曲线也同步上升，则意味着整个股票市场是处于整体上涨的阶段，股市大势将维持向上攀升的态势，市场上人气比较活跃，投资者可积极进行个股的投资决策。

（2）OBOS 曲线持续下跌，而股价综合指数曲线也同步下跌，则意味着整个股票市场是处于整体下跌的阶段，股市大势将维持下跌的态势，市场上人气比较低落，此时，投资者应以持币观望为主。

（3）当大盘已经经过了一轮比较长时间的上升行情以后，OBOS 曲线开始从高位向下回落，而股价综合指数曲线却还在缓慢向上扬升，则意味着股市大势可能出现"顶背离"现象。当 OBOS 指标出现顶背离现象时，预示着整个市场开始由强势转变为弱势，一轮大跌行情即将开始，投资者应及时卖出个股。

（4）当大盘已经经过了一轮比较长时间的下跌行情以后，OBOS 曲线从底部开始向上攀升，而股价综合指数曲线却继续下跌，则意味着股市大势可能出现"底背离"现象。当 OBOS 指标出现底背离现象时，预示着整个市场行情开始趋暖，一轮反弹行情可能展开，投资者可分批少量逢低吸纳个股。

XS 薛斯通道指标实用详解

一、XS 薛斯通道指标原理

薛斯通道是判断股价运行区间及相应的压力、支撑的趋势性指标。

（1）当股价运行到短周期通道的下轨时是短线买入机会，当股价运行到短线周期的上轨时是短线卖出时机；

（2）当股价运行到长周期通道的下轨时是中长线买入时机，而当股价运行到长周期的上轨时是中长线卖出时机；

（3）当短周期运行到长周期下轨，从下向上突破长周期的下轨时是买入时机，而当短周期运行到长周期上轨，从上向下突破长周期的上轨时为卖出时机。

薛斯通道建立于薛斯的循环理论的基础上，属于短线指标。在薛斯通道中，股价实际上是被短期小通道包容着在长期大通道中上下运行，基本买卖策略是当短期小通道接近长期大通道时，预示着趋势的近期反转。在上沿接近时趋势向下反转，可捕捉短期卖点。在下沿接近时趋势向上反转，可捕捉短期买点。这个方法可以在每一波行情中成功地逃顶捉底，寻求最大限度的赢利。

二、XS 薛斯通道的应用原则

（1）长期大通道是反映该股票的长期趋势状态，趋势有一定惯性，延伸时间较长，反映股票大周期，可以反握股票整体趋势，适于中长线投资；

（2）短期小通道反映该股票的短期走势状态，包容股票的涨跌起伏，有效地滤除股票走势中的频繁振动，但保留了股票价格在大通道内的上下波动，反映股票小周期，适于中短线炒作；

（3）长期大通道向上，即大趋势总体向上，此时短期小通道触及（或接近长期大通道底部时，即买压增大，有反弹的可能。而短期小通道触及长期大通道顶部，即卖压增大，形态出现回调或盘整，有向长期大通道靠近的趋势。如果 K 线走势与短期小通道走势亦吻合得很好，那么更为有效；

（4）长期大通道向上，而短期小通道触及长期大通道顶部，此时该股为强力拉长阶段，可适当观望，待短期转平或转头向下时，为较好出货点，但穿透区为风险区，应密切注意反转信号，随时出货；

（5）长期大通道向下，即大趋势向下，此时短期小通道或股价触顶卖压增加，有再次下跌趋势。而触底形态即买压增大，有缓跌调整或止跌要求，同时价格运动将趋向靠近长期大通道上沿。回调宜慎重对待，待确认反转信号后方可买入；

（6）长期大通道向下，而短期小通道向下穿透长期大通道底线，此时多为暴跌过程，有反弹要求，但下跌过程会持续，不宜立即建仓，应慎重，待长期大通道走平且有向上趋势，短期小通道回头向上穿回时，是较好的低位建仓机会；

（7）当长期大通道长期横向走平时，为盘整行情，价格沿通道上下震荡，此时为调整、建仓、洗盘阶段，预示着下一轮行情的出现，短线炒家可逢高抛出，逢低买入。若以短期小通道强力上穿长期大通道，且长期大通道向上转向，表明强劲上涨行情开始。若以短期小通道向下穿透长期大通道，且长期大通道向下转向，表明下跌将继续。

CCI 顺势指标实用详解

一、CCI 指标的原理解析

CCI 指标又叫顺势指标，其英文全称为 "Commodity Channel Index"，是由美国股市分析家唐纳德·蓝伯特（Donald Lambert）所创造的，是一种重点研判股价偏离度的股市分析工具。

CCI 指标最早是用于期货市场的判断，后运用于股票市场的研判，并被广泛使用。与大多数单一利用股票的收盘价、开盘价、最高价或最低价而发明出的各种技术分析指标不同，CCI 指标是根据统计学原理，引进价格与固定期间的股价平均区间的偏离程度的概念，强调股价平均绝对偏差在股市技术分析中的重要性，是一种比较独特的技术分析指标。

CCI 指标是专门衡量股价是否超出常态分布范围，属于超买超卖类指标的一种，但它与其他超买超卖型指标相比，又有自己比较独特之处。像 KDJ、WR%、CCI 等大多数超买超卖型指标都有"0 ~ 100"上下界限，因此，它们对待一般常态行情的研判比较适用，而对于那些短期内暴涨暴跌的股票的价格走势，就可能会发生指标钝化的现象。而 CCI 指标却是波动于正无穷大到负无穷大之间，因此不会出现指标钝化现象，这样就有利于投资者更好地研判行情，特别是那些短期内暴涨暴跌的非常态行情。

二、CCI 指标的计算方法

和其他技术分析指标一样，由于选用的计算周期不同，顺势指标 CCI 也包括日 CCI 指标、周 CCI 指标、年 CCI 指标以及分钟 CCI 指标等很多种类型。经常被用于股市研判的是日 CCI 指标和周 CCI 指标。虽然它们计算时取值有所不同，但基本方法一样。

以日 CCI 计算为例，其计算方法有两种。

第一种计算过程如下：

CCI（N 日）＝（TP － MA）÷ MD ÷ 0.015

式中，TP ＝（最高价 + 最低价 + 收盘价）÷ 3；

MA ＝ 最近 N 日收盘价的累计之和 ÷ N；

MD ＝ 最近 N 日（MA － 收盘价）的累计之和 ÷ N；

0.015 为计算系数，N 为计算周期。

第二种计算方法表述为：

中价与中价的 N 日内移动平均的差除以 N 日内中价的平均绝对偏差

式中，中价等于最高价、最低价和收盘价之和除以 3。

平均绝对偏差为统计函数

从上面的计算过程我们可以看出，相对于其他技术分析指标，CCI 指标的计算是比较复杂的。由于现在股市技术分析软件的普及，对于投资者来说，无需进行 CCI 值的计算，主要是通过对 CCI 指标的计算方法的了解，更加熟练地运用它来如何研判股市行情。

三、CCI 指标的应用原则

在大部分股市分析软件上，CCI － 指标的分析区间集中在 100 ~ ＋ 100 之间。

（1）按市场的通行的标准，CCI＋指标的运行区间可分为三大类：大于100、小于－100＋和100～－100之间。

（2）当CCI＋>100时，表明股价已经进入非常态区间——超买区间，股价的异动现象应多加关注。

（3）当CCI－<100时，表明股价已经进入另一个非常态区间——超卖区间，投资者可以逢低吸纳股票。

（4）当CCI＋介于100～－100之间时表明股价处于窄幅振荡整理的区间——常态区间，投资者应以观望为主。

CCI指标区间的判断应用：

（1）当CCI＋指标从下向上突破100线而进入非常态区间时，表明股价脱离常态而进入异常波动阶段，中短线应及时买入，如果有比较大的成交量配合，买入信号则更为可靠。

（2）当CCI－指标从上向下突破100线而进入另一个非常态区间时，表明股价的盘整阶段已经结束，将进入一个比较长的寻底过程，投资者应以持币观望为主。

（3）当CCI＋指标从上向下突破100线而重新进入常态区间时，表明股价的上涨阶段可能结束，将进入一个比较长时间的盘整阶段。投资者应及时逢高卖出股票。

（4）当CCI－指标从下向上突破100线而重新进入常态区间时，表明股价的探底阶段可能结束，又将进入一个盘整阶段。投资者可以逢低少量买入股票。

（5）当CCI＋指标在100线～－100线的常态区间运行时，投资者则可以用KDJ、CCI等其他超买超卖指标进行研判。

MIKE 麦克指标实用详解

一、MIKE 指标的原理解析

MIKE 指标又叫麦克指标，其英文全称是"Mike Base"，是一种专门研究股价各种压力和支撑的中长期技术分析工具。

与 BOLL 指标一样，MIKE 指标是随股价波动幅度大小而变动的压力支撑指标，是一种路径型指标。它随着股价的变化而变化，能有效地预测股价未来可能上涨或下跌的空间。

目前，大多数技术分析指标都是利用股票的价格、从各种角度来分析判断股价的走势，其中，最典型的是开盘价、收盘价、最高价和最低价。虽然这四种价格已经基本上能反映股价的走势，但在某种程度上，这四种价格又都不能完全准确地反映股价在某一时期的真正走势。比如，在日常走势中，我们经常能看见在靠近收市时的几分钟里，某一股票的尾市行情突然风云变化，在短短几分钟里，在大量买盘的推动下，本来下跌的行情却变成大幅上涨的行情，股价也拔地而起。很显然，这种股价尾市的突然飙升并不能代表股价一整天的下跌走势，因此，这天该股票的收盘价并不能真实地反映股票当天的大部分时间的走势，该天的收盘价也就失去了真实性。同样，很多股票的某些交易日的开盘价、最高价和最低价也会在主力机构的刻意拉抬或打压下，经常发生这样的情况。

为了在某种程度上去弥补那些由于利用股票的开盘价、收盘价等价格的技术指标在行情研判上的误差，MIKE 指标设定了一个起始价格（即 Typical price 简称 TYP），以此作为计算基准，求得股价的初级、中级和强力等 6 种支撑或压力价位区，从而为投资者预测股价的短中长期的走势提供重要的参考。

二、MIKE 指标的计算方法

MIKE 指标的计算方法比较复杂，其中涉及指标计算的起初价——TYP 和六个辅助指标，即三个压力价和三个支撑价。另外，和其他指标的计算一样，由于选用的计算周期的不同，MIKE 指标也包括日 MIKE 指标、周 MIKE 指标、月 MIKE 指标、年 MIKE 指标以及分钟 MIKE 指标等各种类型。经常被用于股市研判的是日 MIKE 指标和周 MIKE 指标。虽然它们的计算时的取值有所不同，但基本的计算方法一样。

以日 MIKE 指标计算为例，其计算过程如下：

1. 计算初始价——TYP 的数值

TYP = （H + L + C） ÷3

式中，H = 当日的最高价；

L = 当日的最低价；

C = 当日的收盘价；

TYP 为起始价。

有的股市分析软件还采用加权方法进行计算，计算公式为：

TYP = （H + L + 2C） ÷4

两式中字母代号所表示的含义是一样的，计算的结果差别不大。MIKE 指标是利用起始价位来计算出股价的弱、中、强的三个压力价位和三个支撑价位，从而为预测股价未来走势提供帮助。

2. 计算股价的三个压力价位

MIKE 指标中的三个压力价位分别为：初级压力——WR、中级压力——MR 和强力压力——SR。它们的计算公式为：

WR （N 日） = TYP + （TYP – LN）

MR （N 日） = TYP + （HN – LN）

SR （N 日） = 2 × HN – LN

式中，TYP = 起始价；

LN = N 日的最低价；

HN = N 日的最高价。

3. 计算股价的三个支撑价位

MIKE 指标中的三个支撑价位分别为：初级支撑——WS、中级支撑——MS 和强力支撑——SS。它们的计算公式为：

WS （N 日） = TYP – （HN – TYP）

MS （N 日） = TYP – （HN – LN）

SS（N 日） = 2 × LN − HN

式中，TYP = 起始价；

LN = N 日内的最低价；

HN = N 日内的最高价。

二、MIKE 指标的应用原则

麦克指标的研判标准随软件版本的不同而不同。目前，在国内两大股市软件——钱龙和分析家中的麦克指标的分析方法是有很大区别的。

（一）分析家软件上的研判标准

在分析家软件上，MIKE 指标是由六条线组成的，其分析方法主要是围绕着这六条线之间的关系展开。以日 MIKE 指标为例，其构成主要是将每一个交易日的数值以连线的方式在图表上画出来，得出六条线，构成三条通道：WR 与 WS 构成窄通道，MR 与 MS 构成中间通道，SR 与 SS 则构成一个相对较阔的通道，直观地反映出压力、支撑位置。MIKE 指标随股价的变化而变化，能够在股价上涨过程中提供可能上升空间或在股价下降过程中提供可能下降空间。

麦克指标的研判标准主要是：

（1）MIKE 指标共有六条曲线，上方三条压力线，下方三条支撑线。

（2）当股价脱离盘整，朝上涨的趋势前进时，股价上方三条压力线作为压力参考价，下方支撑线不具有参考价值。

（3）当股价脱离盘整，朝下跌的趋势前进时，股价下方三条支撑线作为支撑参考价，上方压力线不具有参考价值。

在具体运用中，投资者应注意，MIKE 指标所示的压力、支撑仅为参考价位，与股价所真正达到的顶或底部价位误差较大，投资者应结合切线理论、形态理论等进行综合判断。此外，除了初级数值外，MIKE 指标列示的压力支撑价格在很多情况下与当前价格存在较大差距，特别是在持续上升或下跌行情中，其通道也随之以较快的速度向上或向下扩张，削弱了对短线行情的指导作用。

（二）钱龙软件上的研判标准

由于分析家软件上的 MIKE 指标图比较复杂，有时很容易被图形上的六条线弄糊涂，为了方便一般投资者的研判，因此，在钱龙分析软件上不再以线型图来表示 MIKE 指标，而改用"表格"的形式来直接将压力和支撑的数据显示在表格中，并且会简单标明参考的"上限"和"下限"，从而方便了投资者的研判。麦克指标的研判标准主要是：

（1）当股价正处于盘整时，"上限"和"下限"的价位都同时具备参考作用。一旦股价可能突破 MIKE 指标所提示的"上限"中的初级压力位，表明股价将脱离盘整，短期有向上运动的趋势；一旦股价可能突破 MIKE 指标所提示的"下限"中的初级支撑位，则表明股价将脱离盘整，短期有向下运动的趋势。如果股价在"上限"的初级压力位和"下限"的初级支撑位之间横盘运动，则表明股价短期还会处于横盘整理运动之中。

（2）当股价已经处于向上或向下的运动趋势中时，"上限"和"下限"则不能同时参考。

如果股价处于上涨的过程中，MIKE 指标所提示的"下限"中的支撑位就没有参考作用，而这时的"上限"则具有较强的参考作用。一旦股价突破 MIKE 指标所提示的"上限"中的初级压力位，表明股价短期内将出现向上扬升的走势，投资者可及时中长线买进股票或持股待涨。一旦股价突破 MIKE 指标所提示的"上限"中的中级压力位，表明股价还将继续上扬，投资者可继续强势持股。但当股价突破 MIKE 指标所提示的"上限"中的强力压力位时，由于股价前期涨幅过大，因此有向下调整或变盘的可能，投资者应密切关注股价走势变化，一旦股价调头向下，则坚决及时出货或持币观望。

如果股价处于下跌的过程中，MIKE 指标所提示的"上限"中的压力位就没有参考作用，而这时的"下限"则具有较强的参考作用。一旦股价突破 MIKE 指标所提示的"下限"中的初级支撑位，表明股价短期内将出现向上调整的走势，投资者可及时中长线卖出股票或持币观望。一旦股价突破 MIKE 指标所提示的"下限"中的中级支撑位，表明股价还将继续下跌，投资者可继续持币观望。但当股价突破 MIKE 指标所提示的"下限"中的强力支撑位时，由于股价前期跌幅过大，因此短线有上反弹的可能，投资者应密切关注股价走势变化，一旦股价重新站上支撑位，则可及时短线少量建仓。

（3）当股价突然放巨量上升时，如果股价在收盘时没能突破 MIKE 指标所提示的"上限"中的初级压力位，则要注意是不是短线见顶的信号，如果在上升途中，股价没有放量冲过中级压力位，则要注意是不是中线见顶的信号。如果在经过一段很长时间的上升，股票在顶部出现比较大的成交量而没能向上突破强力压力位，则要注意是不是长线见顶的信号。

（4）当股价在已经前期跌幅很大的情况突然出现巨量时，如果股价在收盘时没能向下突破 MIKE 指标所提示的"下限"中的初级支撑位时，则要注意是不是短线见底的信号，如果在下降途中，股价没有放量跌破中级支撑位时，则要注意是不是中线见底的信号。如果在经过一段很长时间的下跌，股票在底部出现比较大的成交量而没能跌破强力支撑位，则要注意是不是长线见底的信号。

WVAD 威廉变异离散量实用详解

一、WVAD 指标的原理解析

威廉变异离散量 WVAD 指标是一种将成交量进行加权处理的量价指标。其主要理论精髓在于，重视一天中开盘到收盘之间（即 K 线实体部分）的价位，而将此区域之上（K 线上影线）的价位视为压力区，区域之下（K 线下影线）的价位视为支撑区，K 线实体部分的价格区域则视为有真实意义的价格波动区间。当 K 线实体部分之上的压力较大时，将促使 WVAD 指标变成负值，表明卖方动力强大。如果 K 线实体部分之下的支撑较大，将促使 WVAD 指标变成正值，表明买方动力强大。

二、WVAD 指标的计算公式

①A = 当天收盘价 – 当天开盘价

②B = 当天最高价 – 当天最低价

③V = 当天成交金额

④WVAD = N 日 ΣC

⑤MAWVAD = WVAD 的 M 日简单移动平均

⑥参数 N = 24，M = 6

三、WVAD 指标的应用法则

（1）WVAD 是测量股价由开盘至收盘期间，多空双方的战斗力均衡。

（2）WVAD 为正值时，代表多方占优。当 WVAD 由负值变成正值的一刹那，为买入点。

（3）WVAD 为负值时，代表空方占优。当 WVAD 由正值变面负值的一刹那，为卖出点。

（4）当趋向指标中 ADX 低于 PDI、MDI 时，本指标失效。

（5）WVAD 指标可与 EMV 指标搭配使用。

由于交易的周期颇长，WVAD 也有长期指标共同的特点，买点离最近一次的低价区稍远，卖点也距最近一次的高价区稍远，如果长期使用 WVAD 为买卖交易的依据，一旦其他指标已领先出现讯号，将给投资人带来心理压力，使其很难持续坚持等待 WVAD 讯号的出现，只要有一次无法克服障碍忍耐到底，则 WVAD 的统计交易模式，很可能因为个人主观情绪的左右，导致全盘投资计划的挫败。

PVI 正量指标实用详解

一、PVI 指标的原理解析

正成交量指标（Positive Volume Index）又称为正量指标（PVI），其主要作用是辨别目前市场行情是处于多头行情还是空头行情，并追踪市场资金流向。识别主力资金是否在不动声色地购进股票或抛出，从而得出市场的操作策略。

PVI 指标主要作用有两点：①辨别目前的股价，处于多头市场或者空头市场；②追踪散户资金流向。

PVI 指标的理论观点认为，当日的市况如果量增价涨，表示散户主导市场。相反的，如果当日的成交值缩减，表示机构大户正在不动声色地收购股票。也就是说，PVI 指标主要的功能，在于侦测行情是否属于散户市场。

二、PVI 指标的计算方法

（1）公式：

$PVI = PV + (CLS - CISn) / CLSn \times PV$；

（第一次计算时，PV 一律以 100 代替）；

MAPVI = PVI 的 M 日简单移动平均

PVI 指标需先比较当日成交金额与前一日成交金额后才能计算。

（2）参数：

M = 72（或 144，288）。（一般平均线参数设定为 72、144 或 288 天，运用在中国股市时，大多采用较短周期）。

三、PVI 指标的应用原则

（1）PVI 指标位于其 N 天移动平均线之上时，表示目前处于多头市场。

（2）PVI 指标位于其 N 天移动平均线之下时，表示目前处于空头市场。

（3）PVI 指标由下往上穿越其 N 天移动平均线时，代表中期买进信号。

（4）PVI 指标由上往下穿越其 N 天移动平均线时，代表中期卖出信号。

（5）PVI 与 NVI 指标分别向上穿越其 N 天移动平均线时，视为大多头信号。

投资者在应用 PVI 指标时一定要注意以下问题：

（1）PVI 指标可以帮助投资者认清市场的结构，是归属于机构大户，还是散户市场。

（2）可以利用 PVI 指标的交叉讯号，作为中期买卖的依据。

（3）PVI 指标最大的功能是配合 NVI 指标，共同追踪即将引发大多头行情的股票。因此，PVI 指标与 NVI 指标，实为一组密不可分的指标组合。

TAPI 指数点成交值指标实用详解

一、TAPI 指标的原理解析

TAPI 是英文"Total Amount Weighted Stock Index"的缩写，中文译名为"每一加权指数的成交值"。是一种超短期股市分析技术指标。TAPI 指标是根据股票的每日成交值与指数间的关系，来反映股市买气的强弱程度及未来股价展望的技术指标。其理论分析重点为成交值。

TAPI 指标认为成交量是股市生命的源泉。成交量值的变化会反映出股市购买股票的强弱程度及对未来股价的愿望，因而可以通过分析每日成交值和加权指数间的关系来研判未来大势变化。

二、TAPI 指标的计算方法

TAPI 指标的计算方法非常简单，主要是利用每个周期成交量与当前周期的加权指数来进行计算的。

以日为周期来计算 TAPI 值为例，其计算公式为：

TAPI = 每日成交总值 ÷ 当日加权指数

和其他指标的计算一样，由于选用的计算周期的不同，TAPI 指标也包括日 TAPI 指标、周 TAPI 指标、月 TAPI 指标、年 TAPI 指标以及分钟 TAPI 指标等各种类型。

经常被用于股市研判的是日 TAPI 指标和周 TAPI 指标。虽然它们计算时的取值有所不同，但基本的计算方法一样。另外，随着股市软件分析技术的发展，投资者只需掌握 TAPI 形成的基本原理和计算方法，无需去计算指标的数值，更为重要的是利用 TAPI 指标去分析、研判股票行情。

三、TAPI 指标的应用原则

TAPI 指标主要是研究股价和大盘的量价关系，它主要是运用 TAPI 线与大盘加权指数的运动方向来判断股市未来的走势：

（1）TAPI 的上升和下降与成交量始终是同步的，若发生背离现象，则是提示买卖时机。即指数上涨，TAPI 下降，是卖出时机，投资者可逢高出货；指数下跌，TAPI 上升，是买进时机，投资者可逢低吸纳。

（2）在连续上涨过程中，股价处于明显转折处时，若 TAPI 异常缩小，是市场即将向下反转信号，持股者应逢高卖出。

（3）在连续下跌过程中，股价处于明显转折处时。若 TAPI 异常放大，是市场向上反弹或反转的信号，投资者可短线买进。

（4）在多头市场的最后一段上升行情中，加权指数创新高而 TAPI 值不能随之向上，则大势可能回档。

（5）在多头市场中，大势回档整理，成交量缩小，此时若加权指数回升，TAPI 反而下降，也是短线买入做反弹的时机。

（6）在空头市场末期，加权指数已经跌至很低水平，而 TAPI 也无法下降，则提示大势已近阶段性底部。

（7）当多头市场来临时，TAPI值创新低的可能性为零，空头市场里TAPI值创新高的可能也极小。投资者可根据市场情况灵活划定TAPI的高低点。

（8）TAPI无一定的高点、低点，必须与大势、K线配合，或与其他指标配合才能发挥其价值。

（9）对于用TAPI指标来研判指数而言，在不同的股市所选用的加权指数各不相同，甚至在同一股市中也存在着各种不同的加权指数，因此，TAPI的计算在实际运用中最好选择比较有代表性的指数来做标准。

此外，TAPI线和TAPIMA线之间的关系也有一定的应用原则：

（1）当TAPI曲线和TAPIMA曲线经过长时间的底部整理后，TAPI曲线开始向上运行，TAPI曲线也同时走平或小幅上升，说明股价上涨的动能开始增强，股价的长期向上运动趋势初步形成，投资者可以开始逢低吸纳股票。

（2）当TAPI曲线开始向上突破TAPIMA曲线时，说明股价的上涨动能已经相当充分，股价的长期向上趋势已经形成，如果伴随较大的成交量配合则更可确认，投资者应坚决地全仓买入股票。

（3）当TAPI曲线向上突破TAPIMA曲线并运行一段时间后，又开始向下回调并靠近或触及TAPIMA曲线，只要TAPI曲线没有有效跌破TAPIMA曲线，都表明股价属于强势整理。一旦TAPI曲线再度返身向上时，表明股价的动能再次聚集，股价将进入强势拉升阶段，投资者可以及时买入股票或持股待涨。

（4）当TAPI曲线和TAPIMA曲线再度同时向上延伸时，表明股价的强势依旧，投资者可一路持股待涨。

（5）当TAPI曲线和TAPIMA曲线同时向上运行较长的一段时间后，由于TAPI曲线运行速度超过TAPIMA从而远离TAPIMA曲线时，一旦TAPI曲线掉头向下，说明股价上涨的短期动能消耗比较大，股价有短线回调的要求，投资者可持股观望或逢低吸纳。

（6）当TAPI曲线从高位掉头向下运行时，表明股价上升动能已经衰竭，而下降的动能开始积聚，股价的中期上升趋势已经结束，而中期下降趋势开始形成，投资者应及时地卖出股票。

（7）当TAPI曲线从高位向下运行并向下突破TAPIMA曲线后，TAPIMA曲线也开始向下掉头运行时，表明股价的强势上涨行情已经结束，股价的长期下降趋势日益明显，投资者应坚决一路持币观望或逢高卖出剩余的股票。

（8）当TAPI曲线在TAPIMA曲线下方一直向下运行时，说明股价的弱势特征极为明显，投资者唯一能采取的投资决策就是持币观望。

（9）当TAPI曲线在TAPIMA曲线下方运行很长一段时间后，开始慢慢掉头向上时，说明股价的下跌动能暂时减缓，股价处于弱势整理格局，投资者还应继续观察，不要轻易采取行动。

（10）当TAPI曲线在TAPIMA曲线下方开始向上突破TAPIMA曲线时，说明股价的反弹动能开始加强，股价将止跌反弹，此时，投资者可以少量买入股票做短线反弹行情，但不可恋战，一旦行情再度向下，及时离场观望，直到股价长期下降行情开始形成。

（11）当TAPI曲线和TAPIMA曲线始终交织在一起，在一个上下波动幅度不大的空间内横向运动时，预示着股价处于一个长期的横盘整理的格局中，投资者应以观望为主。

EXPMA 指数平均数指标实用详解

一、EXPMA 指标的原理解析

指数平均数（EXPMA），其构造原理是对股票收盘价进行算术平均，并根据计算结果来进行分析，用于判断价格未来走势的变动趋势。

EXPMA指标是一种趋向类指标，与平滑异同移动平均线（MACD）、平行线差指标（DMA）相比，EXPMA指标由于其计算公式中着重考虑了价格当天（当期）行情的权重，因此在使用中可克服其他指标信号对于价格走势的滞后性。同时也在一定程度中消除了DMA指标在某些时候对于价格走势所产生的信号提前性，是一个非常有效的分析指标。

二、EXPMA 指标的计算方法

（1）EXPMA =［当日或当期收盘价×2 + 上日或上期 EXPMA ×（N −

1）] ／（N + 1）

（2）首次计算，上期 EXPMA 值为昨天的 EXPMA 值，N 为天数。

（3）可设置多条指标线，参数为 12，50（12 日，50 日）。

（4）函数：MA1：EMA（CLOSE，P1）；

　　　　　　MA2：EMA（CLOSE，P2）；

　　　　　　MA3：EMA（CLOSE，P3）；

　　　　　　MA4：EMA（CLOSE，P4）。

三、EXPMA 指标的应用原则

（1）在多头趋势中，价格 K 线、短天期天数线（例如（12，50）中的 12 日线）、长天期天数线（50 日线）按以上顺序从高到低排列，视为多头特征；在空头趋势中，长天期天数线、短天期天数线、价格 K 线按以上顺序从高到低排列，视为空头特征。

（2）当短天期天数线从下而上穿越长天期天数线时，是一个值得注意的买入信号；此时短天期天数线对价格走势将起到助涨的作用，当短天期天数线从上而下穿越长天期天数线时，是一个值得注意的卖出信号，此时长天期天数对价格走势将起到助跌的作用。

（3）一般来说，价格在多头市场中将处于短天期天数线和长天期天数线上方运行，此时这两条线将对价格走势形成支撑。在一个明显的多头趋势中，价格将沿短天期天数线移动，价格反复的最低点将位于长天期天数线附近；相反地，价格在空头市场中将处于短天期天数线和长天期天数线下方运行，此时这两条线将对价格走势形成压力。在一个明显的空头趋势中，价格也将沿短天期天数线移动，价格反复的最高点将位于长天期天数线附近。

（4）一般当价格 K 线在一个多头趋势中跌破短天期天数线，必将向长天期天数线靠拢，而长天期天数线将对价格走势起到较强的支撑作用，当价格跌破长天期天数线时，往往是绝好的买入时机；相反，当价格 K 线在一个空头趋势中突破短天期天数线后，将有进一步向长天期天数线冲刺的希望，而长天期天数线将对价格走势起到明显的阻力作用，当价格突破长天期天数线后，往往会形成一次回抽确认，而且第一次突破失败的可能性较大，因此应视为一次绝好的卖出时机。

（5）当价格 K 线在一个多头趋势中跌破短天期天数线，并继而跌破长天期天数线，而且使得短天期天数开始转头向下运行，甚至跌破长天期天数线，此时意味着多头趋势发生变化，应做止损处理；相反，当价格 K 线在一个空头趋势中突破短天期天数线，并继而突破长天期天数线，而且使得短天期天数开始转头向上运行，甚至突破长天期天数线，此时意味着空头趋势已经改变成多头趋势，应作补仓处理。

（6）价格对于长天期天数线的突破次数越多越表明突破有效，第一次突破一般会以失败而告终；价格对于长天期天数线的突破时间越长越表明突破有效。一般来说，在价格日 K 线技术指标体系中的 EXPMA 指标长天期天数线被价格突破之后，需要两到三个交易日的时间来确认突破的有效性。

（7）当短期天数线向上交叉长期天数线时，股价会先形成一个短暂的高点，然后微幅回档至长期天数线附近，此时为最佳买入点；当短期天数线向下交叉长期天数线时，股价会先形成一个短暂的低点，然后微幅反弹至长期天数线附近，此时为最佳卖出点。